本书得到下列项目的资助：2023 年成都市哲学社会科学规划
2023BZ053）；成都市哲学社会科学重点研究基地"城乡治
心"项目（项目编号：CXZL202312）；中共成都市委党校
成都市社会主义学院）科研项目（项目编号：E-2023-27)

中国家庭债务
与家庭创业行为研究

HOUSEHOLD DEBT AND
ENTREPRENEURSHIP IN CHINA

廖红君 ◎ 著

中国财经出版传媒集团

经济科学出版社
Economic Science Press

图书在版编目（CIP）数据

中国家庭债务与家庭创业行为研究/廖红君著 . --
北京：经济科学出版社，2023.8
ISBN 978 - 7 - 5218 - 4603 - 4

Ⅰ. ①中… Ⅱ. ①廖… Ⅲ. ①家庭 - 债务 - 影响 - 家
庭 - 创业 - 研究 - 中国 Ⅳ. ①F249. 214

中国国家版本馆 CIP 数据核字（2023）第 042915 号

责任编辑：刘战兵
责任校对：齐　杰
责任印制：范　艳

中国家庭债务与家庭创业行为研究

廖红君　著

经济科学出版社出版、发行　新华书店经销
社址：北京市海淀区阜成路甲 28 号　邮编：100142
总编部电话：010 - 88191217　发行部电话：010 - 88191522
网址：www. esp. com. cn
电子邮箱：esp@ esp. com. cn
天猫网店：经济科学出版社旗舰店
网址：http://jjkxcbs. tmall. com
北京季蜂印刷有限公司印装
710 × 1000　16 开　15 印张　246000 字
2023 年 9 月第 1 版　2023 年 9 月第 1 次印刷
ISBN 978 - 7 - 5218 - 4603 - 4　定价：62. 00 元
（图书出现印装问题，本社负责调换。电话：010 - 88191545）
（版权所有　侵权必究　打击盗版　举报热线：010 - 88191661
QQ：2242791300　营销中心电话：010 - 88191537
电子邮箱：dbts@ esp. com. cn）

序　言

当前中国经济正处于转型升级的重要阶段，面临着经济下行、产业升级和稳定就业市场等巨大挑战，尤其新冠肺炎疫情之后，中国经济发展面临需求收缩、供给冲击、预期转弱三重压力，"稳就业""保就业"是当前"六稳""六保"工作的重中之重，也是保障民生的关键所在。创业活动不仅能稳定当前就业岗位，同时也能创造更多新的就业岗位。自 2015 年国务院《政府工作报告》提出"以创业带动就业"的政策目标以来，中央及地方各级政府都高度重视创业活动，陆续颁布了一系列政策鼓励个体和家庭投身于创业活动。然而，近几年中国创业活动并没有明显的上升，甚至有所下降。在当前中国全面推进创业创新战略发展的环境下，积极探索提升我国创业活力的路径和对策至关重要。

与创业活力难以提升同时存在的另一个现象是急速攀升的家庭债务。近几年随着住房价格的快速上升和消费信贷的迅速发展，我国家庭部门的债务规模从 2009 年的 8.18 万亿元上升至 2019 年的 55.33 万亿元，平均年增长率高达 21.2%。

事实上，家庭债务与创业之间存在密切的内在联系。通常情况下，创业需要满足一定数量的启动资金要求，但中国金融体制并不完善，企业大多通过银行贷款获得金融支持，但银行通常要求企业提供抵押品或第三方担保来缓解信贷市场的信息不对称问题。由于初创企业的规模小、财务信息不透明以及缺乏抵押品，其在信息不对称的信贷市场上天然处于劣势。虽然政府一直在出台相关政策缓解小微企业融资难问题，但事实上，依赖银行贷款来缓解小微企业融资难的问题依然面临着巨大的挑战，需要建立新的有助于初创企业融资的长效机制。当潜在创业者面临信贷约束时，创业者难以获得其他外部金融资源的支持。在外界融资受阻的情况下，家庭自有资金成为家庭创业的主要资金来源，而家庭债务作为家庭资产的一种类型，必然会对家庭创业行为产生深远的影响。

本书遵循"观察现象—提出问题—找寻因果关系并检验传导机制"的思路，结合金融发展与创业理论、信贷约束理论和企业金融成长周期理论，利用中国家庭金融调查数据（China House-hold Finance Survey，CHFS），从家庭债务结构、住房负债以及购房融资方式三个研究视角，全面探讨家庭债务对家庭创业行为的影响，以此反映中国家庭部门债务对国家推进创业创新战略与实体经济发展的影响，同时也为缓解小微企业和初创企业融资难问题提供新的视角与启发。本书具体研究的问题与研究结论如下：

第一，结合宏微观数据，从资金结构与期限结构两方面探讨家庭债务结构对家庭创业行为的影响。研究结果表明，在控制了可能影响家庭创业行为的其他因素之后，家庭部门的信贷资源越集中于消费性贷款，越不利于家庭创业行为，同时，家庭部门的债务期限越长，家庭参与创业的可能性越低。

第二，考虑到住房负债占家庭债务的比例已接近六成，也是家庭部门消费性贷款和中长期贷款的主要构成部分，所以，我们推测住房负债可能是家庭部门债务结构抑制家庭创业活动的主要原因。基于此，我们重点考察了住房负债与家庭创业行为之间的关系，研究发现，与没有住房负债的家庭相比，有住房负债的家庭参与创业活动的可能性更低，以及住房负债额度越高，家庭参与创业活动的可能性越低。进一步分析发现，一旦还清了住房负债，家庭偏好风险的程度会随之提高，进而释放家庭的创业活力，但这种正向影响仅对一套房的家庭有作用，对多套房的家庭并没有显著的影响。

第三，中国住房信贷市场呈现二元结构。一般情况下，银行和亲朋好友是两个主要的购房融资渠道。这两类购房融资方式除了贷款来源不同之外，其贷款额度和还款期限也存在明显的差异。为了深入挖掘住房负债与家庭创业行为之间的关系，本书进一步研究了购房融资方式对家庭创业行为的影响。研究发现，相较于民间借贷，正规信贷购房的家庭更愿意创业。一方面，正规信贷购房能获得充足的贷款额度与较长的贷款期限，有利于缓解家庭的流动性约束，从而促进家庭创业行为；另一方面，银行可以通过家庭的购房借贷行为来识别借款者的信用质量，克服信贷市场的信息不对称问题，而且家庭在偿还购房贷款的过程中，与银行建立了长期且良好的信贷关系，可以提高家庭的信贷可得性，进而促进家庭创业。

本书共有8章，各章的安排如下：

第一章是导论。本章介绍了研究背景、研究意义、研究思路和研究框架，并指出本书可能的创新点与不足之处。

第二章是创业研究发展概述及概念界定。本章通过梳理中国和西方国家创业研究的发展过程、创业概念的界定及其衡量方式，提出了本书家庭创业的定义及其衡量方式。同时也对比了中国与其他发达国家的创业规模和创业质量。

第三章是理论基础和文献梳理。本书的基本逻辑思路是：由于中国金融体制并不完善，创业者面临着信贷约束问题，在此背景下，家庭自有财富水平对家庭创业行为具有决定性作用，所以，家庭债务必然对家庭资产乃至创业行为产生深远的影响。基于此，本章首先重点梳理了与本书研究相关的理论，包括金融发展与创业理论、信贷约束理论、企业金融成长周期理论。其次，本书也重点整理了与本研究相关的经验研究，即信贷约束、家庭财富水平、住房对创业行为的影响，同时也梳理了家庭债务带来的经济效应与后果。最后，对已有文献进行了总结和述评，并基于相关理论与经验研究，建立了本书的理论分析框架。

第四章是中国家庭债务分析，利用宏微观数据从债务水平、债务结构、债务风险等角度全面刻画我国家庭债务的整体情况。中国家庭部门债务整体呈现以下特征：第一，家庭部门的信贷参与率较低，仍存在较大的发展空间，但中国家庭部门的债务规模却在逐渐上升，且住房债务是家庭债务的主要构成部分，其占比在55%左右。第二，中国家庭的债务风险在逐渐加剧，虽然相较于发达国家，中国家庭部门的杠杆率并不高，但其增长速度过快，且与房价的增长趋势高度一致；同时，中国家庭偿还债务的能力也在逐渐降低。

第五章是家庭债务结构对家庭创业的影响。本章利用2017年CHFS数据与2016年省级层面的家庭部门债务数据，使用Probit模型，从资金结构与期限结构两方面分析家庭债务结构对家庭创业行为的影响。此外，本章也利用工具变量法，运用IV Probit模型克服了模型中的内生性问题，同时也进行了异质性分析、机制分析以及稳健性检验。

第六章是住房负债对家庭创业的影响。基于住房负债是家庭债务主要构成部分的现实背景，本章利用2015年与2017年两轮CHFS微观面板数据，利用双向固定效应和工具变量法估计住房负债对家庭创业行为的影响。同时，本章也结合了倾向得分匹配和双重差分法来考察还清住房负债对家庭创业行为的影响及其影响机制。

第七章是购房融资方式对家庭创业的影响。考虑到住房信贷市场呈现二元结构，家庭能够从不同的渠道融资购房，而不同的购房融资方式可能对家庭创业行为产生不同的影响。本章利用2017年CHFS微观数据，采用Probit模型分析购房融资方式对家庭创业行为的影响及其影响机制，并运用 IV Probit 模型克服模型中的内生性问题。同时，本章也进行了相关的稳健性检验。

第八章是结论、政策建议与展望。本章总结了全书的研究内容与研究结论，探讨了研究结论的政策含义，并指出了未来进一步的研究方向。

本书可能的创新点有以下三个：

第一，研究视角的创新。从家庭债务文献来看，目前大部分学者都较为关心家庭债务对经济增长、消费和失业率的影响，而鲜有学者研究家庭债务对创业活动或实体经济发展的影响。同时，在创业研究中，大部分学者都较为关注家庭的社会资本、财富水平、住房资产及房屋产权制度等因素对家庭创业行为的影响，而少有学者关注且系统分析家庭债务对家庭创业活动的影响。本书从中国家庭债务的基本特征以及创业现状出发，结合金融发展与创业理论、信贷约束理论，纵向地、深入地挖掘家庭债务对家庭创业活动的影响，以此反映家庭债务对中国推行创业创新战略部署的影响以及对中国实体经济发展的影响，同时也为解决小微企业与初创企业融资难问题提供了新的线索和启发。

第二，研究数据的创新。不少研究也使用微观数据研究家庭创业行为，但详尽的微观数据可得性较差，尤其是能与宏观数据进行匹配的微观数据更为稀缺。而且，目前关于家庭债务的详细微观数据较少，尤其是与住房负债相关的数据，比如购房融资方式、贷款额度、贷款期限等，数据的缺乏使得家庭借贷行为的研究较为有限。本书采用了大型微观数据库——西南财经大学中国家庭金融调查数据，该数据库利用科学的抽样与调查方式采集了全国 29 个省份的家庭数据，具有全国代表性，数据质量高，为本书的研究提供了数据支撑。

第三，研究方法的创新。在本书的实证分析中，内生性问题是最大的挑战。内生性问题通常是由逆向因果关系、遗漏变量、样本选择等问题引起的。内生性问题的存在可能造成家庭债务与家庭创业行为之间的因果关系难以准确识别，导致估计结果有偏，得到不可靠的结论。因此，科学、严谨地分析家庭债务对家庭创业行为的影响至关重要。为了保证研究结论的可靠性，本书根据不同的研究问题进行了不同的研究设计，并采用了较为前沿的计量方法对各类内生性问题进行了细致的处理，如面板固定效应模型、工具变量法、倾向得分匹配、双重差分等。

需要说明的是，本书中有些章节是以往发表的论文，此次重新增删、整理、修订之后纳入本书。同时，本书有些章节是在笔者与他人合作文章的基础上进行修改的，所以要特别感谢以下几位合作者：本书第六章源于笔者与广州大学管理学院教授樊纲治的合作论文，第七章源于笔者与广州大学管理学院教授樊纲治、西南财经大学中国家庭金融调查与研究中心弋代春副研究员的合作论文。在此，谨对所有合作者的贡献表示深深的谢意。还要感谢西南财经大学中国家庭金融调查与研究中心提供的数据支持。

笔者深知，本书只探讨了家庭债务经济社会效应的冰山一角，而且金融与创业理论、家庭债务、创业行为都极其复杂，读者们的看法、观点也不会完全一致，所以，笔者真诚地希望得到各方面读者的指教。也敬希读者对于本书的疏漏、不足之处给予批评指正。

廖红君

2022 年 12 月

于四川成都

目　　录

第一章

导　　论

第一节　研究背景和研究意义

一、研究背景

创业已经被许多发展中国家作为经济发展的重要政策手段。中国作为世界最大的发展中国家，正处于经济转型升级的重要时刻，面临着创造就业、产业结构升级、技术创新等巨大挑战，尤其在新冠肺炎疫情之后，"保就业""稳就业"成为"六稳""六保"工作任务之首，也是民生保障的关键所在。创业活动除了能为经济发展注入新活力、推动经济转型与增长（Alvord et al.，2004；李宏彬等，2009；Braunerhjelm et al.，2010；Minniti and Lévesque，2010），同时也能创造大量就业岗位（Haltiwanger et al.，2013；Lee and Kim，2019）。因此，发展创业型经济是 21 世纪经济发展的关键（Farrell，2003），中国政府高度重视创新创业。

自 2014 年李克强总理首次提出"大众创业，万众创新"的战略部署以来，各部门相继出台了一系列促进创业创新的规划纲要和政策文件，并在"十三五"规划中明确提出，要把"大众创业、万众创新"融入发展各领域各环节，鼓励各类主体开发新技术、新产品、新业态、新模式，打造发展新引擎，这标志着创业正式进入国家总体发展战略规划之中①。这些政策都强

---

① 2015 年 6 月，国务院印发《关于大力推进大众创业、万众创新若干政策措施的意见》，"大众创业、万众创新"的国家战略对推动经济结构调整、打造发展新引擎、增强发展新动力、走创新驱动发展道路具有重要意义。2017 年 7 月，《关于强化实施创新驱动发展战略，进一步推进大众创业、万众创新深入发展的意见》发布。2017 年 10 月，党的十九大报告指出，要"激发和保护企业家精神，鼓励更多社会主体投身创新创业"。2018 年 9 月，国务院发布《关于推动创新创业高质量发展打造"双创"升级版的意见》。

调了提高创业活力和创业质量是中国深化改革的关键，也是中国实施创新发展战略的核心（张玉利和谢巍，2018）。因此，研究中国创业活动具有重要意义。

虽然国家大力鼓励个体及家庭积极投身于创业活动，但中国的创业活力并没有明显上升。全球创业观察数据显示，中国早期创业活动指数（total early-stage entrepreneurial activity，TEA）从2014年的15.53%下降至2019年的8.66%[①]。具体情况如图1-1所示。类似地，CHFS数据显示，中国创业家庭占比从2015年的16.01%下降至2017年的14.28%。在中国大力推进创业经济的背景之下，亟须探索中国创业活动未升反降背后的原因。

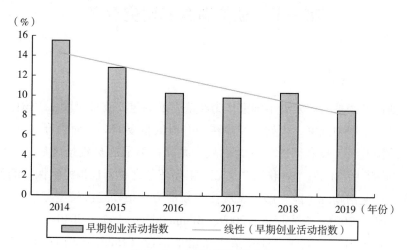

图1-1　中国早期创业占比

资料来源：GEM。

通常情况下，创业需要满足一定额度的启动资金，而资金缺乏是阻碍各国创业活动的主要因素之一。相较于发达国家，发展中国家的金融市场相对落后，大部分企业都只能通过银行获得贷款（龚强等，2014），但银行也是自负盈亏的机构，需要企业提供抵押品或规范的财务报表，以克服信贷市场的信息不对称问题，然而，大部分初创企业都缺少抵押品，难以获得信贷支持或不能获得足额的信贷支持（Cagetti and Nardi，2006）。尤其在疫情冲击

---

① 早期创业活动指数是指：18~64岁的个体中，参与创业活动或工商业经营未满42个月的群体比例。

下，初创企业的财务脆弱风险更为凸显，更需要金融支持，但也更难以获得金融支持。为了帮助小微企业纾困解难，党中央、国务院不断鼓励金融机构加强对创业活动、小微企业的金融支持力度，提高其信贷可得性。但实际上，创业者、小微企业融资难问题始终没有得到根本性的解决。在此背景之下，自身财富水平对创业活动起到了决定性作用（Lu and Tao，2010；张龙耀和张海宁，2013）。全球创业观察数据显示，九成以上的创业者的启动资金都是来自自有资产[①]，而家庭债务作为家庭资产的一部分，必然会对创业活动产生深远的影响。需要说明的是，本书中提到的"家庭部门""住户部门""居民部门"是同一个概念。

近几年，中国家庭债务规模急剧上升，债务结构也呈现出较为单一的特点。如图 1-2 所示，从债务规模来看，住户部门的贷款余额从 2009 年的 8.18 万亿元上升至 2019 年的 55.33 万亿元，平均年增长率高达 21.2%。

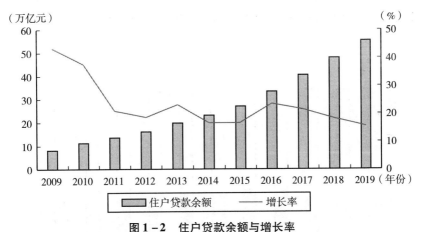

图 1-2　住户贷款余额与增长率

资料来源：中国人民银行。

从债务资金结构来看，中国居民债务主要集中于消费性贷款，而不是经营性贷款。2009~2019 年，居民消费性贷款占比从 67.6% 上升至 79.5%，而经营性贷款从 32.4% 下降至 20.51%。如图 1-3 所示。

---

①　根据清华经管学院中国创业研究中心发布的《全球创业观察 2015/2016 中国报告》，九成以上中国创业者的资金来自自有资金（比例高达 91.3%）。

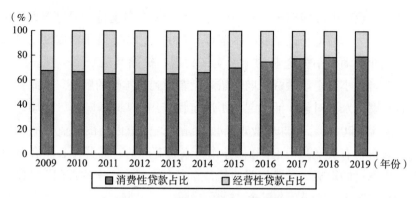

图1-3 消费性贷款与经营性贷款

资料来源：中国人民银行。

从债务期限结构来看，中国居民的债务主要集中于中长期贷款，而不是短期贷款。居民部门的中长期贷款占比从2009年的68.3%上升至2019年的72.1%，而短期消费贷款从2009年的31.7%下降至2019年的27.9%。如图1-4所示。

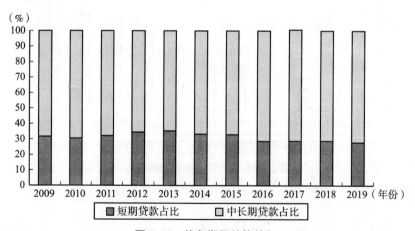

图1-4 债务期限结构特征

资料来源：中国人民银行。

进一步分析发现，中国家庭部门债务集中于消费性贷款与中长期贷款的主要原因是，个人住房贷款是消费性贷款与中长期贷款的主要组成部分。如图1-5所示，中国居民部门消费性贷款与中长期贷款中有70%左右来自个人住房贷款。而在 2009~2019 年期间，个人住房贷款占家庭债务的比例也一直维持在 55% 左右。由此可见，居民部门的信贷资源主要集中于住房市场。

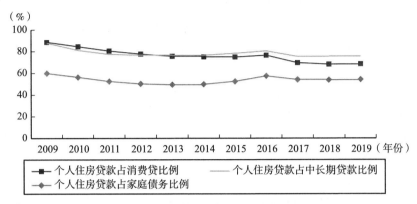

图 1-5　中国家庭部门债务状况

资料来源：中国人民银行。

基于上述研究背景，本书使用宏微观数据系统且深入地探讨这些家庭债务特征对家庭创业行为的影响，旨在反映家庭债务对实体经济发展的影响。

首先，基于中国家庭部门债务结构的基本特征，本书直接探讨了研究问题一：家庭债务结构是否会影响家庭创业行为？我们将 2017 年 CHFS 数据与 2016 年各省份家庭部门债务数据匹配，利用 Probit 模型和 IV Probit 模型，从债务期限结构与资金结构两方面分析家庭债务结构对家庭创业行为的影响，在控制了一系列因素之后发现，居民部门的消费性贷款与经营性贷款的比值越高，家庭参与创业的可能性越低，同样，居民部门的贷款期限越长，家庭参与创业活动的概率越低。

其次，本书深入地探讨了家庭债务结构抑制家庭创业的深层次原因，考虑到中国家庭部门的大量消费性贷款与中长期贷款最终都流入了房地产市场，住房负债已成为中国家庭债务的主要构成部分，所以推测，中国家庭债务结构抑制创业的内在原因可能是住房负债过高。由此，引出了研究问题二：住房负债是否会抑制家庭创业活动？若存在影响，其影响机制是什么？为了解决这些问题，本书采用 2015 年与 2017 年 CHFS 数据，利用面板双向固定效应模型、工具变量法、倾向性匹配倍差法估计住房负债对家庭创业行为的影响。研究发现，住房负债将会显著地抑制家庭创业行为，且该效应仅对"一套房"家庭有显著性。此外,本书也利用倾向性匹配倍差法估计还清住房负债对家庭创业行为的影响及其影响机制。研究发现,住房负债将会显著地抑制家庭创业行为,而一旦还清住房负债,家庭的风险偏好程度会随之提高,进而释放其创业活力。

最后,由于住房信贷市场呈现二元结构,家庭购房可以通过正规金融机构获得住房按揭贷款,比如商业贷款、住房公积金贷款及组合贷款等,也可以通过亲朋好友、民间金融组织等非正规信贷渠道获得贷款,即民间借贷。这两类购房融资方式除了贷款来源不同,其贷款额度与还款期限也存在明显的差异,造成家庭购房融资成本不同。由此,引出了研究问题三:不同的购房融资方式对家庭创业活动是否有影响?影响机制是什么?为了解决这些问题,本书利用2017年CHFS数据,运用Probit模型与IV Probit模型估计购房融资方式对家庭创业行为的影响及其机制。研究发现,相较于民间借贷购房,按揭贷款购房可以通过两个渠道促进家庭创业:一是相较于民间借贷,按揭贷款的贷款额度更高、贷款期限更长,有利于缓解家庭流动性约束,从而促进家庭创业;二是家庭在偿还按揭贷款的过程中,能够与银行建立长期且良好的稳定信贷关系,有助于提高家庭获得正规信贷的可能性,从而提高家庭参与创业的可能性。

二、研究意义

本书的研究具有一定的理论意义。金融发展与创业理论指出,一个健康完善的金融体系应当为企业服务,尤其是新建企业,为企业筹集低成本的资金,分散企业的融资风险,提高企业的抗风险能力(King and Levine,1993)。然而,大部分国家的金融体系并不完善,不少潜在创业者都面临着信贷约束问题,外界融资受限的创业者不得不通过自有资金来满足创业的启动资金要求。而且,企业金融成长理论也认为,企业主的自有资金是初创企业的主要资金来源。由此,家庭自有资金与创业活动之间的关系已成为创业融资研究中重要的议题。而家庭债务作为家庭资产的一类,却鲜有研究重点探讨其与家庭创业行为之间的关系。本书首先全面地分析居民部门的债务特征以及中国创业活力现状。然后从家庭债务结构、住房负债、购房融资方式三个角度深入地、纵向地探讨家庭债务对创业行为的影响。总的来说,本书的研究在理论层面上丰富了创业融资、金融发展与创业理论的研究,从侧面证明了中国创业者面临着信贷约束问题以及中国金融体制不完善的问题。

另外,本书的研究也具有一定的现实意义,资金缺乏是阻碍创业活动的主要因素之一，虽然党中央、国务院出台了一系列政策鼓励金融机构加大对创业活动、小微企业的金融支持，但实际上，小微企业融资难问题始终没有从根本上得到解决。本书的研究通过探讨家庭债务对创业行为的影响，揭示在实施大众创业的战略部署过程中，不应忽视家庭部门的信贷资源结构性问题，家庭部门的信贷资源大量流入住房市场，不仅会加剧房地产市场风险，同时也会降低金融资源的配置效率，阻碍实体经济的发展。因此，优化家庭部门的信贷资源结构一方面有利于预防房地产金融风险和系统性金融风险，另一方面有利于提高创业者的信贷可得性，解决创业者面临的融资约束问题，进而释放中国的创业活力。此外，应大力完善住房金融制度，将住房信贷市场与创业融资联系起来，为缓解初创企业融资难提供一个新的视角。

第二节　研究思路和研究框架

目前国内外学者主要从宏观和微观两个层面来研究创业活动，宏观层面主要是分析国家或地区的创业活力，微观层面主要是分析个体或家庭的创业行为。考虑到中国 90% 以上的创业者的启动资金都来自自有资产，如果不以家庭作为研究对象，就难以解释新建企业的存在与发展（Dyer，2003），因此，本书的研究对象是微观层面的家庭创业行为。本书主要用定量的分析方法研究家庭债务与创业活动之间的关系，研究思路如下：

第一，本书利用宏观和微观数据细致地描述了当前中国家庭债务和创业活动的基本特征，以深刻反映我国家庭部门债务与创业活动的现状，并在此基础上提出具体的研究问题：一是家庭债务结构对家庭创业行为的影响；二是住房负债对家庭创业活动的影响；三是购房融资方式对家庭创业行为的影响。

第二，确定了具体的研究问题之后，本书对相关理论及文献进行了梳理与回顾，并在此基础上，建立了本书的理论分析框架。

第三，基于经济理论，本书利用实证分析方法，严谨地分析了家庭债务对家庭创业行为的影响及其影响机制。

第四，根据实证分析结果，本书提出了相应的政策建议，并指出了今后的研究方向。

图 1-6 形象地展示了以上逻辑分析的思路。

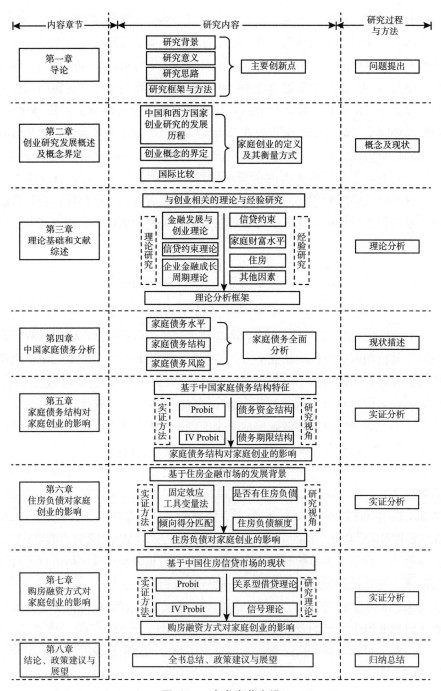

图 1-6　全书章节安排

第三节　创新点与不足之处

一、可能的创新点

本书可能的创新点体现在数据的创新、研究视角的创新及研究方法的创新三个方面。

第一，数据的创新。本书主要研究家庭债务对家庭创业行为的影响，但关于家庭部门债务与创业活动的数据都较为缺乏。CHFS 除了包含家庭的人口特征、资产状况以及房屋基本特征之外，还包含了购房融资方式、贷款期限、贷款额度和创业投资等详细信息，为本书的研究提供了很好的数据支持。该调查项目从 2011 年开始实施，每两年采集一次数据，2013 年完成第二轮调查，2015 年完成第三轮调查，2017 年完成第四轮追踪调查。为了保证数据的代表性，该调查使用了分层、三阶段、规模度量成比例的抽样方法。经过对比分析，CHFS 的人口统计特征和全国的人口普查数据特征非常接近，数据质量高，具有很好的全国代表性。

本书主要使用 2013 年、2015 年和 2017 年三轮调查数据，2013 年数据覆盖了 29 个省份（不包括西藏、新疆和港澳台地区）、267 个市县、1048个社区和村，有效的家庭户数为 28143 户。2015 年第三轮调查在 2013 年的基础上扩充了样本，包含 29 个省份（不包括西藏、新疆、港澳台地区）、351 个市县、1396 个社区和村，有效的家庭户数为 37289 户，成功追踪 2013年 77.4% 的样本。同样，2017 年第四轮调查在 2015 年的基础上又进行了扩充，包含 29 个省份（不包含西藏、新疆、港澳台地区）、355 个市县、1439个社区和村，有效的家庭户数为 40011 户，成功追踪 2015 年 71.9% 的样本。

第二，研究视角的创新。首先，在创业的文献中，已有学者主要探讨了家庭的社会资本、财富水平、住房资产及房屋产权等因素对创业活动的影响，鲜有学者重点关注家庭债务对创业活动的影响。其次，在家庭债务的文献中，学者们主要探讨家庭债务对宏观经济增长、消费及失业率的影响，关注家庭债务影响创业活动的文献较少。最后，由于数据的缺乏，鲜有文献探讨住房金融制度发展及其对实体经济发展的影响。本书基于 CHFS 数据探讨购房融资方式对家庭创业行为的影响，丰富了住房金融制度与创业行为的研究。综上所述，本书创新性地尝试从债务结构、住房负债、购房融资方式三个方面探讨家庭债务与家庭创业决策之间的关系，丰富了家庭债务与创业领域的研究。

第三，研究方法的创新。随着中国经济快速发展，国内经济学界逐渐意识到定量分析在经济学研究中的重要性，计量分析已成为一种主流的研究方法，被广泛运用于经济学的理论与应用分析之中。计量分析是以经济理论为指导，基于收集的经济数据，利用概率统计方法，对经济变量之间的因果关系进行识别，以揭示经济的运行规律。然而，由于逆向因果关系、遗漏变量、样本选择等问题增加了识别因果关系的难度，甚至导致基本估计结果有偏。因此，科学地、合理地分析家庭债务对家庭创业行为的影响至关重要。本书根据不同的研究问题进行了不同的研究设计，以满足其严谨性。首先，本书将微观家庭创业数据与宏观家庭部门债务数据进行匹配，利用 Probit 模型分析家庭债务结构对家庭创业的影响，并结合工具变量法，运用 IV Probit 模型有效地克服模型中的内生性问题。其次，本书先采用面板双向固定效应模型分析家庭住房负债对家庭创业决策的影响，该模型能有效地克服家庭异质性以及遗漏变量偏差引致的内生性问题。在此基础上，本书还引入了工具变量，以克服可能由于逆向因果关系导致的内生性问题，以此证明住房负债阻碍家庭创业活动的研究结论是可靠的。最后，在购房融资方式的研究中，本书使用 Probit 模型估计购房融资方式对家庭创业的影响。此外，本书也在基本模型中引入了工具变量来克服模型中可能存在的内生性问题，并利用 IV Probit 模型进行估计，旨在得到可靠、有效的研究结论。

二、不足之处

本书研究的不足可能体现在以下几个方面：

第一，数据的缺乏阻碍了本书研究的拓展。资金不足、缺乏社会资源、管理能力弱是大学生创业面临的三大主要问题（蔡栋梁等，2018），本书主要围绕着资金不足这一议题展开讨论。但创业活动是一个复杂的过程，创业者的社会资源和管理能力都会影响创业者的融资决策，然而，由于数据的局限性，难以获得企业家的管理能力、创业偏好等特征，所以，难以衡量这些因素在创业融资决策中的重要性。随着我国微观数据库的建立与发展，以及政界与学界对创业活动的重视，相信未来能进一步探讨这类问题。另外，由于数据的局限性，鲜有学者重点研究家庭部门的债务问题，随着微观数据库的建立，以及政界与学界对家庭部门债务问题的重视，未来也能进一步探索影响中国家庭借贷行为的因素，以及家庭债务带来的经济后果。

第二，创业投资也是家庭资产配置的一种途径，需要进一步从家庭资产配置的视角来建立理论模型。由于创业研究最初是管理学的研究话题，近几年引起了经济学家们的关注，关于创业的经济理论模型仍处于发展阶段，当前创业理论的研究严重落后于创业的实际发展。目前大部分学者都是在个体职业选择的理论模型的基础上构建相应的理论模型，但本书重点研究的是家庭创业，并非简单的个体职业选择模型能解释得清楚。虽然本书在已有理论基础上建立了一个理论分析框架，但该模型并没有详细地考虑家庭的其他投资决策行为。因此，家庭创业的理论模型仍有待发展，需要进一步完善。

第二章

创业研究发展概述及概念界定

第一节 创业研究发展概述

一、西方创业研究概述

创业活动是国家经济发展的产物，反过来，创业活动也推动着国家经济的发展。12 世纪初期，"创业者"首次在法语的术语中出现，但是当时欧洲仍处于严重制约创业活动的阶段，一直持续到资本主义步入萌芽阶段，欧洲的制度和法制条件也随之发生巨大变化，关于创业活动的研究才快速地发展起来。

最初，主流的经济学家并不重视创业的经济功能，19 世纪末 20 世纪初，随着工业社会渐渐成型，创业的经济功能才受到学者们的关注，最有代表性人物是约瑟夫·熊彼特（Joseph Alois Schumpeter），他认为创业可以打破原有的经济均衡，从而推进经济增长（Schumpeter，1934）。在此思想的基础上，后续经济学家陆续探索了创业活动的起源以及创业活动推动经济增长的作用机制。但创业理论在经济学研究中并没有得到实质性的进展，因为很难建立合适的方程，将创业者纳入经济理论模型之中。

然而，关于创业的思想引起了社会科学学者们的重点关注，比如，在1961 年，大卫·麦克莱兰（David McClelland）在《成就社会》中提到，创业者是拥有极高成就欲的个体。奥维斯·柯林斯（Orvis F. Collins）和戴维·摩尔（David G. Moore）在《富有创业精神的人》中，进一步阐述了非创业者和创业者心理和人格特征的差异。行为科学者更精练地概括了关于创业者特征的学术术语，也引起了学术界对创业的高度关注，使其相关理论与实证研究快速兴起，随后，创业特质理论逐渐在社会科学领域蔓延。

20世纪60年代，美国哈佛大学创立了创业历史研究中心，标志着关于创业特质理论的研究进入了鼎盛时期，创业特质理论将重点放在了界定"谁是创业者"，学者们认为创业者是天生的而不是后天塑造的，因此，如何科学地识别创业者是他们的主要任务。然而，历经20多年的理论探索后，创业特质理论并没有获得太大的进展，甚至一蹶不振。由于创业特质理论过于片面，将创业归结为天生的特质，不可以教授，难以学习，随着新技术革命的到来，现实的创业浪潮又进一步否定了创业特质理论假设。20世纪70年代末期，雇员低于20人的小微企业创造的就业岗位是雇员超过500人企业的4倍，创业活动对经济增长和创新的贡献也日益凸显，创业研究又重新得到了经济学家的重视（Haltiwanger et al.，2013）。

20世纪80年代至90年代，学者们从理论和实证的角度开展了一系列创业研究，主要集中于两个方面：一是创业的定义和创业的类型；二是构建创业过程的理论模型。这两类研究推动了创业研究的发展，这一阶段创业研究获得了实质性的进展，也逐渐科学化和合理化。哈尔蒂旺格等（Haltiwanger et al.，2013）认为创业经济解救了美国经济的萧条，1970~1985年，石油危机导致美国经济陷入萧条，失业率上升，而大公司经济向创业经济转型，推动了美国经济快速上涨。在此之前，美国的经济增长主要是靠大企业推动，大型企业可以整合各种资源，市场占有额也颇高，具有较强的市场竞争力，但由于缺少同类竞争对手，所以大型企业的创新动力不足，一旦发生经济危机，大型企业大量裁员，导致失业率上升。相反，中小企业更善于发现市场中的商业机会，有助于推动创新、提高市场活力和经济走出低谷。

到21世纪初，创业研究从低范式转型到高范式，学者们一致认为创业研究是一个独立的研究领域。在此期间，学者们开始深入探讨文化环境、经济环境和制度环境对创业活动的影响，为后期创业理论的发展奠定了坚实的基础。随着创业研究的迅速发展，各个领域对创业研究越来越感兴趣，如经济学、社会学、管理学、城市规划学等领域，创业理论与其他学科领域的高度融合，导致创业研究呈现出明显的差异。近几年，创业在国际上已成为重要的且具有影响力的研究领域（Saebi et al.，2018）。

在创业研究中，发达国家的研究占73%，而新兴国家的研究占27%（Zahra et al.，2008）。中国作为新兴国家，其文化环境、经济环境和制度环境等多个方面都与发达国家有明显的差异，中国的创业者也面临着更多的机会和不确定性（Lu and Tao，2010）。因此，研究中国的创业活动不仅有利于推动中国创业经济的发展，也会丰富新兴市场国家的创业研究。

二、中国创业经济的发展

新中国成立70多年以来，中国从计划经济走向市场经济。随着经济、社会、科技与政策环境的变化，中国历经了四次创业的浪潮，目前中国正处在第五次创业浪潮之中（朱承亮和雷家骕，2020）。第一次是1949～1978年，计划经济创业；第二次是1979～1989年，农村改革与私营经济改革的浪潮；第三次是1992～1997年，国企改革的浪潮；第四次是1997～2000年，互联网创业的浪潮；第五次是2014年至今，"大众创业，万众创新"时期。学术界对各阶段的创业活动都展开了研究，虽然不同时期创业活动的时代背景、创业者的特征有明显的差异，但也能清晰地发现中国创业研究的主题变化。

在第一次和第二次创业浪潮中，研究者主要研究创业者的特质，即创业者有哪些特征。在第三次创业浪潮中，研究者主要研究创业过程和创业的要素，即如何创建新企业。在第四次和第五次创业浪潮中，研究者主要关注创业机会的识别，以及新建企业的成长路径。在此阶段，学者们也从关注个体创业延伸至公司创业，从只关注创业活动本身拓展到创业环境的研究，也有学者从宏观视角探讨创业的经济功能转向从微观视角研究创业动机，旨在提炼创业的规律。

第二次和第三次创业浪潮对中国经济增长有明显的促进作用，主要是这两次浪潮都是由于制度改革解放了生产力。第四次创业浪潮体现在互联网行业的兴起，为中国经济提供了活力。而第五次创业浪潮的目的与之前的创业浪潮有明显的区别，这次创业浪潮的主要目的是推动中国经济结构的转型，为中国经济长期可持续发展做铺垫。总而言之，中国创业研究的发展已经由简单地描述创业特征和创业过程转向深入地揭露创业过程中的内部机制，且更加重视关于创业现象的解释（张玉利和杨俊，2009）。近几年，创业机会的识别、新建企业的成立以及如何推动创业经济的发展成为创业研究重点关注的问题。

自中国步入"大众创业、万众创新"阶段以来，大部分中国研究者都是在国外创业理论的基础上研究中国创业活动，但中国创业环境比较复杂且具有独特性，而且研究者们发现创业的理论研究严重落后于创业的实际发展。因此，直接利用国外创业理论来研究中国创业活动并不能反映中国创业活动的真实情况，更不能有效地解决中国创业经济发展所面临的问题。最终学者们一致认为中国创业研究应该在借鉴国外创业理论的基础上，结合中国制度环境、文化环境以及市场环境的特殊性，构建中国特有的创业理论体系，以解释中国独特情境下的创业现象及其背后的诱因。

新中国成立 70 多年以来，中国创业研究的方法从定性分析逐渐转向定量分析。在第一次和第二次创业阶段，中国的创业研究主要是定性分析；在第三次创业阶段，中国的创业研究主要是定性分析与简单统计分析的结合；在第四次创业阶段，随着学者们引入国外的创业理论及其研究方法，再加上计量经济学的发展，中国创业研究逐渐开始使用数理统计方法；在第五次创业阶段，中国创业研究基本都是使用定量分析。本书先对中国的创业情况进行详细描述，然后利用计量方法实证分析当前中国情境下的创业活动。

第二节　创业的概念及衡量

一、创业的概念

最初，学者们都是从定性的角度定义创业，主要从创业行为、机会、资源等几个角度进行定义。从创业行为来看，熊彼特（Schumpeter，1934）认为创业是具有创造性的破坏过程，是组合生产要素的活动，创业也会打破经济的平衡，创造之前没有的产品，进而促进经济增长。在此基础上，彼得·德鲁克在《创新与创业精神》一书中指出，创业不是人的性格特征，而是一种行为，且具有两面性。他认为，创业是展望、改变、创造的动态过程，需要投入一定的精力和激情来创造新的想法与思路，并将其实现。在此过程中，创业者需要承担时间成本、不确定性风险等。通常情况下，创业企业需要追求成长、盈利与创新，不断追求创新来实现持续增长是其最大特点。

部分学者也从机会的视角定义创业，他们认为创业是识别机会、获得机会与实现机会的一种能力，强调了创业中识别和运用机会能力的重要性。比如，耐特（Knight，1921）认为，创业是能成功预测未来的能力。柯兹纳（Kirzner，1973）认为创业是利用已有信息，抓住经济运行过程中可以盈利的机会。沙恩和文卡塔拉曼（Shane and Venkataraman，2000）认为，创业是挖掘和识别机会的一种能力。费尔德曼（Feldman，2001）认为创业是发现、识别与执行未开发的商业机遇的过程，创业机会主要来自潜在创业者的所在环境。格里斯和诺德（Gries and Naudé，2010）认为创业是指在已有的资源和技术下，个体利用市场的机会培育新的企业的过程。

从资源角度来看，创业需要物资资源、人力资源、社会资源、技术资源、市场资源等，创业是利用相关资源并将其整合的过程。阿尔瓦雷兹和布森尼茨（Alvarez and Busenitz，2001）认为，创业是获取资源、利用资源、整合资源之后达到创业目的的过程。也有学者试图将机会与资源结合起来理解创业。史蒂文森和贡佩尔特（Stevenson and Gumpert，1985）认为，创业是个体不局限于当前的资源，依旧努力寻找机会，并将不同资源进行组合从而创造价值的过程。全球创业观察项目也从机会与资源两个角度解释了创业，认为创业是发现与识别商业机会，整合各种资源，提供产品与服务，并创造价值的过程。基希霍夫（Kirchhoff，1994）认为，创业是将机会作为契机，然后利用资源和团队对创业机会进行开发的过程，创业过程可以概括为五个阶段：第一步，识别有商业机会的想法；第二步，将想法转变为可以销售的产品或者服务；第三步，找到或创造一个公司能销售该产品或提供该服务；第四步，获取销售产品或服务的资源；第五步，成功运营公司并增加销售额。同样，张玉利等（2008）也认为，创业是识别与把握机会，并将资源进行整合。

很多学者也认为，创业是指开展一项新的商业活动或新建一个企业。科尔（Cole，1968）认为，创业是新建、维持以及实施以利润为目的的商业活动。加特纳（Gartner，1988）认为，创业就是成立新组织、创办新企业。坎布尔（Kanbur，1979）将创业者定义为承担着风险和面临着不确定性，并给雇员支付薪水的群体。总的来说，无论从哪一个角度定义创业，创业除了伴随着较高的风险与价值回报以外，还通常以"新业务""自我雇用"或"新建企业"等形式存在。

另外，学者们对创业概念的界定又可以划分为"过程派"和"结果派"。前者强调创业过程中对机会的识别和获取、对资源的整合、对环境的了解、对风险的评估等；后者强调创业就是开创新企业，开始新业务。可以发现，"过程派"和"结果派"的理解是相辅相成的，没有本质的区别，只是关注的重点不同而已。不过，"结果派"定义的创业又可以划分为狭义与广义的理解。狭义的理解是创业是从零创办一个企业。广义的理解是创业既可以是从零创办一个新企业，也可以是已有企业发现了新的商机而展开新的商业活动，也称为再次创业。

此外，创业对中国经济持续发展至关重要。中国政府将创业作为应对下岗失业的有效手段，虽然政府并没有明确定义创业，但根据相关政策和条例，我们也能很容易发现政府对创业的理解。比如，2008 年国务院办公厅转发的《关于促进以创业带动就业工作的指导意见》中提到，创业是个体通过自主创办企业、从事个体经营或生产服务项目以实现就业的重要形式。

二、创业活力的衡量

近 20 年，国内外的宏微观数据库越来越丰富，也有一些微观调查数据采集了关于个体创业活动的信息，便于学者们研究。通过梳理相关文献发现，目前关于创业的研究主要集中于三个层面：国家或城市的创业活力、个体创业、家庭创业，学者们根据不同的创业活动提出了相对应的创业定义。

1. 创业活力

在探讨国家或城市的创业活力方面，学者们较为常用的是全球创业观察（Global Entrepreneurship Monitor，GEM），GEM 将创业活动划分为早期创业活动和成熟创业活动。其中，早期创业活动是指 18 ~ 64 岁的成年人独立创办企业或与他人共同创立企业，并且该企业的经营时间没有超过 42 个月。

成熟创业活动是指 18～64 岁的成年人独立创办企业或与他人共同创立企业，且该企业的经营时间超过了 42 个月。通常情况下，学者们都将早期创业活动或成熟创业活动定义为创业活动（Arenius and Minniti，2005；刘鹏程等，2013；郑馨等，2017；郑馨和周先波，2018）。也有学者同时使用 GEM 项目的早期创业活动与成熟期创业活动来衡量国家的创业活力（赵向阳等，2012）。

此外，也有学者利用其他方式来衡量中国各城市的创业活力，比如，李宏彬等（2009）利用个体或私营企业雇用的员工数量除以总就业人数来衡量创业。田毕飞和陈紫若（2016）利用《2013 年中国基本单位统计年鉴》中以成立（开业）时间分组的企业法人单位数来衡量各省份的创业活力。田毕飞和陈紫若（2017）利用国际数据，将每年各国新注册的有限责任公司数量作为创业的定义。叶文平、李新春和陈强远（2018）采用劳动力市场法对不同国家的创业活跃度进行衡量，具体做法是用某区域内新创办企业的数量与区域内 15～64 岁劳动力人数的比例来衡量中国各城市的创业活力。

也有些学者会通过从网上获取各省份的新增企业数量来衡量其创业活动（谢绚丽等，2018）。也有学者根据企业成立的时间来定义创业，比如，张玉利等（2008）将成立时间短于 8 年的企业定义为创业企业，扎赫拉等（Zahra et al.，2000）认为在 6 年以内的新建企业为创业企业，麦克马伦等（McMullen et al.，2007）将成立时间低于 8 年的企业定义为创业企业，科文和斯莱文（Covin and Slevin，1990）和于利—林科等（Yli - Renko et al.，2001）将企业成立时间短于 10 年的企业定义为创业企业。

2. 个体创业

随着微观数据的发展，国外学者将创业定义为"自就业"（Evans and Leighton，1989；Evans and Jovanovic，1989；Fairlie，1999；Paulson and Townsend，2004）。国内学者也沿用了这种方式，比如，王春超和冯大威（2018）使用了昆士兰大学、澳大利亚国立大学和北京师范大学联合进行的中国城乡移民调查数据，该数据将受访者的工作状况划分为工资性工作、不领工资的帮工和自我经营三类，作者将"自我经营"定义为创业者。同样，张萃（2018）利用 2008 年中国家庭收入调查数据（China Household Income Project，CHIP），将"自我经营"作为个体创业的衡量指标。叶文平、李新春和朱沆（2018）利用中国劳动力动态调查（China Labor-force Dynamics Survey，CLDS）数据，将私营企业主与个体户（有雇员）定义为个体创业。

陈刚（2017）根据中国综合社会调查（CGSS）对个体工作状态的调查来衡量是否参与创业，作者将"个体工商户""自由职业者""自己是老板或合伙人"三种就业形式定义为创业。通过借鉴詹科夫等（Djankov et al.，2006）和帕尔伯蒂等（Parboteeah et al.，2015）的定义方式，张峰等（2017）也利用 CGSS 数据，根据问题"哪一种更符合您目前工作的状况"，作者将回答为"自己一个人工作，没有雇用其他人""为自己经营、买卖或企业工作，没有雇人""自己是老板，雇有 1~7 名员工"或"自己是老板，雇有 8 名及以上员工"的人定义为创业者。阮荣平等（2014）也使用了同样的数据和同样的定义方式。吴晓瑜等（2014）利用大型的微观数据库，将"雇主"和"自营劳动者"定义为个体创业者。

周京奎和黄征学（2014）利用中国健康和营养调查（China Health and Nutrition Survey，CHNS），将无雇员的个体经营者和有雇员的个体经营者定义为个体创业者。李雪莲等（2015）利用 CHFS 数据将"私营企业、经营个体或自主创业"定义为个体创业。吴一平和王健（2015）利用 2010 年转型国家的生活调查数据，根据调查问题"您是否曾经创业"来度量创业。

3. 家庭创业

清华大学经济管理学院中国创业研究中心发布的《全球创业观察 2015/2016 中国报告》显示，九成以上的中国创业者资金来源主要是自有资金，比例高达 91.3%。所以有些学者认为研究家庭创业更具有意义，更能说明企业的初创与生存状态（Dyer，2003）。国外学者将"经营所有权"定义为家庭创业（Hurst and Lusardi，2004）。科拉丁和波波夫（Corradin and Popov，2015）将家庭成员从事工商业定义为家庭创业。国内学者也沿用了这类定义方式，比如，学者们利用 CHFS 数据，将家庭有工商业经营定义为家庭创业（胡金焱和张博，2014；尹志超等，2015；李雪莲等，2015；尹志超等，2019）。

同样，中国家庭追踪调查（China Family Panel Studies，CFPS）数据库也是学者们研究家庭创业常用的数据库，根据问题"过去 12 个月，您家是否有家庭成员从事个体经营或开办私营企业"来定义家庭是否参与创业

（周广肃等，2015；周广肃和李力行，2016；周洋和刘雪瑾，2017）。

学者们也会使用中国健康与养老追踪调查（China Health and Retirement Longitudinal Study，CHARLS）数据研究家庭创业活动，这些数据记录了每个家庭成员的工作状况，学者们将有家庭成员从事自雇的个体或私营经济定义为家庭创业（张龙耀和张海宁，2013；张龙耀等，2013）。

此外，也有学者通过创业市场的进入来定义创业活动。比如，赫斯特和卢萨蒂（Hurst and Lusardi，2004）将家庭户主或户主的配偶在第一次调查时没有经营工商业，而第二次调查时经营工商业定义为创业活动。詹森等（Jensen et al.，2014）将 t－1 年不是雇主（至少有一个雇员）而 t 年是雇主的情况定义为创业。同样，蔡栋梁等（2018）利用 2011 年和 2013 年 CHFS 数据，将 2011 年接受调查的受访家庭没有工商业经营，而 2013 年追访调查发现受访家庭正在从事工商业经营的情况，定义为家庭创业。

三、创业质量的衡量

除了扩大创业规模以外，还应该重视创业的质量，因为高质量的创业活动才是培育创新的摇篮，才是真正推动经济发展的动力。创业活动的质量取决于创业者的创业动机（Reynolds et al.，2002）。全球创业观察根据不同的创业动机，将创业划分为生存型创业和机会型创业两类，生存型创业是指个体找不到工作而被动选择创业，以解决就业问题；机会型创业是指个体为了实现自我价值或被某一商机吸引而主动选择创业（McMullen et al.，2008；刘鹏程等，2013；尹志超等，2015）。雷诺兹等（Reynolds et al.，2002）发现，97% 的创业行为都能被划入其中一类，因此，这种分类方式被很多研究者一直沿用。

相较于生存型创业活动，机会型创业活动主要由资本密集型和知识密集型企业构成，成长空间更加广阔，而且在市场开发程度、中高端技术持有比例、成长性、国际导向以及创造就业岗位等一系列创新评价指标上都具有一定的优势。此外，机会型创业才是真正呈现企业家精神的创业活动。考虑到这两类创业行为的支持条件和背后的动机都存在差异，非常有必要分开研究（Valdez and Richardson，2013）。因此，本书也通过讨论家庭债务对不同创业类型的影响，来反映家庭债务对中国创业质量的影响。

一般情况下，生存型创业主要呈现自我雇用的特点，拥有的资源也比较缺乏，而机会型创业是以自己做老板、雇用员工的私营企业形式为主，自身拥有的资源相对丰富（陈刚，2015）。所以张峰等（2017）将没有雇人的经营形态定义为生存型创业，将雇有员工的经营形态定义为机会型创业。

CHFS 微观调查详细地询问了创业的动机，调查选项包括"找不到其他工作机会""从事工商业能挣得更多""理想爱好/想自己当老板""更灵活自由""其他"，尹志超等（2015）将"理想爱好/想自己当老板""从事工商业能挣得更多""更灵活自由"定义为机会型创业，将"找不到其他工作"定义为生存型创业。

综上所述，我们在已有文献的基础上，提出了本书研究对象家庭创业的定义，考虑到我们主要使用微观数据研究中国创业活力，所以结合CHFS 数据的特点，我们将家庭有工商业生产经营定义为创业，反之，家庭没有工商业经营定义为没有创业。同时，在研究过程中，为了验证本书研究结论的稳健性，我们也会将第一年访问没有工商业经营，而第二年访问有工商业经营定义为创业，若两年观测期都没有工商业经营，就定义为未创业。

同时，本书也考察了中国创业的质量状况，基于已有文献，我们也是通过创业动力来进行划分，具体为，将创业动机是"实现梦想/想自己当老板""从事工商业能挣得更多""更灵活自由"定义为机会型创业，而将创业动机是"找不到工作"定义为生存型创业，以此反映我国家庭创业的质量情况。

第三节 创业活动的国际比较

一、创业规模对比

如前文所述，中国的创业活动呈现略微下降的趋势，但在二十国集团中，中国的创业活动一直处于相对活跃的状态，明显高于部分发达国家。图 2 - 1 展示了早期创业活动指数的国际比较，可以看出，2014～2018年，中国早期创业活动呈现明显的下降趋势，从 16% 下降至 10%；美国早期创业活动呈现明显的上升趋势，从 14% 上升至 16%；英国和德国的早期创业活动也呈现略微下降的趋势，分别从 11%、5.3% 下降至 8%、4.9%；印度的早期创业活动呈现明显上升，从 7% 上升至 11%。由此可见，中国的创业活力虽然没有呈现上升的趋势，但在国际上，仍比部分发达国家活跃。

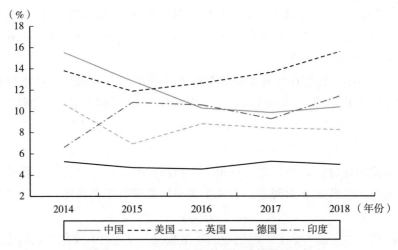

图 2 - 1　2014～2018 年创业活动的国际比较

资料来源：全球创业观察。

二、创业质量对比

机会型创业的活跃度直接说明了国家的创业质量情况，虽然近几年中国的创业相对活跃，但创业质量明显低于西方发达国家。图 2 - 2 展示了 2014～2018 年中国、美国、英国、德国和印度的机会型创业与生存型创业的比值，该比值大于 1 时，表明国家的机会型创业活动比生存型创业活动更加活跃，比值越高，国家的创业质量就越高。

数据显示，2014～2018 年期间，中国、美国、英国、德国和印度的机会型与生存型创业活动的比值的平均值分别为 1.2、6.1、3.6、3.5、1.1。可以发现，美国的创业质量明显高于其他国家，而中国的创业质量明显低于西方发达国家。

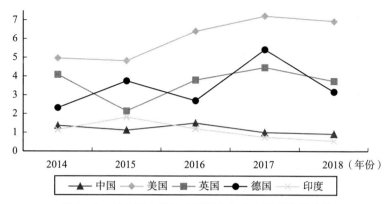

图 2 - 2 部分国家的机会型创业与生存型创业的比值

资料来源：全球创业观察。

总而言之，自2014年之后，国家大力支持创业活动，并积极鼓励社会个体投身于创业活动，但中国创业活动并没有呈现明显的上升趋势。与其他国家相比，中国创业活动虽然处于较为活跃的状态，但其创业质量仍处于较低水平，因此，政策制定者在鼓励和推动大众创业的同时，也应采取有效措施提高创业质量。

本 章 小 结

本章首先梳理了西方国家和中国创业研究的发展。其次，详细回顾了学者们对创业概念的界定以及创业规模与质量的衡量。最后，本章利用全球创业观察数据，展现了创业规模与质量的国际对比。基于这些方面的梳理与回顾，本书提出了家庭创业的定义及其衡量方式，并对家庭创业质量也进行了定义。这些基础性的工作为本书的研究奠定了一定的理论基础。

第三章

理论基础和文献综述

　　本书重点讨论家庭债务对家庭创业行为的影响，其基本逻辑为：由于中国的金融制度并不完善，大部分创业者都面临着信贷约束问题，此时，家庭自有资金对家庭创业活动起到了决定性作用，而家庭债务作为家庭资产的组成部分，势必影响家庭创业行为。所以本章重点梳理与创业融资相关的金融发展与创业理论、信贷约束理论和企业金融成长周期理论。此外，我们也重点梳理了信贷约束、家庭财富水平以及住房影响创业活动的经验研究。同时，我们也回顾了与家庭债务经济效应相关的文献。

第一节　相　关　理　论

一、金融发展与创业理论

　　熊彼特（Schumpeter，1934）认为金融的本质功能是识别有创新性的企业，并为其提供信贷支持，帮助企业家进行创新活动，从而促进经济发展。金和莱文（King and Levine，1993）在此基础上引入了内生增长模型并提出，良好的金融系统应该为企业家提供以下服务：一是评估服务，金融机构应评估和筛选有前途的项目，或识别有创新精神的企业，确保资金流向有生产力的企业；二是融资服务，创业和创新都需要大量资金，而金融机构能为企业筹集低成本的资金；三是分散风险，金融机构有多样化的金融产品，能将创新企业的风险降低到合理的水平，提高企业家的风险承担能力；四是生产率的提高主要是靠具有风险的创新活动，而不是传统的生产方法，金融机构能够预估企业的利润及其收益，为创新或创业活动提供相对准确的信息。拉詹和津格尔斯（Rajan and Zingales，1998）研究发现，金融发展对新企业数量的增加有重要作用，尤其是对融资依赖较强的行业。

贝克等（Beck et al.，2000）研究了多个国家的企业数据，发现国家金融市场越发达，企业越容易从外界获得金融支持，从而使这些企业成长得更快。圭索等（Guiso et al.，2004）利用意大利数据分析金融深度对创业活动的影响，并发现容易获得银行贷款的地区的创业活动更加活跃。拉詹和津格尔斯（Rajan and Zingales，2003）认为，国家的金融市场足够发达，金融体系足够完善，个体就能够从外界成功融资，此时，个体在经济上是否成功取决于个体的创业精神、努力程度和知识技能等。比安希（Bianchi，2010）认为，金融体系只有在足够完善的情况下，才能更有效地配置资源，创造更多的就业机会，提高生产率，促进社会流动。金融发展能给新建企业提供更好的发展前景，并给企业带来更高的效用（Bianchi，2012），从而使创业活动更具有吸引力。

然而，事实上，大部分国家的金融制度并不完善，尤其是发展中国家，大部分创业者都难以从金融机构获取信贷支持，这意味着大量创业者面临着信贷约束问题。基于这一现实背景，许多学者重点探讨了信贷约束与创业之间的关系，本章将在下文展开具体的讨论。

二、信贷约束理论

信贷约束也被称为金融约束或流动性约束，具体是指借款者无法在金融市场成功地获得信贷资源或获得的信贷资金不足的状态（Zeldes，1989）。信贷约束问题一直备受学界关注，不少学者探讨信贷约束存在的原因。比如，斯蒂格利茨和韦斯（Stiglitz and Weiss，1981）认为信息不对称是信贷约束存在的原因，金融机构与企业之间的信息不对称会引发道德风险和逆向选择，所以金融机构的信贷供给不一定会随着贷款利率的上升而增加，造成信贷配给（credit rationing），即金融机构面临着超额的信贷需求时，只能满足部分借款者的信贷需求，或只能满足借款者的部分信贷需求。然而，周业安（1999）认为金融抑制是信贷约束存在的原因，由于政府过度管制信贷市场，导致贷款利率被压制而无法自主调整，长期低于均衡利率，从而造成信贷市场无法出清，信贷供给远远低于信贷需求。

此外，借款者主动放弃申请信贷资源也是导致信贷约束存在的原因，这类借款者被称为"消极借款人"（discouraged borrowers）（Jappelli，1990）。孔和斯托利（Kon and Storey，2003）认为，由于金融体制的不健全，银行难以准确识别借款者的信用质量，其贷款审批时间长且贷款手续复杂使得借款者误以为贷款申请成本高或自身难以获得贷款而主动放弃贷款申请。这类有信贷需求但实际未申请的需求型信贷约束并不少见（Freel et al.，2012）。综上所述，这些研究表明信贷市场中充斥着不同的借款者，金融机构并不能满足所有借款者的信贷需求，总有部分借款者被排斥在信贷市场之外。

三、企业金融成长周期理论

韦斯顿和布里格姆（Weston and Brigham，1968）最早围绕着企业的销售额度、企业利润和企业的资本结构等特征来解释在不同发展阶段企业的融资选择，进而提出了企业金融成长周期理论（financial growth cycle theory），他们认为企业金融成长周期可以划分为六个阶段：一是创立期：在企业成立初期，企业缺乏抵押品且财务信息不完善，此阶段，企业主要依赖企业主的自有资金。二是成长阶段1：企业的资金主要由自有资金和银行短期贷款组成，此阶段存在较大的流动性风险。三是成长阶段2：企业的资金由自有资金、银行短期贷款和银行的长期贷款构成，但依旧存在一定的金融缺口。四是成长阶段3：企业的资金除了由成长阶段2的资金构成之外，还有来自证券市场的债券融资和股票融资，但是该阶段企业的控制权较为分散。五是成熟期：该阶段的资金来源与成长阶段3几乎相同，企业的投资回报率的增长率也相对平缓，并趋于保守。六是衰退期：随着企业投资回报率的下降，金融资源逐渐以并购、股票回购和清盘等形式撤出企业。

随后，有些学者将信息不对称理论与企业金融成长周期理论相结合，比如，迈尔斯（Myers，1984）提出了融资次序理论（pecking order theory），认为信贷市场的信息不对称导致企业在进行融资决策时，会优先考虑内源融资，然后再考虑外源融资。格格和乌代尔（Berger and Udell，1998）基于企业金融成长周期理论和信息不对理论，探讨了美国中小企业的融资结构，他们认为企业的成长周期可以划分为四个阶段：0～2年的婴儿期、3～4年的青少年期、5～24年的中年期以及25年以上的老年期。初创企业规模小，财务制度不健全，缺乏业务记录，同时企业信息不透明，导致初创企业难以获得外部金融资源，只能依赖企业主的自有资金。企业步入成长阶段之后，企业规模逐渐开始扩大，可抵押的资产增加，企业信息的透明度也在逐渐提高，在这一阶段，企业开始更多地依赖外部融资。随后，企业步入成熟阶段，财务管理与业务记录都趋于健全，公开发行股票，股权融资占比上升，部分中小企业成长为大企业。

张捷（2003）借鉴了伯格和乌代尔（Berger and Udell，1998）的方法，检验企业金融成长周期理论是否适用于中国的中小企业，最终发现，虽然各国的金融体制与融资环境存在差异，但中国中小企业的融资规律依旧符合企业金融成长周期理论。因为自改革开放以来，中国中小企业主要由非国有企业构成，其融资活动受到市场经济规模的制约，难以获得外界的金融支持。

第二节　关于创业的研究

一、信贷约束对创业的影响

全球创业观察数据显示，创业的启动资金大约为 10 万元，而初始资金不足是阻碍创业活动的主要因素之一（Evans and Jovanovic，1989；Cagetti and Nardi，2006），借贷是解决资金缺乏的主要途径，是否成功融资将直接影响创业决策。然而，信贷配给理论指出，正规金融机构为了规避风险，并不能完全满足所有潜在创业者的信贷需求，造成部分创业者的信贷需求面临严重的信贷配给问题（Stiglitz and Weiss，1981）。由于信贷市场存在信息不对称问题，而且金融机构是自负盈亏的机构，所以考虑到资金的安全性，金融机构更倾向于给盈利情况良好或规模大的企业提供贷款服务（Ayyagari et al.，2010；Guariglia et al.，2011）。

马双等（Ma et al.，2018）利用 CHFS 数据，发现在有信贷需求的创业者中，只有 48.6% 能获得银行贷款。蔡栋梁等（Cai et al.，2018）认为，信贷约束会降低个体参与创业活动的可能性，信贷约束不仅会抑制个体的创业决策，同时也会制约创业者的资源配置（程郁和罗丹，2009）。个体面临信贷约束将会导致个体投资工商业的额度低于最优水平，降低创业的期望收入，导致个体参与创业的可能性更低（Jensen et al.，2014）。也有学者证实，融资约束将会阻碍创业经济的发展（Cagetti and Nardi，2006；张龙耀和张海宁，2013）。

综上所述，学者们一致认为信贷约束会阻碍创业活动，所以如何缓解信贷约束对创业的抑制作用已成为学者们重点关注的议题，已有文献发现，财富水平、住房资产、社会资本等因素都能缓解信贷约束对创业活动的抑制作用，后文将会详细地梳理和探讨。

二、家庭财富水平对创业的影响

如前文所述，大部分创业者都面临着信贷约束问题，当外部融资受限时，潜在创业者在进行创业选择时会对自身财富水平较为敏感，家庭财富水平越高，其参与创业的可能性越高，反之，若外部融资较为容易，潜在创业者将会根据投资的预期回报和收益水平来进行创业决策。此时，家庭财富将不会影响其创业决策（张龙耀和张海宁，2013）。因此，学者们关注财富水平和创业之间的关系，主要是验证金融约束或信贷约束的存在性（Evans and Jovanovic，1989；Gentry and Hubbard，2004）。

埃文斯和约万诺维奇（Evans and Jovanovic，1989）首次通过研究家庭财富与创业之间的关系来验证信贷约束的存在性，他们建立了一个静态的职业选择模型，理性的个体通过对比工资性收入和创业收入来决定是否进行创业。该模型奠定了财富与创业之间关系的理论研究基础，在此基础上，他们利用1500个微观样本进行实证分析，研究发现，家庭财富与创业之间存在正向关系，这意味着财富水平对创业者具有重要意义。鲍尔森和汤森德（Paulson and Townsend，2004）发现，财富积累越多的家庭越有可能创业，因为能有效克服他们面临的信贷约束问题。费尔利和柯兰辛斯基（Fairlie and Krashinsky，2012）发现无论个体目前处于就业还是失业状态，一旦财富水平上升，其创业动机就会上升。

随着计量经济学的发展，人们重新审视了财富与创业的研究，有些学者认为财富水平促进创业活动的研究结论是不可靠的，因为计量模型的内生性问题可能会导致估计结果有偏差（Jensen et al.，2014）。模型中存在遗漏变量是导致内生性问题的原因之一，有些学者认为在估计财富水平对创业活动影响的过程中，可能会受到一些不可观测因素的干扰，因为这些因素与财富水平密切相关，但并没有被纳入计量模型之中（Hamilton，2000；Moskowitz and Vissing – Jørgensen，2002；Pugsley and Hurst，2011），如区域经济环境、创业偏好、风险态度等。

为了准确估计财富水平与创业活动之间的关系，学者们开始使用工具变量法来克服模型中的内生性问题。最初有学者使用遗产作为家庭财富水平的工具变量来克服内生性问题，但已有研究证实近几年获得的遗产将会促进创业活动（Holtz – Eakin et al.，1994；Blanchflower et al.，1998）。因此，遗产作为家庭财富水平的工具变量，具有较弱的外生性，且缺乏随机性，继承遗产的家庭通常也是富裕的家庭。

为了更好地克服内生性问题，赫斯特和卢萨蒂（Hurst and Lusardi，2004）采用区域房价的变化，即家庭创业前的住房价值变化，作为家庭财富水平的工具变量，最终发现家庭财富水平对创业活动的影响并不显著。他们的研究对家庭财富水平促进创业行为的观点提出了质疑，他们也将家庭的财富水平划分为几个等级，发现财富仅对最富有的家庭的创业决策有显著影响，尤其是财富分布在前1/5的家庭。他们的研究结果对创业者面临信贷约束的问题提出了质疑，认为可能存在其他影响创业的重要因素。蔡栋梁等（2018）使用同样的计量方法，将家庭财富水平分为6组，但发现中国的创业者依旧面临着信贷约束问题。

有学者认为，财富水平对创业活动的影响可能存在正向和负向两种作用。一方面，财富水平越高，家庭参与创业的激情越弱，可能倾向于增加休闲时间；另一方面，财富水平越高的个体更愿意参与风险高的投资活动（蔡栋梁等，2018）。综上所述，在西方国家，家庭财富水平与创业之间关系的研究结论并不一致。但在中国，学者们一致认为，家庭财富水平能显著地促进创业行为。

三、住房对创业的影响

如前文所述，信贷约束会抑制创业行为，而抵押品可以缓解信贷约束问题，因为抵押品通过提高借款者的违约成本，从而激励借款者履行还款合约，降低金融机构的贷款风险，化解信息市场的道德风险与逆向选择问题（Stiglitz and Weiss，1981）。住房作为天然的抵押品，能有效缓解创业者的信贷约束问题，近几年，部分学者逐渐开始关注住房与创业之间的关系。

已有研究者分别从房价、房屋产权和住房资产等方面探讨房地产市场对创业活动的影响。一些学者认为住房有利于促进创业活动（Black et al. , 1996；Fairlie and Krashinsky, 2012；Wang, 2012；Adelino et al. , 2015；Corradin and Popov, 2015；Schmalz et al. , 2017）。也有一些研究发现住房对创业行为有负向作用或无显著影响（Hurst and Lusardi, 2004；Li and Wu, 2014）。这些研究结论并没有达成一致，主要是因为住房对创业活动有"抵押效应""财富效应""锁住效应""挤出效应"（Chen and Hu, 2019）。

（一）抵押效应

大量研究已经证明，由于信贷市场的信息不对称问题，银行通常要求借款人提供抵押品来规避风险，以缓解信贷市场的信息不透明（Bester, 1987）。贝桑科和塔科尔（Besanko and Thakor, 1987）认为，只要借款者能提供足够的抵押品，信贷配给现象就不会出现。住房作为重要的抵押品，自然能有效缓解信贷市场的信息不对称问题。有学者已经证实，住房是有效的抵押品，能缓解信贷约束，从而促进创业活动（Bernanke and Gertler, 1989；Black et al. , 1996；Wang, 2012；Adelino et al. , 2015；Buera et al. , 2015）。迪斯尼和盖瑟古德（Disney and Gathergood, 2009）认为，住房作为抵押品融资比商业贷款、私人贷款或其他形式借贷的成本都低，过去十年，房价持续上涨，大部分家庭的住房财富为创业融资提供了足够的支持。王（Wang, 2012）发现，中国信贷市场不完善，小微企业很难获得足够的信贷支持，而住房私有制能有效缓解信贷约束，从而促进创业活动。周京奎和黄征学（2014）发现，住房制度改革使得部分家庭获得了自有住房，住房的抵押品性质降低了家庭面临的流动性约束，进而释放了创业活力。

（二）财富效应

学者们认为，住房资产是家庭资产的主要组成部分，房价上涨提高了住房资产的价值，家庭财富水平也随之提高，从而促进了创业活动（吴晓瑜等，2014；蔡栋梁等，2015）。科拉丁和波波夫（Corradin and Popov, 2015）利用1996~2006年美国个体调查数据，发现住房财富能缓解潜在创业者的信贷约束，从而促进创业。

（三）挤占效应

房价持续上涨会导致非房地产企业进入房地产市场（荣昭和王文春，2014），影响企业的投资决策（Chaney et al.，2012），降低非房地产领域的投资（Chen et al.，2016）。房价的上升提高了新建企业的进入门槛和建立成本，从而抑制新企业的进入（雷文妮和龚六堂，2016）。房价上涨也会造成企业家减少技术创新的投入（王敏和黄滢，2013；王文春和荣昭，2014；Rong et al.，2016；余泳泽和张少辉，2017）。持续上升的房价使人们认为住房是比较安全的投资品（吴晓瑜等，2014），且住房对于中国家庭而言具有特殊意义，因为住房是多数中国年轻人结婚的必要条件之一，它可以增加子女在婚姻市场的竞争力（赵文哲等，2019），也可以提高幸福感（Prakash and Smyth，2019）。因此，房价上升将会吸引家庭储蓄购房或投资性购房，从而挤占创业活动，这就是所谓的挤出效应。虽然住房升值会通过"财富效应"或"抵押效应"促进创业活动，但"挤出效应"的存在，使房价上涨对创业活动的总效应表现为负（Li and Wu，2014）。

（四）锁定效应

持有住房将会降低家庭成员工作的流动性，由于高房价增加了家庭的购房负担（王频和侯成琪，2017）。一般情况下，家庭都会通过按揭贷款的方式购房，每月的房贷使家庭不敢轻易辞去现有工作，因此也降低了创业的可能性（Bracke et al.，2014）。布雷克等（Bracke et al.，2018）进一步研究了抵押贷款对家庭创业的影响，发现住房按揭贷款对家庭创业有抑制作用，且住房按揭贷款对家庭创业的抑制性强度与家庭从事的行业密切相关，若家庭从事收益波动比较大或其收益与房价波动有密切关系的行业，其抑制关系更加强烈。

住房对个体创业关系的研究面临着一个较大的挑战，就是如何分离"财富效应""抵押效应""挤占效应"。因为房价上涨除了带来"财富效应"之外，也会带来"抵押效应"（提高住房的评估价值，获得更高的抵押价值），无论是"财富效应"还是"抵押效应"都会促进创业活动，如何分离"财富效应"和"抵押效应"已成为学者们近几年关注的焦点。学者们通常以国家特殊的住房制度作为先天优势，比如，詹森等（Jensen et al.，

2014）研究了1992年丹麦政府颁布的抵押政策，该政策没有改变家庭的财富水平，但改变了家庭的信贷可得性，他们采用自然实验的研究方法发现，住房具有抵押功能，能有效提高信贷可得性，进而促进创业活动，增加小微企业的数量。李江一和李涵（2016）为了验证住房对创业活动的"抵押效应"，根据家庭的住房产权性质将样本划分为无房、拥有不完全产权和拥有完全产权三类，研究发现，有完全产权住房才能提高家庭的信贷可得性，从而促进创业活动。

在法国有按揭贷款的住房不能进行二次抵押融资，基于此，施马尔兹等（Schmalz et al.，2017）将个体划分为租房、有房且无按揭贷款和有房但有按揭贷款三类，通过对比租房和有房但有按揭贷款的群体来证实"财富效应"，通过对比有房且无按揭贷款和有房但有按揭贷款两个群体来验证"抵押效应"。同样，中国也有不允许有抵押贷款的住房进行再次商业抵押的政策，陈杰和胡明志（Chen and Hu，2019）基于该政策，将家庭住房划分为没有按揭贷款、有按揭贷款以及租房群体来分离"财富效应"和"抵押效应"。具体来说，通过对比没有按揭贷款的群体和有按揭贷款的群体来识别"抵押效应"，通过对比有按揭贷款的群体和租房群体来识别"财富效应"。

四、影响创业的其他因素

接下来，本小节从个体因素、家庭因素及外部环境因素三个层面，梳理与创业相关的研究。

（一）个体因素

1. 年龄

在创业的实证文献中，年龄经常被作为控制变量纳入计量模型中，大量实证文献证实，年龄与创业活动呈现出倒U形的非线性关系（Cowling，2000；Blanchflower，2004；Grilo and Irigoyen，2006）。很多研究发现，大部分国家的创业者都集中在25～34岁（Shane，1996；Blanchflower，2004）。全球创业观察数据显示，2016～2017年，18～34岁是中国创业最活跃的年龄段，占总创业群体的比例已接近50%。一个国家或地区的人口平均年龄过小或过大都不利于创业经济的发展（Lévesque and Minniti，2011），因为创业活动需要精力、创造力、商业经验。一般情况下，老年人缺乏精力和创造力，而年轻人缺乏商业经验（Liang et al.，2018）。也有学者认为随着年龄的上涨，人们变得更加厌恶风险，因此，步入老年之后，年龄的增长并不利于创业（Grilo and Irigoyen，2006）。

2. 性别

虽然女性与男性的个体差异不大，但男性的创业概率普遍高于女性（Arenius and Minniti，2005）。艾伦等（Allen et al.，2007）研究发现，在德国，2006 年男性的创业比例为 5.8%，而女性的创业比例为 2.6%。虽然我国的创业群体不断扩大，但创业者的性别结构并不均衡，女性企业家的比例明显低于男性，20 世纪末，我国女性企业家的比例为 20%，到 2008 年才上升至 27%，依旧低于男性[①]。刘鹏程等（2013）发现，中国女性创业比例较低，以及女性主要以生存型创业为主，主要原因是女性参与生存型创业更容易得到社会的认可。一些学者认为，相较于男性，女性的体力、人力资本、社会资本和风险承担能力都更低，从而降低了女性参与创业的可能性（Sexton and Bowman – Upton，1990；Lerner et al.，1997）。

3. 教育

通常情况下，受教育水平越高，其社会资本和人力资本越高，有利于获取创业资源和识别创业机会，因此，高教育水平有助于成功创业。但是，受教育水平越高，越容易获得稳定和待遇好的工作，创业的机会成本越高，因此，受教育水平越高，创业的动机越弱（Berkowitz and DeJong，2005）。

最初的实证分析只考虑了两者之间的线性关系，道森等（Dawson et al.，2014）认为教育提高了个体参与创业的概率，但也有学者发现教育对创业活动的影响为负，甚至不存在显著的影响（Van Der Sluis et al.，2008）。卡斯塔格内蒂和罗斯蒂（Castagnetti and Rosti，2011）发现教育水平与创业活动不一定呈现正向关系，因为受教育水平越高选择越多，所以创业并不一定是最优选择。近几年，更多学者利用定量分析考察受教育程度和创业活动之间的非线性关系，发现这两者呈现 U 形的非线性关系（David et al.，2000；Poschke，2013）。罗查等（Rocha et al.，2015）利用 2003 ~ 2007 年葡萄牙数据，研究创业经验是否会促进再次创业，最终发现首次创业时间持

---

① 20 世纪末的数据来自《中国商界女性的机会与挑战》，2008 年数据来自《2008 – 2009 年度中国百姓创业致富调查报告》。

续越长，越有可能再次创业。

4. 风险态度

创业是一项风险投资，一般情况下，越偏好风险的个体越有可能参与创业。谭劲松（Tan，2001）对比了创业者与企业管理者之间的风险态度，发现创业者更倾向于进行风险投资决策。詹科夫等（Djankov et al.，2006）发现中国创业群体与非创业群体的风险态度存在明显的差异，大部分创业者都是偏好风险者，而非创业者大部分都是风险厌恶者。由此，风险态度将会影响个体的创业决策（Kihlstrom and Laffont，1979）。实证研究已经得到了稳健的结论，个体的创业决策与偏好风险程度呈现正相关关系（Kihlstrom and Laffont，1979），个体越偏好风险，其参与创业的可能性越高，但遗漏变量问题可能导致这些研究结论存在偏差，比如，家庭背景会潜在影响子女的风险态度与创业决策（Dohmen et al.，2012）。基于此，斯科里亚比科娃等（Skriabikova et al.，2014）利用了特殊的样本以排除由于家庭背景导致的内生性问题，最终仍然发现个体的风险厌恶越低，其参与创业活动的可能性越大。

目前，由于微观数据的局限性，国内关于风险态度与创业的研究并不多。较有代表性的是陈波（2009）研究了风险态度对回乡创业的影响，研究发现，农民工回乡创业与其风险态度密切相关，若农民工偏好风险程度越高，其期望投资越大，回乡创业的难度也越大，从而降低其创业的可能性。反之，农民工的偏好风险程度越低，其期望投资量就越小，相应的回乡创业难度越低，从而增加回乡创业的可能性。

5. 金融知识

金融知识可以反映创业者利用和管理资源的能力，同时也能反映创业者的计算能力，因此，金融知识会对创业活动产生影响（尹志超等，2015）。数据显示，地区的金融知识水平越高，该地区的青年创业活动越活跃（Oseifuah，2010），但这一观点并没有获得实证验证。也有学者讨论了金融教育与创业之间的关系，比如，卡兰和瓦尔迪维亚（Karlan and Valdivia，2011）发现，商业教育并没有显著提高小微企业的收益，但提高了小微企业主的企业管理能力。德雷克斯勒等（Drexler et al.，2014）发现，小微企业主在进行投资决策时，严重缺乏金融知识。这些研究意味着，普通的商业训练并不能提高创业者的管理能力，而需要金融知识的启发式教学。布鲁恩和齐亚（Bruhn and Zia，2011）认为缺乏商业头脑不是阻碍创业活动的主要因素，而金融知识会影响潜在创业者的行为及创业者的管理能力。尹志超等（2015）利用微观数据研究金融知识与家庭创业之间的关系，发现提高金融知识水平有利于家庭创业，且显著地提高家庭主动参与创业的概率，主要原因是，金融知识能改善家庭的融资渠道，提高家庭获得正规信贷的可能性，缓解家庭的信贷约束，进而促进创业活动。

（二）家庭因素

创业是一个资源整合的职业，企业的创立和成功都需要大量人力、社会与金融资本，而这些资源都是在家庭的协助之下完成的（Parker，2009）。霍夫曼等（Hoffmann et al.，2015）研究发现，在个体创业的过程中，父母扮演了重要的角色，比如，父母为个体经营者，其子辈通常具有较强的创业意愿。

林德奎斯特等（Lindquist et al.，2015）使用瑞典收养数据探索创业中代际关联的起源，研究发现，父母创业使孩子创业的概率增加了约60%。对于被收养者，亲生父母和养父母都对此做出了重大贡献。然而，这些贡献的大小却完全不同，经过分析，出生后因素是出生前因素的两倍。与此同时，父母在子辈创业过程中可以提供金融资源（Holtz–Eakin et al.，1994；Blanchflower and Oswald，1998）、工商业经营的知识（Hvide and Oyer，2018）、文化和创业价值的传承（Laspita et al.，2012），这也解释了为什么创业者的子女更容易成为创业者（Vladasel et al.，2020）。

近几年，国内也有学者开始关注家庭背景对个体创业行为的影响，尤其是对大学生自主创业的影响。虽然针对家庭背景对大学生自主创业影响的研究较多，但研究结论并未达成一致。比如，陈劲等（2007）研究发现，家庭背景与大学生自主创业呈现负相关关系，因为家境越贫寒，越希望通过创业出人头地。而谢西金（2018）证实了家庭经济条件越好的大学生创业的积极性越高，且投入的资金也更多。此外，也有学者发现，家庭背景与大学生自主创业呈现 U 形关系，即家庭经济条件最差与最好的大学生群体参与创业的意愿最强（孙俊华等，2017）。

此外，也有学者关注父母职业对创业行为的影响。李雪莲等（2015）

分析了家庭的公务员背景与其创业活力的关系，研究发现，有职位的公务员家庭显著增加了创业的概率。父母的职业类型会对大学生的创业意愿、想法以及职业目标产生重要影响（张品茹，2017）。向春和雷家骕（2011）分析发现，父母职业为混商（父母一方经商，一方为其他职业）的子辈创业意愿最强，其次是父母职业为科教工作。也有学者发现，父亲的学历越高，子女创业意愿越受到抑制（邴浩等，2015）。

（三）外部环境因素

1. 制度因素

20世纪80年代，学者们开始研究制度对企业出生率和死亡率的影响（Hannan and Freeman，1987）。从20世纪90年代开始，对制度与创业活动关系的研究全面展开。学者们发现，制度会影响创业的规模与质量，同时也会影响创业机会的获得（Hwang and Powell，2005；Bruton et al.，2010）。阿克斯等（Acs et al.，2008）认为，通常情况下，大部分创业者的天赋并没有太大区别，其创业绩效主要依赖于政府实行的制度，制度越健全，越能促进机会型创业活动。目前，学者们集中于探讨三类制度对创业的影响：政治制度、社会制度和市场制度。政治制度方面包括严格的政府管制（陈刚，2015）、行政审批（张龙鹏等，2016）、腐败（Dutta and Sobel，2016）、累进所得税结构（Gentry and Hubbard，2000）。在社会制度方面，学者们主要探讨了文化（Lee and Peterson，2000；赵向阳等，2012；York and Lenox，2014）、社会规范（郑馨等，2017）、社会治安（Rosenthal and Ross，2010）。在市场制度方面，学者们探讨了资本可得性（De Bettignies and Brander，2007）、经济稳定性（McMillan and Woodruff，2002）。

此外，制度也可以分为非正式和正式的制度（North，1990）。正式制度是指强制的、书面的、编码的，比如，合同、宪章、条例、法律等（Rodríguez-Pose，2013）。关于正式制度对创业与企业绩效的研究不少，比如，亨里克森（Henrekson，2005）认为国家制度会阻碍创业活动。塔贝里尼（Tabellini，2010）认为由于正式制度都是在国家层面实施，因此，各国正式制度基本都是同质的。随着国家正式制度的完善，良好的创业环境将会促进创业活动（Henrekson and Sanandaji，2014）。非正式制度是以真实制度为基础，同时也是正式制度的补充，它通常以道德、规范和习俗等形式嵌入意识形态中，对经济行为产生广泛和深远的影响，主要包含了社会规范、社会网络、社会文化等（郑馨等，2017）。

2. 社会资本

社会资本是非正式制度的一种，主要包含了社会网络、社会规范和社会信任（Putnam et al.，1993）。社会资本是指个体在社会网络中能够使用的潜在与显在的资源（Bourdieu，1986；Coleman，1988；Burt，1997）。在实证研究中，由于社会网络更好测量，因此，学者们集中于研究社会网络与创业之间的关系，不少研究已经证实社会网络能显著提高创业的概率（Allen，2000；Djankov et al.，2006；杨汝岱等，2011；郭云南等，2013）。社会网络是获取信息和资源的重要渠道（Birley，1985；Chen et al.，2015），也有利于识别机会（张玉利等，2008；Stam et al.，2014）。

在社会资本与创业活动的研究中，缓解创业的资金缺乏是主要的研究视角。马光荣和杨恩艳（2011）认为，社会网络能有效缓解信贷市场的信息不对称问题，促进农户获得民间借贷，从而促进创业活动。特罗伊洛和张军（Troilo and Zhang，2012）认为，大部分创业者通过亲朋好友集资来满足创业的启动资金要求。胡金焱和张博（2014）通过对比社会网络对城乡地区家庭创业行为的影响差异，发现社会网络通过提高民间借贷而促进家庭创业的机制只在农村地区成立。李力行和吴晓瑜（Li and Wu，2018）发现，在信贷市场不完善的背景下，兄弟姐妹数量越多，潜在创业者面临信贷约束的可能性越低，越有可能成功创业。

此外，社会网络也扮演着其他的作用。比如，岳（Yueh，2009）指出，在中国特殊的制度环境背景下，社会网络有助于家庭获得创业需要的经营执照和许可证。社会网络也能帮助创业者招聘到相关行业的精英（Bygrave and Timmons，1992；Stuart et al.，1999）。艾伦（Allen，2000）认为，社会网络是创业者初期的主要客户来源，能有效缓解创业者的初期压力。

第三节　家庭债务的经济效应

在传统的经济学研究范畴中，政界与学界通常都更加关注企业与政府部门的债务水平，不关注家庭部门的债务水平。因为家庭部门的经济主体较多，其债务数据统计难度较高，所以家庭债务数据的缺乏造成了该领域的研究起步较晚。早期，西方经济学家较为倡导节俭，反对私人借贷牟利行为，但第一次经济全球化之后，西方国家的生产力大幅度提升，社会财富资源越来越多，这为私人借贷提供了丰富的资金来源。随着金融体系的初步形成与发展，私人借贷逐渐浮出水面，19世纪初期，美国首次引入"分期付款"的信贷消费模式，但这种方式并没有全面推广，只有信用记录好的高收入群体才有使用特权。直到20世纪20年代，"分期付款"方式才在美国全面推广开来。

从20世纪80年代开始，发达国家的银行逐渐放松管制，家庭融资门槛降低，很多家庭为了缓解流动性约束、平滑消费，开始了借贷行为，导致家庭部门债务大幅度上升（Debelle，2004）。也就是说，金融自由化引起了家庭债务的上升（Casolaro et al.，2006），直到2008年美国次贷危机爆发，家庭债务问题才真正引起了西方学者的高度关注，家庭债务理论也随之越来越完善。

关于家庭债务的微观研究都是建立在流动性约束假说和生命周期理论上的，1963年莫迪利亚尼（Modigliani）提出的生命周期理论认为，消费者在某个时点的消费并不是取决于当期的收入，而是取决于整个生命周期的收入预期。也就是说，在一定财富约束情况下，消费者根据整个生命周期的预期收入来安排当期的消费，并通过借贷来平滑生命周期的消费，以实现一生的消费效益最大化。托宾（Tobin，1971）最早提出了流动性约束的概念，也被称为"信贷约束"，即消费者难以从金融机构获得贷款。信贷约束的存在，导致当期收入对消费的作用大于生命周期理论下的作用，消费者的债务也会低于生命周期理论下的债务。"生命周期假说""永久收入假说""流动性约束"是家庭消费、储蓄、融资的微观理论基础，也是后期学者们研究家庭债务的出发点。

作为家庭金融领域的重要研究领域之一，新兴国家的家庭债务状况、影响因素及经济后果尤为重要（何丽芬等，2012；吴卫星等，2013），也有学者探讨了金融素养（吴卫星等，2018）、人口老龄化（刘哲希等，2020）、财富不平等（吴卫星等，2016）等因素对家庭债务的影响。而关于家庭债务对宏观经济的影响，主要集中于家庭债务对经济增长、消费和失业三方面的影响。考虑到本书主要研究家庭债务对家庭创业行为的影响，所以本小节重点梳理家庭债务的经济效应。

一、家庭债务与经济增长

由于学者们是在经济危机或经济萧条后才开始关注家庭债务的宏观经济效应，所以，在家庭债务对经济增长的影响中，更多的是探讨家庭债务与经济衰退之间的关系。纵观历史，各个时期和阶段的经济萧条，如20世纪30年代的大萧条、20世纪90年代初的北欧经济危机、日本经济"失去的十年"、2008年的金融危机等，存在一些共性，即这些危机发生之前，家庭债务都呈现出过快的上涨。该共性使大量学者开始关注家庭债务和经济周期之间的关系。

费希尔（Fisher，1933）最早详细论述了家庭债务在经济萧条中起到的作用。他认为，20世纪20年代，美国家庭债务快速上升是造成美国后期"债务—通货紧缩"的关键因素。当经济受到外部冲击时，债权人或债务人都会改变对债务的容忍程度，债务水平太高，会导致信贷紧缩，债务人会清算资产，从而导致债务存量下降。与此同时，资产清算降低了资产的价格，增加了债务的实际价值，加大了债务人的偿还压力，引发资产变卖，资产价格进一步下跌，导致经济体陷入"债务—通货紧缩"的循环。

西纳蒙和法扎里（Cynamon and Fazzari，2008）研究了美国家庭的债务、收入、消费情况，发现在20世纪80年代至21世纪初，美国家庭债务加速扩张，他们认为，虽然家庭债务的上升刺激了经济的增长，但也可能为后期的经济衰退种下了恶果。比于卡拉巴卡克和瓦列夫（Büyükkarabacak and Valev，2010）认为家庭信用扩张增加了经济危机的可能性。国际货币基金组织（IMF，2012）报告显示，在过去30年的发达经济体中，如果家庭债务出现较大幅度的增长，经济衰退就更加严重。萨瑟兰（Sutherland，2012）认为，债务水平不仅是一个很好的金融危机预测指标，也是危机爆发后反映经济衰退程度的一个关键决定因素，当家庭部门的债务水平达到一定程度时，衰退的可能性就会增加。

在家庭债务与经济增长关系的研究中，部分学者们基本一致认为，家庭债务短期能促进经济增长，但长期来看，家庭债务的积累会抑制经济增长。比如，帕利（Palley，1994）基于自回归分布滞后模型发现，家庭债务的上升提高了实际的国民生产总值，但是债务压力的上升将会降低国民生产总值。金（Kim，2013）在此基础上，讨论了 1982 年之前与 1982 年之后家庭债务与经济产出之间的关系。他发现，在 1982 年前的回归分析中，家庭债务变量对经济增长没有任何负面影响。但是，家庭债务对 1982 年后时期的经济产出具有负面影响。这意味着，家庭债务和债务负担可能是经济周期性变化的根源。田新民和夏诗国（2016）利用 2000~2012 年中国宏观数据，实证分析了家庭债务、消费支出与经济增长之间的关系，发现中国家庭债务的上升在短期内能够促进 GDP 的增长，但长期内并不利于 GDP 的提高。

过高的债务将会增加财务压力，降低居民幸福感（吴卫星等，2018），甚至诱发金融危机，引起严重的经济衰退（Garriga and Hedlund，2020）。

二、家庭债务与消费

大部分研究者都一致认为家庭债务会抑制消费，比如米什金（Mishkin，1977）认为，家庭债务通过影响家庭的资产负债表，从而影响消费行为。金（King，1994）研究了 1984~1992 年 10 个工业国家的家庭杠杆率与经济衰退幅度之间的关系，发现家庭杠杆率上升幅度越大的国家，其消费下降的幅度也更大。小川一夫和万军民（Ogawa and Wan，2007）研究了日本家庭的债务与消费支出，发现家庭债务的上升会造成家庭净资产的下降，从而对消费产生负面影响。家庭债务的上升增强了家庭的流动性约束和信贷约束，从而对消费产生负面影响。格利克和兰辛（Glick and Lansing，2010）分析了美国、澳大利亚、日本等 16 个国家在 2008 年以前的家庭杠杆率对 2008 年之后消费变化的影响，发现在危机之前，大幅度增加杠杆的国家在危机之后消费都大幅度下降，反之，危机前家庭杠杆率增加的幅度越小，危机后消费下降幅度越小。亚佩利等（Jappelli et al.，2013）研究了英国、美国和德国的个人信用数据，发现背负过高的家庭债务将会导致更多的家庭破产和欠款，而且家庭杠杆过高降低了家庭再次获得信贷的可能性，与此同时，家庭为了偿还负债会增加其流动性约束，而迫使家庭减少消费支出。但也有学者认为，家庭债务能促进居民消费，比如，许桂华（2013）利用动态最小二乘法实证分析家庭债务对居民消费的影响，研究发现，家庭债务的上升能促进居民消费。

部分研究者认为，消费低迷是家庭债务导致经济衰退的作用机制。帕利（Palley，1994）利用线性乘数—加速数模型研究发现，消费信贷的增加刺激了消费支出的上升，带动了经济的增长，但随着家庭债务的积累，每期偿还债务的压力越来越大，导致现金流加速从债务人转向债权人，从而抑制家庭的消费支出，阻碍经济的长期增长。埃格特松和克鲁格曼（Eggertsson and Krugman，2012）认为，在明斯基时刻，债务人的借贷约束增强，迫使其降低当前消费，从而将家庭债务调整至合理的水平，然而，债务人去杠杆又会造成经济体陷入流动性陷阱。同样，圭列里和洛伦佐尼（Guerrieri and Lorenzoni，2017）也认为，债务人为了实现去杠杆和增加预防性储蓄会降低消费，导致经济活力下降。戴南（Dynan，2012）发现，在金融危机期间，家庭负债越高越倾向于减少消费，从而阻碍经济复苏与发展。潘敏和刘知琪（2018）研究了家庭杠杆对生存型与享乐型消费的影响，发现家庭杠杆会增加生存型的消费支出，但会抑制享受型的消费支出，即家庭部门增加杠杆并不利于消费结构升级与经济的长期增长。

同样，也有学者认为，短期来看家庭债务会促进消费增长，但长期来看家庭债务将会抑制消费，阻碍经济增长。具体而言，虽然家庭部门适度增加杠杆将有助于平滑消费，提高家庭跨期的总效用（吴卫星等，2016），但这些正向效应都是短期的。刘哲希和李子昂（2018）认为，家庭负债并不利于消费与 GDP 的长期增长。何南（2013）认为，在短期内，家庭债务能促进消费，但长期中，家庭借贷对居民消费的上涨很不利。隆巴迪等（Lombardi et al.，2017）研究了家庭债务对消费与 GDP 增长的短期与长期作用，他们发现，家庭增加杠杆虽然短期内会促进消费与经济增长，但会抑制二者的长期增长，且家庭负债长期带来的负向效应远远超过了短期带来的正向作用，即使推进金融发展也不能挽救由于家庭负债导致的经济长期低迷。

三、家庭债务与失业

目前鲜有学者关注家庭债务与创业活动之间的关系，但 2008 年国际金融危机之后，大量学者从宏观层面探讨了居民部门债务与劳动力市场的关系，其中，他们最关注家庭债务对失业的影响。

家庭债务过高会降低家庭的抗风险能力，同时也会造成失业率上升。巴尔巴和皮韦蒂（Barba and Pivetti，2008）认为，家庭杠杆率过高，偿还压力较大，其对失业率的上升非常敏感。米安和苏菲（Mian and Sufi，2014）进一步发现，住房净资产主要通过财富效应与家庭信贷约束两个渠道间接影响就业市场。财富效应是指当房价下跌，家庭财富缩水，导致社会总需求下降，从而造成就业率下降。家庭信贷约束渠道是指房价下跌，住房抵押品价值下降，家庭受到的信贷约束增强，从而抑制社会总需求，导致失业率上升。以上研究都是从社会总需求的角度研究家庭债务与劳动力市场，而唐纳森等（Donaldson et al.，2019）从公司职位供给的角度分析家庭债务对就业市场的影响，研究发现，由于有负债的求职者需要利用工资来偿还债务，所以他们在寻求职位时提出了更高的工资要求，而大部分公司都不愿意承担较高的劳动力成本，因此，公司更倾向于不招聘这类员工，由此导致失业率上升。

也有学者发现，家庭债务将提高劳动力市场参与率。斯雷特和斯彭斯（Slater and Spencer，2014）研究发现，依赖于工资偿还债务的家庭面临的失业成本更高，从而导致劳动力市场的参与率更高。

此外，不少学者发现，家庭债务的扩张加剧了家庭财富的不平等（吴卫星等，2016）。斯科特和普里斯曼（Scott and Pressman，2014）认为，家庭可能因受到失业、健康、生育等冲击而负债，降低家庭的生活质量，尽管未来的收入可能会增加，但是如果大部分额外收入必须用于支付利息以维持过去的债务，则家庭的经济状况将不会改善，甚至可能还会变得更糟糕，由此，家庭债务的上升会加剧家庭收入的不平等。

第四节　文献述评与理论分析框架

本节基于上述相关文献，首先进行文献述评。其次，梳理家庭债务与家庭创业行为的理论逻辑。最后，根据相应的理论文献，建立与本书议题相关的理论分析框架。

一、文献述评

前文梳理了金融发展与创业理论、信贷约束理论和企业金融成长周期理论，并重点回顾了信贷约束、家庭财富水平、住房等因素对创业活动影响的经验研究，同时也梳理了家庭债务所带来的宏观经济后果。接下来，将对其进行总结并做简单的述评。

关于创业融资的研究可以划分为两个阶段：第一阶段，学者们着力证明创业者面临着信贷约束问题。由于金融体系不完善，大部分创业者都面临着信贷约束问题，所以学者们认为若家庭财富水平对创业决策有正向影响，则可以说明创业者面临着信贷约束问题。因为一个健康的金融体系能有效识别初创企业，并为其提供充足的启动资金，也就是说，在完善的金融体制下，创业决策只取决于自身的创业偏好与能力。第二阶段，学者们主要研究创业者如何缓解信贷约束问题。在这一阶段，学者们一致认为金融体制的不完善导致创业者面临信贷约束问题，在此背景下，学者们开始探索哪些因素能有效缓解创业者的信贷约束，目前学者们主要从金融发展、家庭的财富水平、房屋产权、住房资产、社会资本等角度进行探讨。而家庭债务作为家庭资产的组成部分，也是家庭在整个生命周期进行投资决策的重要决定因素，势必影响家庭流动性财富水平，进而对家庭创业行为产生深远的影响。但是由于家庭债务数据可得性较差，鲜有学者从家庭债务的角度探讨创业行为，本书从家庭债务结构、住房负债、购房融资方式三个角度深入地探讨家庭债务对家庭创业行为的影响，丰富了金融发展与创业精神领域的研究。

由于家庭部门债务数据缺乏，鲜有学者深入研究家庭借贷行为。在2008年金融危机之后，不断有学者开始关注家庭部门的债务问题，目前家庭债务的研究由两个分支构成：第一个分支是研究家庭债务的影响因素；第二个分支是家庭部门债务的经济效应。本书主要梳理了第二个分支的文献。学者们从宏观层面探讨了家庭部门债务对宏观经济发展的影响，如经济衰退、失业率、居民消费等。相较于西方国家，中国的金融发展较为滞后，家庭部门出现债务问题的可能性更小，最初未引起学者们的高度关注。但近年来，我国家庭部门债务规模迅速上升，不少学者开始重点关注家庭部门的债务问题，但受限于数据的可得性，国内关于家庭债务的研究正处于起步阶段，学者们更多集中于探讨家庭债务的影响因素，近几年也有学者利用微观家庭数据研究住房负债对家庭消费支出的影响，但鲜有学者重点分析家庭部门债务对实体经济发展及创业活力的影响。本书基于中国家庭债务迅速攀升与创业活动没有明显上升的事实，深入分析了家庭债务是否会抑制家庭创业行为，及其影响机制。

基于这两个领域的理论文献，我们推测家庭债务可能会通过以下两个渠道影响创业行为：一是在创业者受到信贷约束时，家庭自有财富水平对家庭创业起到决定性的作用，而家庭债务直接影响家庭资金流动性状况，进而影响家庭创业；二是家庭债务影响了风险偏好程度，家庭为了偿还债务更加追求稳定的收入，而不愿意参与具有风险性的创业活动。本书尝试着从家庭债务的视角解释中国创业活力不足的现状，为中国推动创业经济提供了新的线索，同时也丰富了创业和家庭债务领域的研究。

二、理论分析框架

金融发展与创业理论指出，金融发展的关键并不在于金融体系的形式或结构如何，也不在于金融机构的多少和融资规模的大小，而在于金融体系是否能挑选出真正具有企业家精神的创业者以及真正有盈利前景的投资项目。因此，衡量一国金融发展水平的最重要指标，应当是具有企业家精神的创业者获得金融支持的难易程度（King and Levine，1993）。

然而实际上，中国金融体制并不完善，大多数企业只能通过银行获得信贷资源（龚强等，2014），但是银行与企业之间的信息不对称会引发逆向选择与道德风险问题，造成信贷配给，即银行只能满足部分借款者的信贷需求，或只能满足借款者的部分信贷需求（Stiglitz and Weiss，1981）。因此，银行为了降低自身风险，通常更倾向于给有抵押品、经营规模大、财务信息透明的大企业提供贷款，而大部分初创企业缺乏抵押品、财务信息不透明，难以获得银行贷款，即创业者通常面临信贷约束问题（Zeldes，1989；张龙耀等，2013）。然而，创业需要满足一定数量的启动资金要求，在外界融资难的背景下，自有资金对家庭的创业决策起到了决定性的作用，家庭财富水平越高，越有利于缓解潜在创业者的信贷约束，从而促进创业（Evans and Jovanovic，1989；Holtz‑Eakin et al.，1994；Paulson and Townsend，2004；Karaivanov，2012；张龙耀和张海宁，2013；张龙耀等，2013）。家庭债务作为家庭资产的一种类型（宋明月和臧旭恒，2020），必然会对家庭创业决策产生影响。

然而，如前文所述，大量研究已经证实家庭债务会带来一系列负面的经济效应。比如，家庭债务的上涨将会抑制经济长期增长（Palley，1994；Kim，2013；田新民和夏诗国，2016），迫使家庭消费支出下降（Eggertsson and Krugman, 2012；Dynan, 2012；Dynan and Edelberg, 2013；何南，2013；Guerrieri and Lorenzoni, 2017；Lombardi et al., 2017），不利于消费结构的升级（潘敏和刘知琪，2018），以及导致失业率上升（Barba and Pivetti, 2008；Mian and Sufi, 2014；Donaldson et al., 2019）。由此，本书推测我国当前家庭债务并不利于创业经济的推进。

为了更深层次理解家庭债务与创业行为之间的关系，我们借鉴埃文斯和约万诺维奇（Evans and Jovanovic, 1989）及布雷克等（Bracke et al., 2018）的建模思路，将家庭债务引入创业决策模型中，建立了一个简单的静态模型，假定家庭进行创业活动的概率是 φ，不进行创业活动的概率为 $1 - \varphi$，$\varphi \in (0, 1)$。未参与创业活动的家庭收入由工资收入决定，用 w 表示。本书参照埃文斯和约万诺维奇（Evans and Jovanovic, 1989），假定参与创业活动的家庭收入由创业投资情况决定，家庭的创业收入可以表达为：

$$y = ek^a \qquad (3.1)$$

其中，e 是企业家才能，k 是创业投资，$a \in (0, 1)$。考虑到我国金融体制并不完善，大部分潜在创业者面临着信贷约束问题，难以获得外界金融支持，所以家庭自有资金是创业活动的主要资金来源（张龙耀等，2013）。由此，我们假定家庭创业启动资金都是来自家庭的流动性资产，即 k = z，z 代表家庭的流动性资产。假定家庭的效用取决于消费，即 U(C)，效应严格递增（$U'(c) > 0$），当家庭为风险厌恶者时，$U''(c) < 0$，当家庭为偏好风险时，$U''(c) > 0$，当家庭为风险中立时，$U''(c) = 0$，考虑到信贷约束问题，家庭创业会对家庭消费产生明显的挤占作用（周京奎和黄征学，2014），即 $\frac{\partial C}{\partial \varphi} < 0$。

家庭根据自身状况进行创业决策，其最优化问题为：

$$\max E(U) = U(c) \qquad (3.2)$$
$$\text{s.t.} \quad c = \varphi(y - b) + (1 - \varphi)(w - s)$$
$$y = ek^a, \quad k = z$$

其中，b 为家庭负债，由住房负债和非住房负债构成，$b = m(1 + r_1)^{t_1} + n(1 + r_2)^{t_2}$，m 为住房负债，n 为其他负债；$r_1$、$r_2$ 是需要偿还债务的利率，均大于 0；t_1、t_2 为贷款期限，都大于 0；s 是家庭储蓄。

拉格朗日函数为：

$$L = U(c) + \lambda[c - \varphi(y-b) - (1-\varphi)(w-s)] \tag{3.3}$$

$$L_c = U'(c) + \lambda = 0 \tag{3.4}$$

$$L_b = U'(c)\frac{\partial c}{\partial b} + \lambda\varphi = 0 \tag{3.5}$$

$$L_\varphi = U'(c)\frac{\partial c}{\partial \varphi} - \lambda(y-b) + \lambda(w-s) = 0 \tag{3.6}$$

由式（3.4）和式（3.6）可得：

$$\frac{\partial c}{\partial \varphi} = -(y-b-w+s), \ 而\frac{\partial C}{\partial \varphi} < 0,$$

由此：

$$-(y-b-w+s) < 0 \tag{3.7}$$

基于式（3.4）~式（3.7）可得：

$$\frac{\partial \varphi}{\partial b} = -\frac{\varphi}{(y-b-w+s)} < 0 \tag{3.8}$$

$$\frac{\partial \varphi}{\partial m} = -\frac{\varphi}{(y-b-w+s)}(1+r_1)^{t1} < 0 \tag{3.9}$$

从式（3.8）与式（3.9）可知，家庭债务的上升和住房负债的上升都会对家庭创业的概率产生负面影响。除此之外，我们也能得出以下几个结论：第一，由于式（3.8）与式（3.9）中并没有包含 $U''(c)$，这意味着，家庭创业与家庭负债、住房负债的关系并不会受到家庭风险态度的影响，即无论家庭是厌恶风险、偏好风险还是风险中立，家庭债务和住房负债的上升都会降低家庭参与创业活动的积极性。第二，家庭储蓄（s）的上升将会弱化家庭债务和住房负债对家庭创业活动的抑制作用。这也从侧面说明了家庭的自有财富水平对家庭创业活动至关重要。第三，住房贷款利率（r_1）的上升将加剧住房负债对家庭创业行为的负面影响，以及贷款期限（t1）越长，住房负债对家庭创业行为的抑制作用越强。这意味着，不同的购房融资成本在住房负债与家庭创业活动之间起到了调节作用，购房融资成本越高，住房负债对家庭创业行为的负面作用越强。基于上述理论分析框架，我们将在后文采用一系列实证分析来探索家庭债务、住房负债对家庭创业活动的影响。

本 章 小 结

　　本章首先梳理了与本书研究相关的经济理论，如金融发展与创业理论、信贷约束理论和企业金融成长周期理论，并重点回顾了信贷约束、家庭财富水平、住房等因素影响创业活动的经验研究，同时也梳理了家庭债务所带来的经济后果。其次，本章也对已有研究的发展脉络进行了总结与评述。最后，本章基于已有理论研究，将家庭债务引入创业决策模型之中，从理论层面探讨了家庭债务与家庭创业行为之间的内在联系。

第四章

中国家庭债务分析

第一节 中国家庭债务水平

一、家庭信贷参与

随着金融市场的发展，中国家庭的信贷参与率也在逐渐提升。中国城镇家庭的信贷参与率在 2013 年、2015 年、2017 年分别为 29.80%、31.00% 和 31.60%，如图 4-1 所示。虽然中国家庭的信贷参与率逐年上升，但与美国家庭相比，中国家庭信贷参与率仍处于不足美国家庭的一半，美国家庭的信

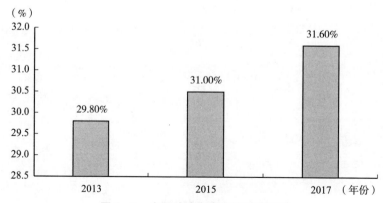

图 4-1 中国城镇家庭的信贷参与率

资料来源：CHFS。

贷参与率在 2007 年、2010 年、2013 年和 2016 年分别为 77%、74.9%、74.5% 和 77.1%。这意味着，中国的信贷市场仍存在很大的发展空间。

二、家庭债务规模

虽然相较于美国家庭，中国家庭的信贷参与率不高，但 2010～2019 年中国家庭的债务水平却在持续快速上涨。图 4－2 展示了中国家庭部门的贷款余额情况，可以看出，2010～2019 年，中国家庭债务从 2010 年的 11.26 万亿元持续上涨至 2019 年的 55.33 万亿元。

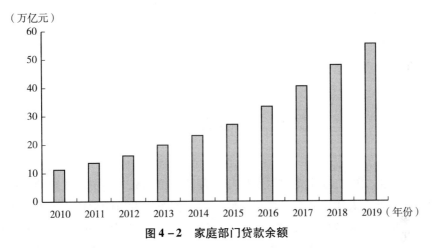

图 4－2　家庭部门贷款余额

资料来源：中国人民银行。

图 4－3 刻画了家庭部门贷款余额的增长速度，可以发现，2010～2019 年，家庭部门贷款余额的增长率从 38% 下降至 16%。这表明，在这一期间，中国家庭债务规模虽然在持续上涨，但其增长速度却呈现下降的趋势，即使这样，中国家庭债务也维持了较高的增长率，2010～2019 年，中国家庭债务的年均增长率高达 21%。需要警惕家庭债务规模的快速扩张。

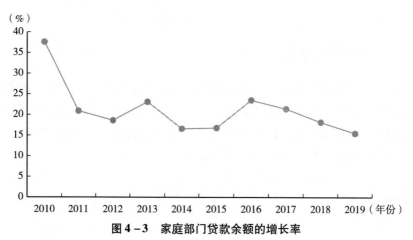

图 4-3 家庭部门贷款余额的增长率

资料来源：中国人民银行。

第二节 中国家庭债务结构

住户部门的贷款主要由消费性与经营性贷款构成。其中，住户消费性贷款主要包括个人住房贷款、住房装修贷款、汽车贷款、助学贷款、大件耐用消费品贷款、旅游贷款及其他贷款。而住户经营性贷款类似于中小企业贷款，主要是用于购置或支付租赁的经营场地、商铺的装修或者更新升级经营设备等合法的生产经营活动贷款。

一、各项贷款的规模

图 4-4 展示了宏观层面中国住户部门的各项贷款余额情况，可以看出，2010~2019 年，虽然住户贷款余额、住户消费性贷款余额和住户经营性贷款余额分别从 11.26 万亿元、7.51 万亿元、3.34 万亿元上升至 55.33 万亿元、43.98 万亿元、11.35 万亿元，但住户消费性贷款的上升幅度明显大于经营性贷款。

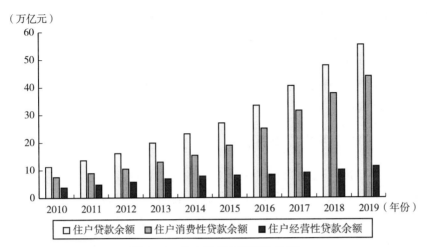

（万亿元）

图 4-4 住户部门各项贷款余额

资料来源：中国人民银行。

二、住房债务是家庭的主要债务

图 4-5 刻画了住户部门各项贷款的占比情况，可以发现，中国住户部门的贷款主要由个人购房贷款构成。2010～2019 年，住户购房贷款占住户部门贷款的比例基本维持在 55% 左右，非购房消费性贷款的比例从 10% 上

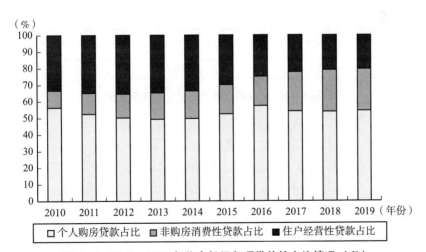

（%）

图 4-5 2010～2019 年住户部门各项贷款的占比情况（%）

资料来源：中国人民银行。

升至25%，而经营性贷款占住户部门贷款的比例却从33%下降至20%。这意味着，信贷资源主要流向了住户的消费性贷款，尤其是个人购房贷款，而不是住户经营性贷款。从该角度也反映了高房价可能透支了购房家庭的资金，不得不利用消费信贷产品平滑消费，直接造成住户部门的生产经营活动存在融资难的现象。

三、家庭债务的波动与住房贷款密切相关

图4-6刻画了住户部门各项贷款余额的增长速度，可以发现，2008～2019年，住户贷款余额与个人住房贷款余额的增长率高度吻合，而个人住房贷款又与房价呈现正向相关性，这意味着，中国住户部门的债务水平与住房价格密切相关。

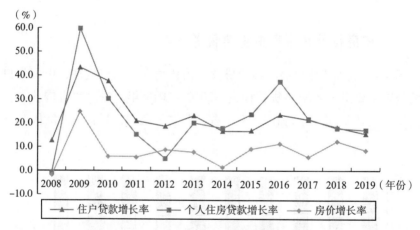

图4-6 住户部门各项贷款余额的增长率

资料来源：中国人民银行。

自2008年美国次贷危机之后，为了推动中国经济的发展，中国政府于2009年实施了宽松的货币政策和积极的财政政策，同时也推行了一系列刺激房地产市场发展的政策手段，房价停止了下跌，开始逐渐回升。2009年个人住房贷款余额增长率和住户部门贷款余额增长率分别为59.7%和43.3%。

2010年，为了抑制住房投资行为以及稳定部分城市的房价，国家加大了房地产市场的调控力度，实施了一系列调控手段，金融监管部门也颁布了

一系列差别化的信贷政策，这些手段对控制房价上涨起到了积极的抑制作用。与此同时，个人住房贷款余额的增长速度和住户部门贷款余额的增长速度分别从 2010 年的 30.3%、37.6% 下降至 2012 年的 5.0%、18.6%。

但在 2012 年上半年，房地产调控政策有所放松，房地产市场进入景气周期，在 2013 年达到一个小高峰，此时，个人住房贷款余额和住户部门贷款余额的增长率分别高达 20%、23%。随后房地产调控又进一步放松，导致个人住房贷款余额和住户部门贷款余额的增长率分别上升至 2016 年的 37.4%、23.5%，随后房地产调控再次收紧，并同时颁布了"限购、限贷、限价、限售"等一系列调控手段，2016 年底，中央经济工作会议首次提出"房住不炒"的战略方针，开始了历史上最严厉的一次调控。随着房地产调控收紧，个人住房贷款余额的增长率与住户部门贷款余额的增长率分别下降至 2019 年的 17.1% 和 15.5%。

四、住房贷款会挤占经营性贷款

个人住房贷款的波动会对住户经营性贷款产生深远的影响。图 4 - 7 刻画了住户部门的经营性贷款与个人住房贷款的增长速度，可以发现，在 2013 年之前，个人购房贷款与经营性贷款都整体呈现下降的趋势，而 2013 ~ 2016 年，个人购房贷款增长率持续上升，从 21% 上升至 35%，而个体经营

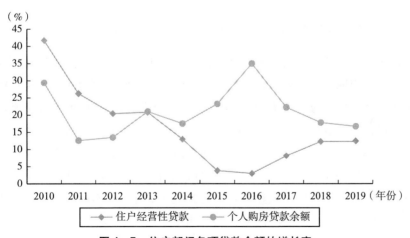

图 4 - 7　住户部门各项贷款余额的增长率

资料来源：中国人民银行。

性贷款却在下降，从21%下降至3%。随后，2016～2019年，随着严格实施收紧的房地产调控政策，个人购房贷款增长率略微下降，同时，自2014年以来，政府大力倡导和鼓励"大众创业、万众创新"，为创业者提供了较好的信贷支持，使得个人经营性贷款呈现略微上升的趋势。

由此可见，个人住房贷款的波动对住户经营性贷款会产生深远的影响。一方面，房地产市场过于火热，高房价吸引了大量投资者进入住房市场，而不愿意参与其他投资活动，导致个人住房贷款的增速上升，而个人经营性贷款的增速下降。随着房地产调控收紧，限购、限贷、限售等一系列措施同时发布，使部分投资者无法进入住房市场，个人住房贷款的增速放缓。政府在收紧房地产调控政策的同时，国家也颁布了一系列扶持创业活动的政策，刺激了个体参与生产经营的积极性，从而使个体生产经营信贷呈现出上升的趋势。另一方面，高房价除了吸引投资者进入住房市场之外，也会耗费家庭大量资金，无论是需求型购房还是投资性购房。在信贷市场不完善的背景之下，大部分潜在创业者都面临着信贷约束问题，难以获得信贷资源，而购房除了使用自有资金来满足首付要求之外，还需要外界信贷的支持，因此，在信贷资源一定的情况下，个人住房贷款会挤占个人经营性贷款。

综上所述，个人经营性贷款与个人住房贷款密切相关，可能也与房价的波动、住房投资行为存在一定的联系，但这一点需要严谨的实证方法进一步分析。

五、购房可能导致短期消费贷款快速增长

近年来，随着金融市场的发展、信用卡的普及和各类消费需求的升级，家庭部门的短期消费信贷也在不断上升。图4-8展示了2009～2019年短期消费性贷款与中长期消费性贷款的增长率。数据显示，2009年短期消费性贷款的增长率达到最高，高达54%。随后下降至2016年的20%，然后反弹至2017年的38%，最后降低至2019年的13%。家庭的中长期消费性贷款主要由个人住房贷款构成，与住房市场的发展密切相关。2008年美国金融危机之后，中国家庭的中长期消费性贷款的增长率从2009年的48%持续下降至2012年的13%，然后上升至2016年的35%，随着房地产市场调控政策的收紧，中长期消费性贷款的增长率又降至2019年的17%。

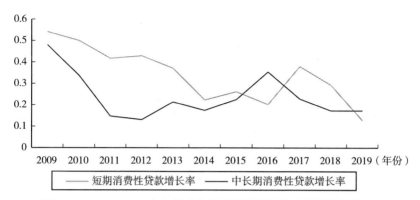

图4-8 2009~2019年短期消费性贷款与中长期消费性贷款增长率

资料来源：中国人民银行。

除了2016年和2019年，2009~2019年中国家庭的短期消费性贷款的增长率都高于中长期消费性贷款，且前者的年均增长率为34%，而后者为24%。这可能也是中国家庭债务持续上升的原因之一。

中国人民银行发布的2018年和2019年《金融稳定报告》认为，短期消费性贷款快速增长的原因可能有两个：一是购房开支透支了家庭的消费能力，使家庭不得不通过短期消费贷款来维持消费水平。二是由于部分家庭担心房价持续上涨，想提前购房，所以可能存在部分家庭利用消费贷款等金融产品来满足首付要求的情况。

第三节　中国家庭债务风险分析

一、家庭杠杆率状况

家庭债务规模的上升逐渐引起了学者们的关注。为了衡量中国家庭部门的债务风险到底有多大，部分学者尝试着测算中国家庭部门的杠杆率，但观点并不一致，一些学者认为中国家庭部门的杠杆率已经接近家庭承受的极限，但也有一些学者认为中国的家庭部门杠杆率并不高，只是结构有些失衡。目前，衡量家庭杠杆率有两个指标：一是家庭部门债务总额与家庭部门可支配收入之比；二是家庭部门债务总额与GDP之比。

从家庭部门债务总额与可支配收入之比来看，周广肃和王雅琦（2019）发现，2007~2015年，中国家庭部门杠杆率从45%上升至90%，远远超过了同期企业部门的杠杆率增速。2009~2012年，企业部门杠杆率呈现波动状态，而家庭部门的杠杆率却在2008年之后持续加速上涨，2008~2015年，中国家庭部门的贷款总额与可支配收入总额的比值年均增长率为23.3%，明显超过了同期的GDP增速。田国强等（2018）测算了中国家庭债务与可支配之收入之比，发现这一比值从2012年的71.1%上升至2017年的107.2%。由此可见，中国家庭杠杆率上升速度非常快①。

为了全面了解中国家庭的杠杆率情况，图4-9展示了中国家庭的总债务与可支配收入之比及中国家庭的总债务与GDP的比值。家庭债务与可支配收入之比从2004年的29%上升至2017年的81%。家庭债务与GDP的比值从2004年的17%上升到2017年的49%。由此可见，这两种衡量家庭杠杆率的方法都显示出中国家庭杠杆率呈现持续快速上升趋势。

图4-9　中国家庭杠杆率

资料来源：Wind数据库。

---

① 田国强、黄晓东、宁磊、王玉琴：《警惕家庭债务危机及其可能引发的系统性金融风险》，转引自：《中国居民从爱存钱到高杠杆 家庭债务近极限或引发风险》，https://www.163.com/dy/article/DP1C3BGU0519C18Q.html。

二、房价波动导致家庭杠杆率波动

图 4 - 10 展示了房价增长率与中国家庭杠杆率的增长率情况，无论是采用家庭债务与 GDP 的比值还是家庭债务与可支配收入的比值来衡量家庭杠杆率，2005 ~ 2017 年，这两个指标的增长率变化都与房价的增长率变化高度一致，即房价的上涨推动了中国家庭杠杆率的上升，而房价的下跌也带动了家庭杠杆率的下降。

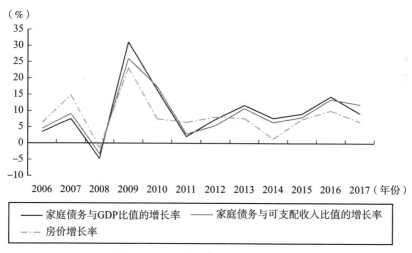

图 4 - 10　中国家庭杠杆率的增长率

资料来源：根据 Wind 数据库计算而得。

综上所述，虽然数据来源不同，测算方式不同，家庭杠杆率的测算结果也呈现出明显的差异，但几乎都能得到家庭杠杆率在持续上涨这一结论。而 2008 年美国次贷危机也是由于家庭债务风险引起的，因此，需要进一步审视中国家庭的债务风险，以预防由于过快增长的家庭杠杆率引发一系列经济发展的问题。此外，中国家庭的债务风险与住房市场的发展及其调控密切相关，若房地产市场过于火热，房价持续上涨将会导致中国家庭杠杆率持续上升，进一步加大中国家庭部门的债务风险。

三、家庭杠杆率的国际比较

接下来，我们将通过对比各国家庭部门杠杆率来描述中国家庭债务风险情况。为了全面且可靠地对比各国的杠杆率情况，我们采用中国家庭部门的总债务与 GDP 之比和家庭部门的总债务与可支配收入之比作为家庭杠杆率的衡量标准。

我们先用中国家庭部门的总债务与 GDP 之比作为家庭部门杠杆率的衡量标准。图 4-11 汇报了 2006～2017 年部分国家的家庭部门杠杆率情况。可以看出，在这一年期间，中国家庭的杠杆率都低于发达国家，但发达国家的杠杆率基本上在这段时间都是呈现逐渐下降的趋势，比如，日本、美国、英国以及欧盟国家的家庭部门杠杆率分别从 2006 年的 59%、96.4%、89%、58.5%下降至 2017 年的 57.2%、77.8%、86%、58%。而中国的杠杆率却持续上升，从 2006 年的 10.8%上升至 2017 年的 48.4%。由此可见，发达国家都在不同程度地去家庭部门杠杆，而中国家庭部门却在加杠杆，其年均杠杆增长率高达 16%。

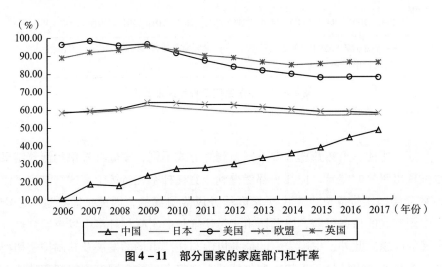

图 4-11　部分国家的家庭部门杠杆率

资料来源：国际清算银行（BIS）。

接下来，我们利用家庭债务与可支配收入的比值来衡量家庭的杠杆率，可以发现，中国家庭债务与可支配收入的比值在 2013 年、2015 年和

2016 年分别为 56% 、64% 、73%，均低于德国、法国、美国等发达国家。其中，中国的家庭债务与可支配收入之比在 2015 年和 2016 年分别上升 8% 和 9.1%，略低于韩国，其涨幅分别为 8.8% 和 11.4%，但涨幅明显高于其他国家（见图 4-12）。由此可见，中国家庭杠杆率虽然低于发达国家的平均水平，但其增长速度远远超过了其他国家，需要引起关注和重视。

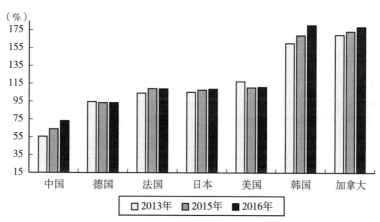

图 4-12 部分国家的家庭债务收入比比较

资料来源：中国人民银行、国家统计局及 OECD 网站。

四、家庭偿债能力在降低

与发达国家相比，虽然中国家庭部门的杠杆率较低，但并不意味着家庭负债问题不严重[①]。国际清算银行（BIS）通过偿债比率来考察家庭部门利用多大比例的收入偿还债务，也就是计算家庭部门本年应偿还的债务本金和利息的总额与家庭部门的可支配收入之比，人民银行利用同样的计算方式发现，相较于其他国家，2017 年我国家庭部门偿债比率处于中等水平，为 9.4%，接近英国的 9.7%，具体情况如图 4-13 所示。

---

① 田国强、黄晓东、宁磊、王玉琴：《警惕家庭债务危机及其可能引发的系统性金融风险》，转引自：《中国居民从爱存钱到高杠杆 家庭债务近极限或引发风险》，https://www.163.com/dy/article/DP1C3BGU0519C18Q.html。

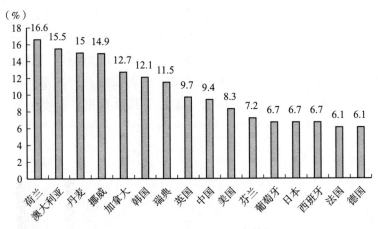

图 4 - 13　2017 年部分国家的偿债比率

资料来源：中国人民银行发布的《中国金融稳定报告（2018）》，http：//www. pbc. gov. cn/goutongjiaoliu/113456/113469/3656006/index. html。

根据国际货币基金组织（IMF）的标准，家庭部门负债与 GDP 之比低于 10% 时，债务的上升将有助于该国经济的发展与增长；比值高于 30% 时，债务的上升会阻碍该国中期经济的发展与增长；比值高于 65%，会危及金融系统的稳定性[①]。然而，2017 年末，中国家庭债务与 GDP 之比与家庭债务与可支配收入之比都已经远超过了 30%，这意味着，我国居民部门债务的上升将可能会阻碍宏观经济的发展与增长，甚至威胁到金融市场的稳定性。

除了关于家庭偿还债务能力的宏观指标之外，CHFS 微观数据也采集了中国家庭的债务情况，但数据较为有限，CHFS 仅询问了家庭偿还生产经营与住房欠款的能力。本章利用 CHFS 数据来描述家庭偿还债务的能力。

（一）偿还生产经营负债的能力

表 4 - 1 展示了中国家庭偿还生产经营欠款的能力，2015～2017 年，还款没有问题的家庭占比从 75% 下降至 67%，很难偿还欠款的家庭占比从 21% 上升至 28%，完全没有能力偿还欠款的家庭占比从 4% 上升至 5%。由

---

① 引自 2017 年 10 月国际货币基金组织发布的《全球金融稳定报告》，https：//www. imf. org/en/Publications/GFSR/Issues/2017/09/27/global - financial - stability - report - october - 2017。

此可见，从偿还生产经营欠款的能力来看，中国家庭偿还债务的能力越来越弱。

表4-1　　　　　　　　中国家庭偿还生产经营的能力

	偿还生产经营欠款的能力	
	CHFS2015	CHFS2017
还款没有问题	74.91%	67.22%
很难偿还	21.12%	27.95%
完全没有能力偿还	3.97%	4.83%

资料来源：CHFS。

（二）偿还住房负债的能力

1. 房价收入比

房价收入比不仅能够衡量房地产市场的泡沫情况，还能客观地反映家庭的购房负担，即家庭购买一套住房需要耗费多少年的收入。根据国际标准，房价收入比低于3是可负担的房价；高于3低于4是中度不可负担的房价；高于4低于5是严重不可负担的房价；超过5是极度不可负担的房价。

中国人民银行发布的2018年《金融稳定报告》数据显示，2008~2017年，房贷收入比（个人住房贷款与可支配收入的比值）从22.6%上升至60.5%，十年间上升了近38个百分点。同时，也有不少国内外机构测算了中国的房价收入比状况。比如，上海易居房地产研究院在剔除可售型保障性住房之后，测算了35个大中城市的房价收入比，发现这35个城市的房价收入比的均值在2013年、2014年和2015年分别为10.2、10.6、10.2。

美国Demographia机构调查了2019年全球各国和地区的房价收入比情况以衡量各国的住房可负担性，通过城市的房价中位数与家庭年收入的中位数之比来测算房价收入比，最终发现，中国香港的房价收入比高达20.9%[①]，中国社会科学院采取了同样的衡量方式，发现2016年北京的房价收入比高达33，上海为32。

---

① 数据来自美国Demographia机构发布的《2019年全球住房可负担性调查报告》，http://demographia.com/dhi2019.pdf。

近几年，随着微观数据库的发展，也有一些学者利用微观数据来测算中国的房价收入比情况，比如，何兴强和杨锐锋（2019）发现中国房价收入比在 2011 年、2013 年、2015 年分别为 11、9、8，远远超过了合理水平。

无论使用不同的衡量方式还是采用不同的数据库，虽然房价收入比的测算值存在差异，但已有数据都表明，中国的房价收入比远远超出了合理范围，这意味着，高昂的房价给中国家庭带来了巨大的购房压力，导致其偿还住房贷款的负担也较重。

2. 住房负债的还款能力

表 4 - 2 展示了中国家庭偿还住房负债的能力。2015~2017 年，还款没有问题的家庭占比从 78.20% 下降至 75.17%，很难偿还住房负债的家庭占比从 18.67% 上升至 21.20%，完全没有能力偿还住房负债的家庭占比从 3.13% 上升至 3.63%。由此可见，无论是房价收入比还是家庭的偿还住房负债能力都显示，高房价给中国家庭带来了巨大的购房负担以及偿还贷款的压力，家庭的抗风险能力较弱。

表 4 - 2 　　　　　　　　　中国家庭还款能力

	家庭偿还住房欠款的能力	
	CHFS2015	CHFS2017
还款没有问题	78.20%	75.17%
很难偿还	18.67%	21.20%
完全没有能力偿还	3.13%	3.63%

资料来源：CHFS。

综上所述，住房负债与生产经营性债务是中国家庭债务的主要构成部分，其还款能力足以反映家庭的整体偿还负债能力情况。可以发现，无论是生产经营负债还是住房负债，有能力偿还债务的家庭比例在逐渐下降，而难以偿还债务的家庭比例不断逐渐上升。这意味着，从家庭偿还能力来看，中国家庭也面临着较大的负债压力。这也从侧面反映了中国家庭债务风险在逐渐攀升，需要引起高度重视，警惕家庭债务引发的一系列经济问题和金融风险。

本 章 小 结

　　本章通过描述中国家庭部门的信贷参与率、债务水平、债务结构、杠杆率等信息，分析了中国家庭的债务风险状况。中国家庭部门债务整体呈现以下特征：第一，家庭部门的信贷参与率较低，仍存在较大的发展空间，但中国家庭部门的债务规模却在逐渐上升，且住房债务是家庭债务的主要构成部分，其占比在55%左右。第二，中国家庭的债务风险在逐渐加剧，虽然相较于发达国家，中国家庭部门的杠杆率并不高，但其增长速度过快，且与房价的增长趋势高度一致；另外，中国家庭偿还债务的能力也在逐渐降低。

第五章

家庭债务结构对家庭创业行为的影响[*]

第一节 引 言

近十年来，中国家庭部门债务快速攀升，其平均年增速高达 21%。虽然当前中国家庭部门的总杠杆率低于美国、日本、欧洲等国家和地区，仍处于相对合理的水平，其债务风险整体可控，但中国家庭部门的债务分布存在明显的结构性问题。如前文所述，从贷款期限来看，我国家庭部门的债务集中于中长期贷款；从贷款投向来看，家庭部门的债务集中于消费性贷款。范从来等（2012）认为，从信贷总量的角度并不能厘清信贷在社会经济发展中的作用，而应该从信贷结构层面进行深入探讨，才能解释信贷在经济中的作用机理及其配置效率。

一般情况下，金融机构主要通过调整信贷结构来配置信贷资源，如调整贷款投向结构、贷款期限结构或信用结构等（刘莉亚等，2017）。其中，贷款期限结构和信贷投向结构是理解金融体系与中国经济发展是否匹配，以及金融体系是否对实体经济起到促进作用的重要切入点（刘莉亚等，2017）。因此，本章利用 2017 年 CHFS 数据与 2016 年各省份家庭部门债务数据匹配，主要从信贷投向结构和期限结构两个方面，重点探讨中国居民部门的债务结构对家庭创业行为的影响，以反映居民部门的信贷结构对实体经济发展

---

　　* 本章部分内容以《居民部门信贷结构与家庭创业行为》的题目发表在《金融与经济》2022年第 8 期。

的影响。虽然已有研究证实，居民的消费性贷款会促进宏观经济的增长（Ludvigson，1998；Den Haan et al.，2007），同时，信贷期限越长，越有利于缓解企业的流动性约束，从而促进企业创新（范从来等，2012；Xin et al.，2017），但本章研究发现，当前我国居民部门的债务信贷投向结构和期限结构都对家庭创业行为有显著的负向影响，主要是因为我国居民部门的大量消费性贷款与中长期贷款流入住房市场，导致居民部门信贷资源集中于消费性贷款、中长期贷款的优势难以体现。

本章可能的创新点是：研究视角的创新，即丰富了信贷结构的相关文献。目前国内学者大多是从信贷总量层面探讨信贷在经济发展中的作用，鲜有学者从信贷结构的层面探讨信贷在实体经济发展中的作用，关于居民部门信贷结构的研究更是少之又少。而信贷投向领域的研究大多集中在对比不同部门信贷投入的经济作用（Safaei and Cameron，2003；Pereira，2008；Markidou and Nikolaidou，2008），虽有学者关注了家庭部门的消费性贷款（Ludvigson，1998；Den Haan et al.，2007），但鲜有学者关注居民部门的信贷投向结构。

从信贷期限结构来看，学者们更多是从整个金融体系的角度宏观地探讨信贷期限结构对微观企业经济行为的影响（孙铮等，2005；肖作平和廖理，2007；范从来等，2012；Xin et al.，2017），但少有学者对家庭部门的债务期限结构特征进行详细探讨。此外，关于银行整体的债务结构对宏观经济影响的研究主要针对西方发达国家，对发展中国家的研究相对较少（刘海明和李明明，2020），对发展中国家居民部门债务结构问题进行研究的文献更是少见。本章基于我国家庭债务结构特征的事实，分析我国家庭债务结构对实体经济发展的影响，以丰富关于发展中国家金融体制的研究，同时也探讨了我国居民部门的信贷结构问题，为我国优化信贷结构提供了新的线索与启发。

总的来说，本章的研究具有理论与现实意义。从经济理论层面来说，本章的研究丰富了金融发展与创业理论；从现实层面来看，本章基于家庭债务结构特征与我国创业活力难以提升的基本事实，探讨家庭债务结构与创业之间的关系，对当前我国深入推进创业创新战略有重要意义。

本章余下部分安排如下：第二节是理论与研究假说，第三节是相关计量模型的理论基础，第四节是研究设计，第五节是实证结果与分析，第六节是稳健性检验，第七节是本章小结。

第二节　理论与研究假说

近年来，金融发展与金融体制特征对国家宏观与微观层面的经济活动有重要作用，备受学者们关注（Chava et al.，2013；Hsu et al.，2014；Cornaggia et al.，2015），尤其是在发展中国家。由于本章重点探讨居民部门的信贷期限结构和贷款投向对家庭创业行为的影响，所以我们接下来重点梳理这两方面的文献并提出相应的研究假说。

一、关于信贷投向领域的研究

如前文所示，信贷投向领域与信贷期限是银行调整信贷结构的有力手段，从信贷投向领域的研究来看，西方学者主要是从不同信贷持有部门的角度来考察的，尤其集中于探讨对比居民部门与企业部门的信贷对经济产出的影响。比如，萨法伊和卡梅龙（Safaei and Cameron，2003）对比了加拿大的居民部门信贷与企业部门信贷对经济实际产出的解释力度，最终发现，居民部门信贷对经济实际产出的解释力度更强。佩雷拉（Pereira，2008）认为，在居民和企业同时存在信贷约束的情况下，缓解企业部门的信贷约束更有助于促进经济增长，然而，缓解居民部门的信贷约束并不会有同样的作用。马尔基多和尼科莱多（Markidou and Nikolaidou，2008）分析了希腊的居民部门和企业部门贷款，发现居民部门更容易受到信贷约束，但即使居民部门获得充分的信贷支持也不会对经济增长有任何明显的促进作用。目前，中国学者很少从信贷持有部门的角度探讨信贷结构问题，张军（2006）发现，信贷资源过度集中于低效率的国有企业，将会造成信贷的增加并不会显著促进经济增长。

也有少量学者重点关注家庭部门的消费信贷对经济产出的作用。比如，卢德维格森（Ludvigson，1998）认为，家庭部门消费贷款的降低会减少整个社会的消费量，进而降低产出量。登哈恩等（Den Haan et al.，2007）分析了美国银行的贷款结构，发现在收紧的货币政策冲击下，消费贷款与房地产贷款大幅度下降，而工业贷款和商业贷款却在上升，这导致了产出水平的下降和价格水平的上升。

二、关于信贷期限结构的研究

从信贷期限结构来看，当银行受到货币政策冲击时，会通过调整贷款期限来参与企业的治理，影响公司自身治理的意愿（Datta et al.，2005；刘海明和李明明，2020）。所以不少学者研究债务期限结构对微观企业经济行为的影响（孙铮等，2005；肖作平和廖理，2007）。当政府调整货币政策时，比如收紧货币政策时，银行会减少贷款存量，但由于银行的贷款存量是以与客户签订的契约为基础，所以银行并不会随意停贷（刘海明和李明明，2020）。

一般情况下，银行的存量贷款从期限角度可以划分为短期贷款和长期贷款，其中，长期贷款需要一定时期才会到期，所以银行在调整信贷期限结构时，很难对长期贷款进行停贷。反之，短期贷款时间短，到期之后，银行可以不再续借，直接停贷。所以，面对这两类贷款，银行更容易调整短期贷款。基于此，银行机构为了控制金融风险，通常更加倾向于发放短期贷款，而不是长期贷款，这一点在转型经济体中体现得尤为明显（Fan et al.，2012）。阿尔梅达等（Almeida et al.，2012）发现，在信贷紧缩时期，银行给企业发放的债务期限越短，越可能加剧信贷紧缩对企业运营的负面冲击。库斯托迪奥等（Custódio et al.，2013）认为，当外界融资受限时，债务期限的缩短会增加企业的流动性约束，从而对企业经营与业绩产生负面影响。然而，与之相反，中长期贷款有利于缓解企业的流动性约束，促进企业技术改造和创新（范从来等，2012）。

近十年来，中国居民部门的债务主要集中于消费性贷款和中长期贷款，中国人民银行的数据显示，个人住房贷款是中国居民部门的消费性贷款和中长期贷款的主要构成部分。然而，个人住房贷款太高可能并不利于家庭创业活动。弗拉文和山下（Flavin and Yamashita，2011）发现，住房抵押贷款过高会降低家庭投资风险资产的意愿。同时，贝泽莫等（Bezemer et al.，2020）发现，在信贷资源一定的情况下，银行发放的住房抵押贷款越多，商业经营贷款就会越少，从而造成其他商业投资活动减少。

由此，基于上述理论背景和中国家庭债务结构的基本特征，我们提出假说5.1和假说5.2：

假说5.1：当前中国居民部门的债务资金结构可能会降低家庭参与创业活动的可能性。

假说 5.2：当前中国居民部门的债务期限结构可能会降低家庭参与创业活动的可能性。

第三节　相关计量模型的理论基础

本章借鉴已有文献，将家庭有工商业经营定义为家庭创业，标记为 1，反之，家里没有工商业经营定义为家庭未创业，标记为 0。由此可见，关注的被解释变量家庭创业是二元离散变量，一般情况下，离散选择模型是有效处理这类情况的估计方法。所以本节我们先介绍离散选择模型的基本原理及其内生性问题的处理。

一、离散选择模型的基本原理

2000 年的诺贝尔经济学奖获得者丹尼尔·麦克法登（Daniel McFadden）为离散选择模型的经济理论基础做出了巨大的贡献。离散选择模型的运用极其广泛，如个体职业的选择、居住地点的选择、企业的投资决策等。

离散选择模型是在决策者效用最大化的假定下推导的，决策者的效用最大化有两个假设：第一，决策者 i 在 N 个选项中进行选择，他的效用水平取决于自身的选择，具体可以表示为 U_{ij}，$j = 1, 2, 3, \cdots, N$；第二，效用最大化，决策者的效用应当满足 $U_{ik} > U_{ij}$，$\forall j \neq k$。由于决策者 i 的任何决策都包含了一个正态误差，因此，决策者的效用可以分解为 $U_{ij} = V_{ij} + \varepsilon_{ij}$，$V_{ij}$ 是可以观测的部分，ε_{ij} 是不可观测的部分。决策者的选择概率可以表示为：

$$P_{ik} = \text{Prob}(U_{ik} > U_{ij}, \ \forall j \neq k) = \text{Prob}(V_{ik} + \varepsilon_{ik} > V_{ij} + \varepsilon_{ij}, \ \forall j \neq k)$$
$$= \text{Prob}(V_{ik} - V_{ij} > \varepsilon_{ij} - \varepsilon_{ik}, \ \forall j \neq k) \tag{5.1}$$

概率 P_{ik} 服从累积分布，因此：

$$P_{ik} = \int I(\varepsilon_{ij} - \varepsilon_{ik} < V_{ik} - V_{ij}, \forall j \neq k) f(\varepsilon_i) d\varepsilon_i \tag{5.2}$$

式（5.2）是密度函数 $f(\varepsilon_i)$ 的积分，ε_i 密度函数的分布假设，能直接决定离散选择模型的具体模式。通常而言，离散选择模型主要有 Logit 模型和 Probit 模型。考虑到 Logit 模型受限制较多，而 Probit 模型只有唯一一个限制，只需要不可观测部分满足正态分布，基于此，本章采用 Probit 模型进行估计，所以接下来我们重点梳理 Probit 模型的基本原理。向量 $\varepsilon_i' = (\varepsilon_{i1}, \cdots, \varepsilon_{in})$，假定 $\varepsilon_i \sim N(0, \Omega)$，$\varepsilon_i$ 的分布密度函数为：

$$\phi(\varepsilon_i) = \frac{1}{2\pi^{1/2}|\Omega|^{1/2}} e^{-\frac{1}{2}\varepsilon_i'\Omega^{-1}\varepsilon_i} \tag{5.3}$$

整合式 (5.1)、式 (5.2) 和式 (5.3)，可以得到决策者的选择概率表达式：

$$P_{ik} = \text{Prob}(V_{ik} + \varepsilon_{ik} > V_{ij} + \varepsilon_{ij}, \forall j \neq k)$$

$$= \int I(V_{ik} + \varepsilon_{ik} > V_{ij} + \varepsilon_{ij}, \forall j \neq k)\phi(\varepsilon_i)d\varepsilon_i$$

$$= \int_{\varepsilon_i \in B_{ik}} \phi(\varepsilon_i)d\varepsilon_i \tag{5.4}$$

$B_{ik} = \{\varepsilon_i \text{ s. t. } V_{ik} + \varepsilon_{ik} > V_{ij} + \varepsilon_{ij}, \forall j \neq k\}$，式 (5.4) 就是 Probit 模型的表达式。

二、工具变量法的基本原理

在实证研究中，基本估计模型通常会存在遗漏变量、逆向因果等因素导致解释变量与基本模型的扰动项相关，造成估计结果有偏，工具变量法能有效处理这一情况，对实证研究具有重要的意义。通常情况下，有效的工具变量应该满足以下两个基本条件：一是相关性。工具变量和内生性解释变量相关。二是外生性。工具变量和基本模型的扰动项不相关，这意味着，工具变量只能通过唯一的渠道，即内生性解释变量，来影响被解释变量，而不是通过其他渠道影响被解释变量。

传统工具变量法是通过二阶段最小二乘（two stage least square，2SLS）来实现，即通过两步来完成：第一步，内生变量对工具变量进行回归；第二步，被解释变量对第一步回归的拟合值回归。

采用工具变量法，必须检验工具变量的有效性，工具变量无效可能导致估计结果有偏。一般情况下，工具变量需要通过以下三个检验：

一是不可识别检验。采用工具变量法的一个前提是满足秩条件，$\text{rank}[E(v_i x_i')] = K$（满列秩），$v_i = (v_{i1}, \cdots, v_{iN})'$，即 N 个工具变量，$x_i = (x_{i1} \cdots x_{iK})'$，有 K 个解释变量，若 $\text{rank}[E(v_i x_i')] < K$，则不可识别。因此，不可识别的原假设为"H0：$\text{rank}[E(v_i x_i')] = K - 1$"，一般使用两个统计量检验，在模型的扰动项满足独立同分布（independent identically distributed，IID）的假定下，可以使用 Anderson LM 统计量，而在扰动项不满足独

立同分布的假设下，则使用 Kleibergen – Paap rk LM 统计量（陈强，2013）。

二是弱工具变量检验。弱工具变量表现为，工具变量与内生变量相关的信息较少，导致工具变量法估计的结果有偏，即使样本量足够大，弱工具变量法也难以收敛到精确的估计值。实际操作中，直接检验二阶段最小二乘的第一步回归是常用的做法，检验的原假设为"H0：工具变量的系数为0"。同样，若扰动项为 IID，则能使用 Cragg – Donald Wald F 统计量，并将其与检验的临界值进行对比，来判断是否拒绝原假设。若假定扰动项不满足 IID，则使用 Kleibergen – Paap Wald rk F 统计量，并将其与检验的临界值进行对比，判断原假设是否成立。这两种判定方法的临界值均由斯托克和约吾（Stock and Yogo，2005）提供。

三是过度识别检验。工具变量与内生变量拥有相同的数量被称为恰好识别，就这类情况，目前公认难以检验工具变量的外生性，只能进行定性讨论，其基本逻辑是围绕着工具变量只能通过内生变量影响被解释变量，而不是其他渠道。而工具变量的数量大于内生变量的数量时，即过度识别，可以通过"过度识别检验"来检验工具变量的外生性，其原假设为"H0：所有工具变量都是外生的"，一旦拒绝原假设，则说明至少有一个变量不是外生的，与扰动项存在相关性。

三、IV Probit 模型的基本原理

同样，离散选择模型也会遇到由于遗漏变量、逆向因果等因素导致的内生性问题，此时，扰动项与内生解释变量相关，导致 Probit 模型的估计不一致。为了克服模型中的内生性问题，常采用工具变量法，其解决方法和具体模型如下：

$$y_{1i}^* = x_i'\alpha + \beta y_{2i} + v_i \tag{5.5}$$

$$y_{2i} = x_i'\gamma_1 + z_i' + u_i \tag{5.6}$$

$$y_{1i} = 1 \quad (y_{1i}^* > 0) \tag{5.7}$$

其中，y_{1i} 是可观测的虚拟变量，y_{1i}^* 是不可观测的潜变量，y_{2i} 是模型中唯一的内生解释变量。假定扰动项（v_i，u_i）服从期望值为0的二维正态分布，即：

$$\begin{pmatrix} v_i \\ u_i \end{pmatrix} \sim N\left[\begin{pmatrix} 0 \\ 0 \end{pmatrix}, \begin{pmatrix} 1 & \rho\sigma_u \\ \rho\sigma_u & \sigma_u^2 \end{pmatrix} \right] \tag{5.8}$$

其中，v_i 的方差标准化为 1，ρ 是（v_i，u_i）的相关系数，若 $\rho = 0$，则 y_{2i} 为外生变量，反之，为内生变量。由此可见，y_{2i} 是否为内生变量可以通过检验原假设 $H_0 : \rho = 0$ 来识别。式（5.5）为"结构方程"，式（5.6）为"第一阶段方程"。z_i 为内生变量 y_{2i} 的工具变量，应满足 z_i 与 y_{2i} 相关，但与 v_i 不相关。

根据式（5.5）~ 式（5.8）所构成的模型，在 x_i 与 z_i 既定的情况下，（y_{1i}，y_{2i}）的条件概率分布已经完全确定，联合概率密度 $f(y_{1i}, y_{2i} \mid x_i, z_i)$ 可以分解为 $f(y_{1i} \mid y_{2i}, x_i, z_i) f(y_{2i} \mid x_i, z_i)$，同时也可以直接写出样本数据（$y_{1i}$，$y_{2i}$）的似然函数，然后进行 MLE 估计，该方法为 IV Probit（Instrumental Variable Probit）。

第四节　研究设计

本节主要介绍本章使用的数据与变量，并基于上文整理的计量模型的理论基础，建立与本章研究议题相对应的计量模型。

一、数据与变量说明

本章使用第四轮 2017 年 CHFS 数据，该调查涉及 29 个省份、355 个县（区、县级市），共有 4 万多户家庭样本，详细记录了家庭人口特征、家庭各类资产与负债、工商业经营等信息，为研究家庭债务结构与创业提供了很好的数据支撑。以下是关于家庭债务结构、家庭创业以及其他控制变量的说明。

本章主要考察居民部门的债务结构对家庭创业行为的影响。关于家庭创业的定义，我们采用尹志超等（2015）的方法，将经营工商业的家庭定义为创业家庭，标记为 1，反之，没有经营工商业的家庭定义为没有创业的家庭，标记为 0。关于创业质量，借鉴全球创业观察的定义方式，我们根据创业动机将创业划分为机会型创业和生存型创业，机会型创业是指为了梦想或理想或发现某商业机会而主动参与创业活动，生存型创业是指找不到工作被迫选择创业。结合 CHFS 数据，我们将创业的原因是"想自己当老板""更加灵活""挣得更多"定义为机会型创业，赋值为 1，反之，没有创业赋值为 0。同样，我们将"找不到工作"定义为生存型创业，赋值为 1，反之，没有创业赋值为 0。

本章重点关注的解释变量为家庭部门的债务结构，考虑到关注的被解释变量是家庭创业，虽然 CHFS 数据也详细记录了家庭的各类负债状况，但 CHFS 数据显示，近一半的创业家庭在创业的过程中都背负了创业欠款，若直接利用微观层面的家庭债务数据分析居民债务结构与家庭创业之间的关系，可能存在较强的内生性问题，所以我们直接利用宏观层面的住户部门债务数据进行讨论。自 2015 年以后，大部分省份的统计年鉴每年都会公布住户部门的总债务、消费性与经营性贷款数据。考虑到 CHFS 数据的采集时间是 7 月份，为了与 CHFS 数据相匹配，我们收集了各省份公布的 2016 年住户部门债务数据。

借鉴张杰等（2016）的方法，本章从家庭部门的债务资金流向与债务期限两个方面衡量家庭部门的债务结构。在债务资金结构方面，利用家庭的消费性贷款与经营性贷款之比作为家庭债务资金结构的代理变量，其比值越高，说明家庭部门的信贷资源越集中于消费性贷款，而不是经营性贷款。在债务期限结构方面，使用家庭的中长期贷款与短期贷款之比作为家庭债务期限结构的代理变量，其比值越高，说明家庭部门的信贷资源越集中于中长期贷款，而不是短期贷款。

此外，考虑到可能存在其他因素也会影响家庭创业行为，所以本章也控制了一系列影响家庭创业活动的因素，具体包括：一是家庭的户主特征，如性别、年龄、教育水平、婚姻状况等。二是家庭特征，如家庭人口数、少儿占比、老人占比、金融知识水平、风险态度、劳动收入、家庭非工商业资产等。三是家庭所在城市特征，如是否在农村、房价增长率、人均 GDP、普惠金融水平、居住的城市等级等。表 5 - 1 呈现了各个变量的具体含义。

表 5 - 1　　　　　　　　　　　　变量的具体定义

类别	变量名	变量的具体定义
被解释变量	创业	1 - 家庭有工商业，0 - 家庭没有工商业
	机会型创业	1 - 为了梦想而创业，0 - 未创业
	生存型创业	1 - 找不到工作而创业，0 - 未创业

续表

类别	变量名	变量的具体定义
解释变量	期限结构	中长期贷款与短期贷款的比值
	资金结构	消费性贷款与经营性贷款的比值
户主特征	是否男性	1－男性，0－女性
	年龄	仅保留 16－65 岁之间的样本
	文化程度	1－大专及以上，0－大专以下
	婚姻状况	1－已婚或再婚，0－其他
	城镇户口	1－城镇户口，0－非城镇户口
家庭特征	家庭规模	家庭总人数
	老人占比	老年人数占总人数比例
	少儿占比	少儿人数占总人数比例
	农村	1－居住地为农村，0－居住地为城镇
	金融知识	1－有金融知识，0－没有金融知识
	偏好风险	1－偏好风险，0－其他
	风险厌恶	1－厌恶风险，0－其他
	劳动收入	家庭劳动收入的对数
	除工商业资产	排除工商业资产的家庭总资产的对数
城市特征	房价增长率	地区房价的增长率
	人均 GDP	人均 GDP 的对数
	覆盖广度	所在城市的数字金融的覆盖广度
	使用深度	所在城市的数字金融的使用深度
	数字化程度	所在城市的数字金融的数字化程度
	一线城市	居住地属于一线城市
	二线城市	居住地属于二线城市
	三线城市	居住地属于三线城市
	四线城市	居住地属于四线城市
异质性分析	银行营业网点个数	社区的银行网点数量

　　表 5－2 是描述性统计结果，本部分的有效样本显示，参与创业的家庭占 17.7%，居民部门的债务期限结构均值为 4.15，债务资金结构的均值为 3.09。

表 5 - 2   描述性统计

变量	样本量	均值	标准差	最小值	最大值
家庭创业	27598	0.177	0.382	0	1
机会型创业	26578	0.146	0.353	0	1
生存型创业	23673	0.0411	0.198	0	1
期限结构	27598	4.154	2.458	1.092	11.32
资金结构	20692	3.086	1.579	0.517	8.094
是否男性	27598	0.811	0.392	0	1
年龄	27598	49.23	10.67	16	65
文化程度	27563	0.186	0.389	0	1
婚姻状况	27563	0.882	0.323	0	1
城镇户口	27553	0.366	0.482	0	1
家庭规模	27598	3.382	1.509	1	15
老人占比	27598	0.0641	0.160	0	1
少儿占比	27598	0.118	0.164	0	0.800
农村	27598	0.298	0.457	0	1
金融知识	27160	0.585	0.493	0	1
偏好风险	26167	0.113	0.317	0	1
风险厌恶	26167	0.614	0.487	0	1
劳动收入	27598	7.689	4.954	0	15.69
除工商业资产	27585	12.78	1.719	5.313	16.23
房价增长率	27024	0.103	0.0342	0.005	0.301
人均 GDP	26954	11.04	0.594	9.341	12.03
银行营业网点个数	16961	1.959	2.188	0	15
覆盖广度	27168	199.4	34.11	87.80	254.1
使用深度	27168	206.8	21.40	150.0	251.4
数字化程度	27168	248.1	20.31	194.2	402.5
一线城市	27598	0.129	0.336	0	1
二线城市	27598	0.375	0.484	0	1
三线城市	27598	0.234	0.423	0	1
四线城市	27598	0.262	0.440	0	1

　　考虑到本章使用的是截面数据,难以通过描述性统计看出家庭债务结构与家庭创业之间的关系,为了初探两者之间可能存在的关系,本章利用有效数据,做了家庭债务期限结构与家庭创业行为的散点图和拟合线,如图5-1所示。可以很直观地看出,家庭创业与家庭债务期限结构呈现负相关关系,即省份的家庭债务期限越长,该区域参与创业的家庭越少。接下来,将用严谨的实证分析探讨两者之间的关系。

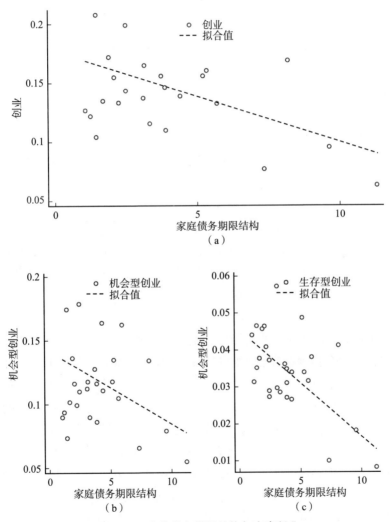

图5-1　家庭债务期限结构与家庭创业

资料来源:CHFS。

二、模型设定

如前文所述，本书关键的被解释变量是家庭创业，1 表示家庭参与创业，0 表示家庭没有创业，结合 Probit 模型的基本原理，本章利用 Probit 模型估计居民部门的债务结构对家庭创业行为的影响，基本模型设定为：

$$\text{Entrepre}_i^* = \beta_1 \text{Household\_fz}_{ip} + \beta_2 X_i' + \beta_3 C_{ic}' + \varepsilon_i \qquad (5.9)$$

其中，下标 i、p 分别表示家庭、省份。$\text{Entrepre}_i = 1 (\text{Entrepre}_i^* > 0)$，$\text{Entrepre}_i^*$ 为潜变量，Entrepre_i 表示家庭 i 是否参与创业，1 为是，0 为否；Household_fz_{ip} 为家庭 i 所在 p 省份的家庭部门的债务结构（债务期限结构和债务资金结构），X_i 为家庭 i 的特征变量，C_{ic}' 是家庭 i 所在城市的基本特征，ε_i 表示随机误差项。β_1 是我们主要关注的系数，在其他因素不变的情况下，β_1 度量了由 Household_fz_{ip} 的变化导致创业决策的变化：

$$\Delta P(\text{Entrepre}_i = 1 \mid X_i, \ C_{ic}) = \beta_1 \Delta \text{Household\_fz}_{ip} \qquad (5.10)$$

如前文所述，模型中可能因为逆向因果与遗漏变量而存在内生性问题。在逆向因果方面，由于本章重点关注的解释变量家庭部门的债务结构是采用 2016 年的宏观层面指标，而被解释变量家庭创业决策是 2017 年的微观层面指标，所以由逆向因果引起内生性问题的可能性较小。在遗漏变量方面，本章控制了一系列影响家庭创业决策的因素，但可能依旧无法完全囊括。本章采用引入工具变量的 IV Probit 模型来克服基本模型中可能存在的内生性问题。其中，一阶段方程可以表达为：

$$\text{Household\_fz}_{ip} = \gamma_1 Z_{ip} + \gamma_2 X_i' + \gamma_3 C_{ic}' + v_i \qquad (5.11)$$

考虑到本章是从债务期限结构和资金结构两个角度考察家庭部门的债务结构，这两个指标存在较大的差异，采用同样的工具变量可能存在较大的反差，所以本章针对每一个指标选择了不同的工具变量，来处理模型中可能存在的内生性问题。在债务期限结构方面，采用建设用地面积的对数作为家庭部门的债务期限结构的工具变量，因为本章的债务期限结构是通过家庭部门的中长期贷款与短期贷款的比值来衡量的。当前中国家庭部门的中长期贷款主要由个人住房贷款构成，而建设用地面积与城市房价水平密切相关，区域的建设用地面积越多，房企拿地的成本就越低，房价水平也随之下降，从而缓解居民的购房负担，降低家庭背负的住房负债额度，由此，建设用地面积可能与家庭部门的债务期限结构负相关。另外，各省的建设用地面积主要取决于政府的规划指标，与区域的经济环境并不相关，因此，各省份的建设用地面积具有较强的政策性，并不会影响家庭创业决策。综上所述，建设用地面积作为家庭部门的债务期限结构的工具变量在经济直觉上是合理的。

在债务资金结构方面，采用省份的人均消费水平的对数和人均可支配收入水平的对数作为居民债务资金结构的工具变量。由于家庭部门的债务资金结构是消费性贷款与经营性贷款的比值，所以，人均消费水平越高，人均收入水平越低，家庭背负的消费性贷款越高。另外，人均消费水平与人均可支配收入可能与生产经营贷款需求存在一定联系，比如，人均消费水平高，而人均可支配收入水平低，家庭可能会降低消费需求，从而导致企业缩减生产，降低企业的信贷需求，减少经营性贷款。因此，地区的人均消费水平、人均可支配收入水平与居民部门的债务资金结构密切相关。而且，人均消费水平与人均可支配收入水平都是省份层面数据且为历史数据，所以与家庭当前创业决策的相关度并不高。由此，省份的人均消费水平和人均可支配收入水平作为居民部门债务资金结构的工具变量在经济直觉上是合理的。

实际上，本章也尝试着采用各省份的公园数量、公园面积作为家庭债务资金结构的工具变量，因为公园数量越多，或公园面积越大，居民的娱乐活动越丰富，其消费支出可能越多，所以，这两个变量都与居民债务资金结构相关，但这两个工具变量并不能通过一系列的内生性检验，因此，综合考虑本章最终选择省份的人均消费支出与可支配收入作为工具变量。下面将展示实证分析与回归结果，并从统计检验的视角展示这些工具变量的使用具有合理性。

第五节　实证结果与分析

一、基本回归结果

表5-3汇报了家庭债务结构影响创业活动的估计结果。第（1）列～第（6）列分别是家庭创业、机会型创业以及生存型创业的回归结果。第

（1）列、第（3）列和第（5）列的回归结果显示，家庭债务期限结构的边际效应都在 1% 的统计水平下显著为负，分别为 - 0.009、- 0.007、- 0.004。这意味着，中长期贷款与短期贷款的比值每增加 1 个标准误，家庭参与创业、机会型创业和生存型创业的可能性分别降低 0.9%、0.7%、0.4%。第（2）列、第（4）列、第（6）列的回归结果显示，家庭部门的债务资金结构的边际效应均在 1% 的统计水平下显著为负，其资金结构每增加 1 个标准误，家庭参与创业、机会型创业和生存型创业的可能性就会分别降低 1.0%、0.7% 和 0.6%。这些回归结果表明，中国家庭部门的债务期限越长，或越集中于消费性贷款，家庭参与创业活动的可能性就越低。然而，当前中国家庭部门的消费性贷款和中长期贷款都已超过了总贷款的七成，并不利于创业经济的发展，因此，优化家庭部门的信贷结构可能是释放创业活力的有力手段。

表 5 - 3 　　　　　　　　　　　　债务期限结构与创业

变量	家庭创业		机会型创业		生存型创业	
	（1）	（2）	（3）	（4）	（5）	（6）
期限结构	- 0.009 *** (0.001)		- 0.007 *** (0.001)		- 0.004 *** (0.001)	
资金结构		- 0.010 *** (0.002)		- 0.007 *** (0.002)		- 0.006 *** (0.001)
是否男性	0.015 ** (0.006)	0.009 (0.007)	0.014 ** (0.006)	0.010 (0.007)	0.002 (0.004)	- 0.001 (0.004)
年龄	0.012 *** (0.002)	0.013 *** (0.002)	0.008 *** (0.002)	0.008 *** (0.002)	0.011 *** (0.001)	0.011 *** (0.002)
年龄平方	- 0.000 *** (0.000)	- 0.000 *** (0.000)	- 0.000 *** (0.000)	- 0.000 *** (0.000)	- 0.000 *** (0.000)	- 0.000 *** (0.000)
文化程度	- 0.049 *** (0.007)	- 0.060 *** (0.008)	- 0.038 *** (0.006)	- 0.047 *** (0.008)	- 0.022 *** (0.005)	- 0.025 *** (0.006)
婚姻状况	0.007 (0.009)	0.015 (0.010)	0.003 (0.008)	0.011 (0.010)	0.007 (0.005)	0.009 (0.006)

续表

变量	家庭创业		机会型创业		生存型创业	
	（1）	（2）	（3）	（4）	（5）	（6）
城镇户口	-0.032*** （0.005）	-0.032*** （0.006）	-0.034*** （0.005）	-0.034*** （0.006）	-0.002 （0.003）	-0.002 （0.004）
家庭规模	0.045*** （0.002）	0.042*** （0.002）	0.037*** （0.002）	0.036*** （0.002）	0.015*** （0.001）	0.014*** （0.001）
老人占比	-0.208*** （0.022）	-0.187*** （0.025）	-0.187*** （0.022）	-0.177*** （0.025）	-0.057*** （0.013）	-0.040*** （0.014）
少儿占比	-0.092*** （0.017）	-0.081*** （0.019）	-0.057*** （0.016）	-0.052*** （0.018）	-0.053*** （0.011）	-0.046*** （0.012）
农村	-0.105*** （0.006）	-0.104*** （0.007）	-0.085*** （0.006）	-0.084*** （0.007）	-0.040*** （0.004）	-0.042*** （0.005）
金融知识	0.016*** （0.005）	0.018*** （0.006）	0.017*** （0.005）	0.016*** （0.006）	0.003 （0.003）	0.006* （0.003）
偏好风险	0.016** （0.008）	0.020** （0.009）	0.016** （0.007）	0.021** （0.008）	0.001 （0.005）	0.002 （0.006）
风险厌恶	-0.022*** （0.005）	-0.017*** （0.006）	-0.022*** （0.005）	-0.017*** （0.006）	-0.002 （0.003）	-0.000 （0.004）
劳动收入	0.026*** （0.004）	0.029*** （0.004）	0.020*** （0.003）	0.022*** （0.004）	0.012*** （0.002）	0.014*** （0.002）
劳动收入 平方	-0.004*** （0.000）	-0.004*** （0.000）	-0.003*** （0.000）	-0.003*** （0.000）	-0.002*** （0.000）	-0.002*** （0.000）
除工商业 资产	0.042*** （0.002）	0.046*** （0.002）	0.041*** （0.002）	0.044*** （0.002）	0.008*** （0.001）	0.009*** （0.001）
房价增长率	0.077 （0.067）	0.140* （0.075）	0.061 （0.064）	0.086 （0.072）	0.033 （0.040）	0.092** （0.043）
人均 GDP	0.019** （0.009）	0.011 （0.011）	0.019** （0.009）	0.005 （0.011）	0.003 （0.005）	0.008 （0.006）

变量	家庭创业		机会型创业		生存型创业	
	（1）	（2）	（3）	（4）	（5）	（6）
覆盖广度	-0.001*** (0.000)	-0.001*** (0.000)	-0.001*** (0.000)	-0.000* (0.000)	-0.000** (0.000)	-0.000*** (0.000)
使用深度	0.001*** (0.000)	0.002*** (0.000)	0.001*** (0.000)	0.001*** (0.000)	0.000*** (0.000)	0.000*** (0.000)
数字化程度	-0.000 (0.000)	0.000 (0.000)	-0.000 (0.000)	0.000 (0.000)	0.000 (0.000)	-0.000 (0.000)
一线城市	-0.028** (0.014)	0.033* (0.017)	-0.029** (0.013)	0.022 (0.016)	-0.010 (0.009)	0.010 (0.011)
二线城市	0.018** (0.008)	0.021** (0.010)	0.014* (0.008)	0.014 (0.010)	0.008 (0.005)	0.011* (0.006)
三线城市	0.027*** (0.007)	0.020** (0.009)	0.021*** (0.007)	0.011 (0.008)	0.011*** (0.004)	0.013*** (0.005)
样本量	25017	18556	24088	17860	21401	15788
R^2	0.161	0.155	0.166	0.161	0.137	0.130

注：括号里报告的是省份层面聚类稳健标准误，* 表示 $p<0.1$，** 表示 $p<0.05$，*** 表示 $p<0.01$。

在控制变量中，从户主特征来看，户主的年龄与家庭创业行为呈现倒 U 形关系，这一点与已有文献的结论一致，即中年是创业最活跃的阶段（Lévesque and Minniti, 2011）。户主教育水平越高，家庭参与创业的可能性越低，可能的原因是教育水平越高的群体可以选择的就业机会越多，获得高薪的可能性越高，所以高教育水平的群体参与创业的机会成本较高（Castagnetti and Rosti, 2011）。相较于农村户口，户主是城镇户口的家庭参与创业和机会型创业的可能性更低，可能的原因是拥有城镇户口的户主要么一直在城镇生活，要么从农村地区转移到城镇上班并获得城镇户口，一直在城镇生活的人社会资源丰富，教育质量也高，其就业选择可能更多，从而造成创业或主动创业的可能性降低，而从农村地区转移到城镇地区上班并获得城镇户口的这类群体一般具有较高的能力，能获得较好的工作岗位，其创业的机会成本更高，因此，他们参与创业或主动创业的可能性更低。

从家庭特征来看，家庭规模越大，越有可能参与创业活动，可能的原因是家庭人口数越多，其获得的与创业相关的资源也会更多，从而有利于创业（尹志超等，2015）。家庭少儿占比越高、家庭老年占比越高，家庭参与创业的可能性越低，可能的原因是，少儿人数或老年人数增多会增加抚养负担，从而降低家庭参与创业的可能性。相较于没有金融知识的家庭，有金融知识的家庭更倾向于参与创业，因为金融知识能改善家庭的融资能力，提高家庭正规信贷可得性，从而促进家庭创业（尹志超等，2015）。相较于风险中立的家庭，厌恶风险的家庭更不愿意参与创业，偏好风险的家庭更倾向于参与创业，该结论与已有文献的结论一致（Van Praag and Cramer，2001；Hvide and Panos，2014）。家庭劳动收入与创业呈现显著的倒 U 形，在劳动收入没有达到一定水平的时候，随着劳动收入的上升，家庭参与创业的可能性将会逐渐上升，但劳动收入超过这一水平，随着劳动收入的上升，家庭参与创业的可能性将会降低。家庭非工商业的资产越多，家庭参与创业的可能性越高。

从城市特征来看，相较于城镇家庭，农村家庭参与创业的可能性越低，由于城乡二元结构，城乡的经济发展具有很大差异，由于城镇地区的金融发展更为完善，其家庭的信贷可得性更高，进而更有利于促进创业活动（张龙耀和张海宁，2013）。数字金融是金融基础建设的一种，能为创业创新提供有力的支持（谢绚丽等，2018），我们发现，数字金融覆盖率越高，家庭参与创业的可能性越低，但数字金融的使用深度却有助于增加家庭创业的可能性。

二、内生性处理

一般情况下，遗漏变量与逆向因果是导致内生性问题的主要原因，而本章利用宏观层面数据来衡量居民部门的债务结构，家庭创业并不会反过来影响各地区居民部门的债务结构。所以本章的内生性问题可能是遗漏变量导致的，我们采用工具变量法来克服这一问题。考虑到家庭债务结构，我们选择了家庭债务期限和资金结构两个代理变量，为了更好地处理内生性问题，我们针对不同的衡量指标选取了不同的工具变量。

首先，我们探讨家庭债务期限结构与家庭创业行为的内生性问题。考虑到家庭债务期限结构是家庭部门中长期贷款与短期贷款的比值，而中国人民银行的数据显示，个人住房贷款是家庭部门中长期贷款的主要组成部分，根据选择工具变量的基本思路，即需要找到一个变量与家庭部门的债务期限结构相关，但与家庭创业行为没有直接联系，由此我们选择省份的土地建设面积的对数作为家庭部门债务期限结构的工具变量。这是因为：一方面，土地供应会从供给侧角度影响房地产市场，土地供给越多，房地产开发成本越低，家庭购房成本越低，从而影响家庭部门的个人住房贷款规模，所以土地供给与家庭债务期限结构密切相关。另一方面，中国各地区的土地供给量受到了政府的严格管控，一般流程为：国土资源部依据全国的土地利用年度计划总量来控制指标，建议各省份提出计划指标，编制土地利用年度计划草案，上报国务院，审批后下达各省份进行执行。这种制度安排意味着各省份的土地供给是由土地利用的年度计划决定的，所以各省份的土地供给量具有很强的政策含义，与家庭创业行为并不相关。

　　表5-4汇报了家庭债务期限结构影响家庭创业行为的内生性处理结果。第（1）列、第（3）列和第（5）列分别是家庭创业、机会型创业和生存型创业的回归结果。可以发现，家庭部门的债务期限结构的边际效应均在1%的统计水平下显著为负，即家庭部门的债务期限结构会抑制家庭创业行为。这意味着，引入工具变量之后，本章的研究结论依旧具有稳健性。此外，本章采用的工具变量也通过了一系列内生性检验。不可识别检验中，Kleibergen - Paap rk LM statistic 的 P 值为 0，即拒绝了原假设，说明该工具变量通过了不可识别检验。在弱工具变量检验中，一阶段 F 值分别为4926.068、4910.334、4471.304，远远超过了斯托克和约吾（Stock and Yogo，2005）的 10% 偏误水平的临界值为 16.38，这意味着，土地建设面积对家庭部门的债务期限结构具有较强的解释力。综上所述，土地建设面积是合理的工具变量。而且第（1）列、第（3）列、第（5）列的回归结果显示，居民部门的债务期限结构对家庭创业、机会型创业及生存型创业活动都有负向影响，且都在 1% 统计水平下显著为负。这表明，居民部门的债务期限越长，家庭参与创业活动的积极度越低。该结论与基本回归的结论一致，即说明本章的研究结论是稳健的。

表 5 - 4 内生性处理

变量	家庭创业		机会型创业		机会型创业	
	（1）	（2）	（3）	（4）	（5）	（6）
期限结构	-0.017*** (0.003)		-0.015*** (0.003)		-0.005*** (0.002)	
资金结构		-0.017*** (0.004)		-0.012*** (0.004)		-0.009*** (0.002)
是否男性	0.014** (0.006)	0.010 (0.007)	0.013** (0.006)	0.010 (0.007)	0.002 (0.004)	-0.000 (0.004)
年龄	0.012*** (0.002)	0.012*** (0.002)	0.008*** (0.002)	0.008*** (0.002)	0.011*** (0.001)	0.011*** (0.002)
年龄平方	-0.000*** (0.000)	-0.000*** (0.000)	-0.000*** (0.000)	-0.000*** (0.000)	-0.000*** (0.000)	-0.000*** (0.000)
文化程度	-0.049*** (0.007)	-0.060*** (0.008)	-0.039*** (0.006)	-0.047*** (0.008)	-0.022*** (0.005)	-0.025*** (0.006)
婚姻状况	0.006 (0.009)	0.015 (0.010)	0.003 (0.008)	0.011 (0.010)	0.007 (0.005)	0.009 (0.006)
城镇户口	-0.029*** (0.005)	-0.031*** (0.006)	-0.031*** (0.005)	-0.034*** (0.006)	-0.001 (0.003)	-0.001 (0.004)
家庭规模	0.045*** (0.002)	0.042*** (0.002)	0.038*** (0.002)	0.036*** (0.002)	0.015*** (0.001)	0.014*** (0.001)
老人占比	-0.205*** (0.022)	-0.184*** (0.025)	-0.184*** (0.022)	-0.176*** (0.025)	-0.057*** (0.013)	-0.039*** (0.014)
少儿占比	-0.094*** (0.017)	-0.081*** (0.019)	-0.059*** (0.016)	-0.052*** (0.018)	-0.053*** (0.011)	-0.046*** (0.012)
农村	-0.105*** (0.006)	-0.104*** (0.007)	-0.085*** (0.006)	-0.084*** (0.007)	-0.040*** (0.004)	-0.042*** (0.005)
金融知识	0.016*** (0.005)	0.018*** (0.006)	0.016*** (0.005)	0.016*** (0.006)	0.003 (0.003)	0.006* (0.003)

续表

变量	家庭创业		机会型创业		机会型创业	
	（1）	（2）	（3）	（4）	（5）	（6）
偏好风险	0.016 **	0.020 **	0.016 **	0.020 **	0.001	0.001
	（0.008）	（0.009）	（0.007）	（0.008）	（0.005）	（0.006）
风险厌恶	− 0.021 ***	− 0.018 ***	− 0.021 ***	− 0.017 ***	− 0.002	− 0.000
	（0.005）	（0.006）	（0.005）	（0.006）	（0.003）	（0.004）
劳动收入	0.026 ***	0.029 ***	0.020 ***	0.022 ***	0.013 ***	0.014 ***
	（0.004）	（0.004）	（0.003）	（0.004）	（0.002）	（0.002）
劳动收入平方	− 0.004 ***	− 0.004 ***	− 0.003 ***	− 0.003 ***	− 0.002 ***	− 0.002 ***
	（0.000）	（0.000）	（0.000）	（0.000）	（0.000）	（0.000）
除工商业资产	0.042 ***	0.046 ***	0.041 ***	0.044 ***	0.008 ***	0.009 ***
	（0.002）	（0.002）	（0.002）	（0.002）	（0.001）	（0.001）
房价增长率	0.086	0.176 **	0.069	0.115	0.035	0.110 **
	（0.068）	（0.077）	（0.065）	（0.074）	（0.040）	（0.045）
人均 GDP	0.025 ***	0.020 *	0.024 ***	0.012	0.004	0.013 *
	（0.009）	（0.012）	（0.009）	（0.011）	（0.006）	（0.007）
覆盖广度	− 0.001 ***	− 0.001 ***	− 0.001 ***	− 0.001 ***	− 0.000 **	− 0.001 ***
	（0.000）	（0.000）	（0.000）	（0.000）	（0.000）	（0.000）
使用深度	0.002 ***	0.002 ***	0.001 ***	0.002 ***	0.000 ***	0.001 ***
	（0.000）	（0.000）	（0.000）	（0.000）	（0.000）	（0.000）
数字化程度	0.000	0.000	0.000	0.000	0.000	− 0.000
	（0.000）	（0.000）	（0.000）	（0.000）	（0.000）	（0.000）
一线城市	0.012	0.053 ***	0.010	0.037 **	− 0.004	0.020 *
	（0.018）	（0.019）	（0.017）	（0.018）	（0.011）	（0.012）
二线城市	0.027 ***	0.031 ***	0.023 ***	0.021 **	0.009 *	0.016 **
	（0.009）	（0.011）	（0.008）	（0.010）	（0.005）	（0.007）
三线城市	0.031 ***	0.025 ***	0.025 ***	0.015 *	0.012 ***	0.015 ***
	（0.007）	（0.009）	（0.007）	（0.009）	（0.004）	（0.005）
样本量	25017	18556	24088	17860	21401	15788

续表

变量	家庭创业		机会型创业		机会型创业	
	（1）	（2）	（3）	（4）	（5）	（6）
Kleibergen – Paap rk LM 统计值	2626.494 (0.000)	2795.540 (0.000)	2601.734 (0.000)	2720.464 (0.000)	2320.362 (0.000)	2431.141 (0.000)
Cragg – Donald Wald F 统计值	6971.591	5935.890	6906.084	5736.758	6218.599	5012.856
Kleibergen – Paap rk Wald F 统计值	4926.068	4072.520	4910.334	3968.755	4471.304	3516.117
Hansen J 统计值		0.012 (0.912)		0.191 (0.662)		0.802 (0.371)

注：括号里报告的是省份层面聚类稳健标准误，＊表示 $p < 0.1$，＊＊表示 $p < 0.05$，＊＊＊表示 $p < 0.01$。

　　接下来，我们探讨家庭债务资金结构与家庭创业行为之间的内生性问题。我们采用省份的人均消费水平和人均可支配收入的对数作为居民债务资金结构的工具变量，这是因为，人均消费水平越高，人均收入水平越低，家庭背负的消费性贷款越高。另外，人均消费水平与人均可支配收入可能与生产经营贷款需求存在一定联系，比如，人均消费水平越高，而人均可支配收入水平越低，家庭越可能会降低消费需求，从而导致企业缩减生产，降低企业的信贷需求，减少经营性贷款。因此，地区的人均消费水平、人均可支配收入水平与居民部门的债务资金结构密切相关。而且，人均消费水平与人均可支配收入水平都是省份层面数据且为历史数据，所以与家庭创业相关度并不高。由此，我们认为省份的人均消费水平和人均可支配收入水平作为居民部门的债务资金结构的工具变量是合理的。

　　表5－4的第（2）列、第（4）列和第（6）列是引入工具变量后的回归结果。可以发现，这两个工具变量通过了各类内生性检验。首先是不可识别检验，Kleibergen – Paap rk LM 统计量的 P 值都为0.000，拒绝了原假设，说明工具变量通过了不可识别检验。其次是弱工具变量检验，Kleibergen – Paap rk Wald F 值分别为4072.520、3968.755、3516.117，根据斯托克和约

吾（Stock and Yogo，2005），F 值大于 10% 偏误水平的临界值为 19.93，这意味着，人均消费水平和人均可支配收入对居民债务资金结构具有较强的解释力度，并不存在弱工具变量的问题。此外，Hansen J 统计值的 P 值均大于 0，不能拒绝原假设：工具变量严格外生，这意味着，人均可支配收入、人均消费都具有外生性。由此，这两个变量是合理的工具变量。如前文所述，我们也尝试着使用其他变量来作为家庭资金结构的工具变量，比如省份的公园个数、公园面积、艺术表演机构数等，这些变量都与居民的消费息息相关，但这些变量并不能通过一系列内生性检验，因此，综合考虑，我们仅呈现了人均可支配收入与人均消费作为工具变量的检验结果及内生性处理的结果。

从第（2）列、第（4）列和第（6）列的回归结果来看。居民部门债务资金结构的边际效应均在 1% 的统计水平下显著为负，分别为 - 0.017、- 0.012、- 0.009。这意味着，消费性贷款与经营性贷款的比例每增加 1 个标准误，将导致家庭参与创业、机会型创业、生存型创业的概率分别降低 1.7%、1.2%、0.9%，即验证了本章研究结论的稳健性。

三、异质性分析

在基本模型的基础上，本小节采用异质性模型分别从区域、城市等级及普惠金融力度等角度，考察家庭部门债务结构影响家庭创业行为的异质性。

（一）区域异质性分析

表 5 - 5 汇报了债务结构对不同区域的家庭创业行为的影响，我们将东部地区标注为 1，中西部地区标注为 0。由于全球化分工和产业数字化的转型等多种因素，导致中国区域发展呈现明显的不平衡。从本章的有效数据来看，东部地区的家庭债务期限结构和资金结构的平均值分别为 4.78、3.83，而中西部地区分别为 3.42、2.25，由此可见，相较于中西部地区，东部地区的家庭债务更集中于中长期贷款、消费性贷款。所以我们推测，家庭债务结构对东部地区的家庭创业行为的抑制作用更强。接下来，我们通过实证分析进行详细探讨。

表 5 – 5　　　　　　　　　　　区域异质性分析

变量	家庭创业		机会型创业		生存型创业	
	（1）	（2）	（3）	（4）	（5）	（6）
期限结构	-0.005 *** (0.002)		-0.003 ** (0.001)		-0.002 ** (0.001)	
期限结构 × 东部地区	-0.006 *** (0.001)		-0.005 *** (0.001)		-0.003 *** (0.001)	
资金结构		-0.006 * (0.003)		-0.003 (0.003)		-0.003 (0.002)
资金结构 × 东部地区		-0.004 ** (0.002)		-0.003 * (0.002)		-0.003 ** (0.001)
是否男性	0.016 ** (0.006)	0.010 (0.007)	0.014 ** (0.006)	0.010 (0.007)	0.002 (0.004)	-0.000 (0.004)
年龄	0.012 *** (0.002)	0.013 *** (0.002)	0.008 *** (0.002)	0.008 *** (0.002)	0.011 *** (0.001)	0.011 *** (0.002)
年龄平方	-0.000 *** (0.000)	-0.000 *** (0.000)	-0.000 *** (0.000)	-0.000 *** (0.000)	-0.000 *** (0.000)	-0.000 *** (0.000)
文化程度	-0.049 *** (0.007)	-0.060 *** (0.008)	-0.039 *** (0.006)	-0.047 *** (0.008)	-0.023 *** (0.005)	-0.025 *** (0.006)
婚姻状况	0.008 (0.009)	0.015 (0.010)	0.004 (0.008)	0.011 (0.010)	0.007 (0.005)	0.009 (0.006)
城镇户口	-0.031 *** (0.005)	-0.032 *** (0.006)	-0.033 *** (0.005)	-0.034 *** (0.006)	-0.001 (0.003)	-0.002 (0.004)
家庭规模	0.044 *** (0.002)	0.042 *** (0.002)	0.037 *** (0.002)	0.036 *** (0.002)	0.015 *** (0.001)	0.014 *** (0.001)
老人占比	-0.209 *** (0.023)	-0.187 *** (0.026)	-0.187 *** (0.022)	-0.178 *** (0.025)	-0.058 *** (0.013)	-0.040 *** (0.014)
少儿占比	-0.092 *** (0.017)	-0.081 *** (0.019)	-0.057 *** (0.016)	-0.052 *** (0.018)	-0.053 *** (0.011)	-0.046 *** (0.012)

变量	家庭创业		机会型创业		生存型创业	
	（1）	（2）	（3）	（4）	（5）	（6）
农村	-0.104 *** (0.006)	-0.104 *** (0.007)	-0.084 *** (0.006)	-0.084 *** (0.007)	-0.040 *** (0.004)	-0.041 *** (0.005)
金融知识	0.017 *** (0.005)	0.018 *** (0.006)	0.017 *** (0.005)	0.016 *** (0.006)	0.003 (0.003)	0.006 * (0.003)
偏好风险	0.016 ** (0.008)	0.020 ** (0.009)	0.016 ** (0.007)	0.021 ** (0.008)	0.001 (0.005)	0.002 (0.006)
风险厌恶	-0.021 *** (0.005)	-0.018 *** (0.006)	-0.021 *** (0.005)	-0.017 *** (0.006)	-0.001 (0.003)	-0.000 (0.004)
劳动收入	0.026 *** (0.004)	0.029 *** (0.004)	0.020 *** (0.003)	0.022 *** (0.004)	0.013 *** (0.002)	0.014 *** (0.002)
劳动收入平方	-0.004 *** (0.000)	-0.004 *** (0.000)	-0.003 *** (0.000)	-0.003 *** (0.000)	-0.002 *** (0.000)	-0.002 *** (0.000)
除工商业资产	0.043 *** (0.002)	0.046 *** (0.002)	0.041 *** (0.002)	0.044 *** (0.002)	0.008 *** (0.001)	0.009 *** (0.001)
房价增长率	0.080 (0.067)	0.144 * (0.075)	0.066 (0.064)	0.090 (0.072)	0.032 (0.040)	0.092 ** (0.043)
人均GDP	0.023 ** (0.009)	0.014 (0.011)	0.023 ** (0.009)	0.007 (0.011)	0.005 (0.005)	0.010 (0.006)
覆盖广度	-0.001 *** (0.000)	-0.001 *** (0.000)	-0.001 *** (0.000)	-0.000 ** (0.000)	-0.000 *** (0.000)	-0.000 *** (0.000)
使用深度	0.001 *** (0.000)	0.002 *** (0.000)	0.001 *** (0.000)	0.001 *** (0.000)	0.000 *** (0.000)	0.000 *** (0.000)
数字化程度	-0.000 * (0.000)	-0.000 (0.000)	-0.000 * (0.000)	0.000 (0.000)	-0.000 (0.000)	-0.000 (0.000)
一线城市	-0.012 (0.014)	0.034 ** (0.017)	-0.017 (0.013)	0.023 (0.016)	-0.002 (0.009)	0.011 (0.011)

续表

变量	家庭创业		机会型创业		生存型创业	
	（1）	（2）	（3）	（4）	（5）	（6）
二线城市	0.022 **	0.022 **	0.017 **	0.014	0.009 *	0.011 *
	（0.009）	（0.010）	（0.008）	（0.010）	（0.005）	（0.006）
三线城市	0.028 ***	0.020 **	0.022 ***	0.011	0.012 ***	0.013 ***
	（0.007）	（0.009）	（0.007）	（0.008）	（0.004）	（0.005）
样本量	25017	18556	24088	17860	21401	15788
R^2	0.162	0.155	0.167	0.161	0.138	0.131

注：括号里报告的是省份层面聚类稳健标准误，* 表示 $p < 0.1$，** 表示 $p < 0.05$，*** 表示 $p < 0.01$。

表 5－5 中，第（1）列、第（3）列和第（5）列是家庭部门债务期限结构对家庭创业行为的区域异质性分析，可以发现，债务期限结构的边际系数至少在 5% 的统计水平下显著为负，其边际系数分别为 － 0.005、－ 0.003、－ 0.002。同时，债务期限结构与是否在东部地区的交互项均在 1% 的统计水平下显著为负，其系数分别为 － 0.006、－ 0.005、－ 0.003。这意味着，相较于中西部地区，居民部门的债务期限结构对东部地区的家庭创业行为有更强的负向作用。

表 5－5 中，第（2）列、第（4）列和第（6）列是家庭部门的债务资金结构对家庭创业行为的区域异质性分析。可以发现，家庭债务资金结构的边际效应都为负数，但仅在家庭创业的方程中显著，而债务资金结构与是否在东部地区的交互项系数均为负向的，且至少在 10% 的统计水平下显著。这些回归结果表明，相较于中西部地区，债务资金结构对东部地区的家庭创业活动的抑制作用更强。然而，对于不同类型的创业活动，债务资金结构仅对东部地区的机会型创业和生存型创业有显著的抑制作用。综上所述，无论是从债务期限结构还是资金结构的角度来看，相较于中西部地区，家庭债务结构对东部地区的家庭创业行为有更强的负向作用。

（二）城市等级异质性分析

表 5－6 汇报了不同城市等级的异质性分析，我们将一二线城市标记为

1，三四线城市标记为 0。本章的有效样本显示，一二线城市的家庭债务资金结构和期限结构的均值分别为 3.66、4.88，而三四线城市的家庭债务资金结构和期限结构的均值分别为 2.52、3.42，由此可见，一二线城市的家庭债务期限更长，且更集中于消费性贷款。根据前文得到的结论，家庭部门的债务期限越长，或债务越集中于消费性贷款，家庭参与创业活动的可能性就越低。基于此，我们推测家庭债务结构对一二线城市的家庭创业行为的抑制作用更强。接下来，我们汇报实证分析的结果。

表 5-6　　　　　　　　城市等级差异的异质性分析

变量	家庭创业		机会型创业		生存型创业	
	（1）	（2）	（3）	（4）	（5）	（6）
期限结构	-0.001 (0.002)		0.002 (0.002)		-0.003** (0.001)	
期限结构×是否在一二线城市	-0.012*** (0.003)		-0.012*** (0.003)		-0.002 (0.002)	
资金结构		-0.000 (0.004)		0.005 (0.004)		-0.005** (0.002)
资金结构×是否在一二线城市		-0.014*** (0.005)		-0.017*** (0.004)		-0.001 (0.003)
是否男性	0.015** (0.006)	0.010 (0.007)	0.014** (0.006)	0.010 (0.007)	0.002 (0.004)	-0.001 (0.004)
年龄	0.012*** (0.002)	0.013*** (0.002)	0.008*** (0.002)	0.008*** (0.002)	0.011*** (0.001)	0.011*** (0.002)
年龄平方	-0.000*** (0.000)	-0.000*** (0.000)	-0.000*** (0.000)	-0.000*** (0.000)	-0.000*** (0.000)	-0.000*** (0.000)
文化程度	-0.049*** (0.007)	-0.060*** (0.008)	-0.039*** (0.006)	-0.047*** (0.008)	-0.022*** (0.005)	-0.025*** (0.006)
婚姻状况	0.007 (0.009)	0.015 (0.010)	0.004 (0.008)	0.012 (0.010)	0.007 (0.005)	0.009 (0.006)

续表

变量	家庭创业		机会型创业		生存型创业	
	（1）	（2）	（3）	（4）	（5）	（6）
城镇户口	-0.030*** (0.005)	-0.030*** (0.006)	-0.032*** (0.005)	-0.033*** (0.006)	-0.002 (0.003)	-0.002 (0.004)
家庭规模	0.044*** (0.002)	0.042*** (0.002)	0.037*** (0.002)	0.036*** (0.002)	0.015*** (0.001)	0.014*** (0.001)
老人占比	-0.207*** (0.022)	-0.186*** (0.025)	-0.186*** (0.022)	-0.176*** (0.025)	-0.057*** (0.013)	-0.040*** (0.014)
少儿占比	-0.093*** (0.017)	-0.082*** (0.019)	-0.058*** (0.015)	-0.053*** (0.018)	-0.053*** (0.011)	-0.046*** (0.012)
农村	-0.103*** (0.006)	-0.104*** (0.007)	-0.083*** (0.006)	-0.084*** (0.007)	-0.040*** (0.004)	-0.041*** (0.005)
金融知识	0.017*** (0.005)	0.018*** (0.006)	0.017*** (0.005)	0.016*** (0.006)	0.003 (0.003)	0.006* (0.003)
偏好风险	0.016** (0.008)	0.021** (0.009)	0.016** (0.007)	0.022*** (0.008)	0.001 (0.005)	0.002 (0.006)
风险厌恶	-0.021*** (0.005)	-0.017*** (0.006)	-0.021*** (0.005)	-0.017*** (0.006)	-0.001 (0.003)	-0.000 (0.004)
劳动收入	0.026*** (0.004)	0.029*** (0.004)	0.020*** (0.003)	0.022*** (0.004)	0.012*** (0.002)	0.014*** (0.002)
劳动收入平方	-0.004*** (0.000)	-0.004*** (0.000)	-0.003*** (0.000)	-0.003*** (0.000)	-0.002*** (0.000)	-0.002*** (0.000)
除工商业资产	0.042*** (0.002)	0.046*** (0.002)	0.041*** (0.002)	0.044*** (0.002)	0.008*** (0.001)	0.009*** (0.001)
房价增长率	0.075 (0.067)	0.163** (0.076)	0.058 (0.065)	0.114 (0.073)	0.034 (0.040)	0.093** (0.043)
人均GDP	0.019** (0.009)	0.017 (0.011)	0.019** (0.009)	0.012 (0.011)	0.003 (0.005)	0.008 (0.006)

续表

变量	家庭创业		机会型创业		生存型创业	
	(1)	(2)	(3)	(4)	(5)	(6)
覆盖广度	-0.001 ***	-0.001 ***	-0.001 ***	-0.001 ***	-0.000 **	-0.000 ***
	(0.000)	(0.000)	(0.000)	(0.000)	(0.000)	(0.000)
使用深度	0.001 ***	0.002 ***	0.001 ***	0.001 ***	0.000 ***	0.000 ***
	(0.000)	(0.000)	(0.000)	(0.000)	(0.000)	(0.000)
数字化程度	-0.000	-0.000	-0.000	0.000	0.000	-0.000
	(0.000)	(0.000)	(0.000)	(0.000)	(0.000)	(0.000)
一线城市	0.028	0.083 ***	0.026	0.081 ***	-0.002	0.012
	(0.018)	(0.024)	(0.017)	(0.022)	(0.011)	(0.014)
二线城市	0.060 ***	0.063 ***	0.056 ***	0.063 ***	0.013 *	0.014
	(0.012)	(0.017)	(0.012)	(0.016)	(0.007)	(0.010)
三线城市	0.023 ***	0.016 *	0.017 **	0.006	0.011 ***	0.012 **
	(0.007)	(0.009)	(0.007)	(0.008)	(0.004)	(0.005)
样本量	25017	18556	24088	17860	21401	15788
R^2	0.162	0.155	0.168	0.162	0.137	0.130

注：括号里报告的是省份层面聚类稳健标准误，＊表示 $p<0.1$，＊＊表示 $p<0.05$，＊＊＊表示 $p<0.01$。

表 5-6 中，第（1）列、第（3）列和第（5）列是在基本方程中引入债务期限结构与是否在一二线城市的交互项的回归结果。我们发现，在控制了其他影响创业行为的变量之后，债务期限结构仅对生存型创业活动有显著的负向影响。而债务期限结构与是否在一二线城市的交互项系数都是负向的，但仅在家庭创业和机会型创业中显著。这些回归结果表明，债务期限结构仅对一二线城市的家庭创业行为和机会型创业行为有显著的负向作用，而对生存型创业的影响并没有城市等级的异质性。

类似地，我们也从家庭部门的债务资金结构的角度来考察家庭债务结构对不同城市等级的家庭创业行为的异质性分析，表 5-6 中第（2）列、第（4）列和第（6）列汇报了相应的回归结果。可以发现，债务资金结构也只对生存型创业活动在 5% 统计水平下显著为负，而债务资金结构与是否在一二线城市的交互项系数仅在家庭创业和机会型创业的方程中显著为负。这些回归结果也表明，家庭债务资金结构仅对一二线城市的家庭创业和机会型创业有显著的负向影响，而对生存型创业不存在城市等级差异的异质性影响。综上所述，我们发现，这些实证结论与我们的推测基本保持一致，即无论是债务期限结构还是债务资金结构，当前中国家庭的债务结构仅对一二线城市的家庭创业和机会型创业有显著的负向影响，而对生存型创业的影响并不存在城市等级的异质性。

（三）金融发展水平的异质性分析

接下来，我们利用社区的普惠金融程度来衡量地区的金融发展水平。普惠金融是完善中国金融体制的重要内容，传统金融更强调金融规模的扩大，而普惠金融强调金融服务的广度。普惠金融能使社会各个阶层无障碍地、广泛地享受金融服务，给社会所有群体提供机会平等的金融服务。普惠金融能提高信贷可得性，促进创业活动（李建军和李俊成，2020），为了检验家庭所在社区普惠金融程度的差异是否会影响家庭债务结构对家庭创业行为的作用，我们借鉴张栋浩和尹志超（2018）的方法，利用社区的银行网点数量作为普惠金融的代理变量，本章在基本模型的基础上，引入普惠金融与居民债务结构的交互项。相应的回归结果如表5－7所示。

表5－7　　　　　　　　　　　　普惠金融

变量	家庭创业		机会型创业		生存型创业	
	（1）	（2）	（3）	（4）	（5）	（6）
期限结构	-0.009 *** (0.002)		-0.007 *** (0.002)		-0.004 *** (0.001)	
期限结构× 银行网点数	0.001 *** (0.000)		0.001 *** (0.000)		0.000 (0.000)	
资金结构		-0.014 *** (0.003)		-0.010 *** (0.003)		-0.007 *** (0.002)
资金结构× 银行网点数		0.001 ** (0.000)		0.001 ** (0.000)		0.000 * (0.000)

变量	家庭创业		机会型创业		生存型创业	
	（1）	（2）	（3）	（4）	（5）	（6）
是否男性	0.025 ***	0.019 **	0.021 ***	0.016 **	0.007	0.004
	（0.007）	（0.009）	（0.007）	（0.008）	（0.004）	（0.005）
年龄	0.020 ***	0.020 ***	0.015 ***	0.015 ***	0.014 ***	0.015 ***
	（0.002）	（0.003）	（0.002）	（0.003）	（0.002）	（0.002）
年龄平方	− 0.000 ***	− 0.000 ***	− 0.000 ***	− 0.000 ***	− 0.000 ***	− 0.000 ***
	（0.000）	（0.000）	（0.000）	（0.000）	（0.000）	（0.000）
文化程度	− 0.047 ***	− 0.060 ***	− 0.039 ***	− 0.049 ***	− 0.019 ***	− 0.023 ***
	（0.008）	（0.009）	（0.007）	（0.009）	（0.005）	（0.007）
婚姻状况	− 0.001	0.009	− 0.005	0.005	0.005	0.009
	（0.011）	（0.013）	（0.010）	（0.012）	（0.007）	（0.008）
城镇户口	− 0.039 ***	− 0.043 ***	− 0.040 ***	− 0.043 ***	− 0.006 *	− 0.008 *
	（0.006）	（0.007）	（0.006）	（0.007）	（0.004）	（0.005）
家庭规模	0.059 ***	0.057 ***	0.051 ***	0.051 ***	0.019 ***	0.019 ***
	（0.003）	（0.003）	（0.003）	（0.003）	（0.002）	（0.002）
老人占比	− 0.257 ***	− 0.241 ***	− 0.250 ***	− 0.239 ***	− 0.059 ***	− 0.050 ***
	（0.029）	（0.034）	（0.029）	（0.033）	（0.017）	（0.019）
少儿占比	− 0.101 ***	− 0.092 ***	− 0.070 ***	− 0.066 ***	− 0.053 ***	− 0.051 ***
	（0.021）	（0.025）	（0.020）	（0.024）	（0.014）	（0.016）
农村	− 0.082 ***	− 0.099 ***	− 0.067 ***	− 0.095 ***	− 0.044 ***	− 0.037 **
	（0.021）	（0.026）	（0.020）	（0.026）	（0.013）	（0.015）
金融知识	0.012 *	0.015 *	0.013 **	0.014 *	0.002	0.005
	（0.007）	（0.008）	（0.007）	（0.008）	（0.004）	（0.005）
偏好风险	0.016 *	0.024 **	0.018 **	0.024 **	− 0.006	− 0.000
	（0.009）	（0.011）	（0.008）	（0.010）	（0.006）	（0.008）
风险厌恶	− 0.027 ***	− 0.020 **	− 0.027 ***	− 0.024 ***	− 0.002	0.003
	（0.007）	（0.008）	（0.006）	（0.008）	（0.004）	（0.005）

续表

变量	家庭创业		机会型创业		生存型创业	
	（1）	（2）	（3）	（4）	（5）	（6）
劳动收入	0.024 *** （0.005）	0.025 *** （0.006）	0.017 *** （0.005）	0.016 *** （0.005）	0.014 *** （0.003）	0.017 *** （0.003）
劳动收入平方	-0.004 *** （0.000）	-0.005 *** （0.001）	-0.004 *** （0.000）	-0.003 *** （0.000）	-0.002 *** （0.000）	-0.002 *** （0.000）
除工商业资产	0.037 *** （0.002）	0.043 *** （0.003）	0.037 *** （0.002）	0.042 *** （0.003）	0.006 *** （0.001）	0.009 *** （0.002）
房价增长率	0.028 （0.086）	0.057 （0.098）	0.009 （0.083）	0.019 （0.094）	0.030 （0.050）	0.070 （0.056）
人均 GDP	0.032 *** （0.012）	0.022 （0.015）	0.033 *** （0.012）	0.019 （0.014）	0.007 （0.007）	0.011 （0.009）
覆盖广度	-0.000 * （0.000）	-0.001 * （0.000）	-0.000 （0.000）	-0.000 （0.000）	-0.000 * （0.000）	-0.000 ** （0.000）
使用深度	0.001 ** （0.000）	0.001 *** （0.000）	0.000 （0.000）	0.001 *** （0.000）	0.000 ** （0.000）	0.001 ** （0.000）
数字化程度	-0.000 （0.000）	0.000 （0.000）	-0.000 （0.000）	0.000 （0.000）	0.000 （0.000）	0.000 （0.000）
一线城市	-0.048 *** （0.018）	0.020 （0.023）	-0.048 *** （0.017）	0.006 （0.022）	-0.019 * （0.011）	0.007 （0.015）
二线城市	-0.002 （0.012）	0.004 （0.014）	-0.007 （0.012）	-0.006 （0.014）	0.005 （0.007）	0.010 （0.009）
三线城市	0.021 ** （0.010）	0.019 （0.012）	0.013 （0.010）	0.006 （0.012）	0.011 ** （0.006）	0.017 ** （0.007）
样本量	15492	11387	14868	10901	12929	9407
R^2	0.195	0.187	0.200	0.196	0.185	0.168

注：括号里报告的是省份层面聚类稳健标准误，＊表示 $p < 0.1$，＊＊表示 $p < 0.05$，＊＊＊表示 $p < 0.01$。

表 5-7 的第（1）列、第（3）列和第（5）列分别汇报了普惠金融在家庭债务的期限结构影响家庭创业行为、机会型创业、生存型创业中所扮演

的作用。可以发现，在家庭创业和机会型创业的回归结果中，控制了一系列变量之后，居民债务期限结构的边际效应均在1%的统计水平下显著为负，而居民债务期限结构与银行网点数量的交互项系数都在1%的统计水平下显著为正。在生存型创业的回归结果中，仅居民债务期限结构的边际效应显著为负，交互项并不具有显著性。从这些结果可以看出，社区的银行网点越多，越能有效缓解家庭债务期限结构对家庭创业、机会型创业的抑制作用，即印证了普惠金融是传统金融的有效补充，能有效缓解传统金融效率低下导致的创业活力不足。然而，普惠金融并不能缓解家庭债务期限结构对生存型创业的抑制作用，可能的原因是，生存型创业主要是为了谋生才被迫选择的，这类创业活动的资金门槛低，对金融支持的依赖程度也不高。

表 5-7 的第（2）列、第（4）列和第（6）列汇报了从债务资金结构的角度探讨普惠金融在家庭债务资金结构与创业活动之间起到的作用。可以看出，债务资金结构的边际系数都在1%的统计水平下显著为负，而其与银行网点数的交互项系数至少在10%的统计水平下显著为正。从这些回归结果可以看出，银行网点数越多，越能有效地缓解债务资金结构对家庭创业行为、机会型创业和生存型创业产生的负向影响。综上所述，无论是从债务期限结构还是资金结构角度看，普惠金融都能有效地缓解家庭债务结构对家庭创业的抑制作用，印证了普惠金融是传统金融的有效补充。

四、机制分析

前文的基本回归结果显示，中国家庭债务结构对家庭创业行为产生了显著的抑制作用，且异质性分析也印证了本章研究结论是具有稳健性的。接下来，我们将探讨家庭债务结构抑制家庭创业行为的影响机制。首先，从债务期限来看，当前中国家庭部门的信贷资源主要集中在中长期贷款，是短期贷款的4倍。而从债务资金流向来看，当前中国家庭部门的信贷资源主要集中于消费性贷款，也是经营性贷款的近4倍。已有研究发现，若金融机构能给微观经济部门的生产经营活动，提供充分的中长期信贷支持，将有利于促进宏观经济的发展。反之，金融机构无法给这些生产经营活动提供中长期贷款，将阻碍发展中国家经济的长期增长。新夫等（Xin et al., 2017）发现，在中国，金融机构提供的长期贷款能有效促进对外部资金依赖度较高的产业的创新，反之，短期贷款会对其产生明显的抑制作用。

结合已有关于债务期限结构的研究发现，债务期限越长，越有利于企业的生存与发展，那么，为什么家庭债务期限长，但其对家庭创业依旧会产生显著的抑制作用呢？我们认为，当前中国家庭部门的债务结构对创业活动有负面影响，可能源自房地产市场的发展。自住房改革以来，房地产市场迅速发展，而房地产市场的繁荣，推高了房地产价格，增加了个人住房贷款的发放量，反过来又进一步促进了房地产市场的繁荣，如此循环。而且，在房地产繁荣时期，银行更加倾向于将信贷资源发放给低风险的个人住房贷款，而不是商业贷款（Chakraborty et al.，2018）。事实上，个人住房贷款是消费性贷款和中长期贷款的主要构成部分，这可能正好解释了为什么中国家庭部门的信贷资源虽然主要集中在中长期贷款，但并不能促进家庭创业。由此，我们利用城市房价作为房地产繁荣程度的代理变量，因为高房价导致家庭购房离不开银行的信贷支持，同时也推高了地区的个人住房贷款存量。我们在基准的回归方程中，引入城市房价与家庭债务结构的交互项，检验城市的房地产发展过度是家庭债务结构抑制家庭创业行为的影响机制。

表5-8是在基准方程中引入城市房价与家庭债务结构交互项的估计结果。可以发现，债务期限结构对家庭创业、机会型创业及生存型创业都有正向影响，但仅在家庭创业与机会型创业的方程中具有统计上的显著性，对生存型创业的影响虽为正但并不显著。然而，债务期限结构与本地房价的交互项对家庭创业、机会型创业及生存型创业均呈现负向作用，且至少在10%的统计水平下显著。此外，城市房价对家庭创业和机会型创业活动都有正向影响，且在1%的统计水平下显著。这些回归结果表明，城市房价对债务期限结构与家庭创业活动之间的关系有调节作用，家庭债务期限结构对家庭创业行为的影响会随着城市房价水平而变动，当城市的房价维持在较低的水平时，家庭债务期限越长，越有利于提高家庭参与创业及其主动创业的可能性，但当房价超过一定水平，债务期限结构对家庭创业行为和机会型创业活动都将产生显著的负向影响。具体分析发现，一旦城市的房价超过4447元/平方米，居民债务期限结构对家庭创业和机会型创业会产生显著的负向影响，然而事实上，自2016年以来我国住宅平均销售价格已经超过了7000元/平方米，这意味着，在当前高房价的现实背景之下，家庭债务期限结构将明显抑制创业经济的发展。

表5-8　　　　　　　　　　　　机制分析

变量	家庭创业		机会型创业		生存型创业	
	（1）	（2）	（3）	（4）	（5）	（6）
期限结构	0.109 *** （0.020）		0.109 *** （0.018）		0.018 （0.012）	
期限结构 × 房价	-0.013 *** （0.002）		-0.013 *** （0.002）		-0.002 * （0.001）	
资金结构		0.128 *** （0.046）		0.151 *** （0.044）		0.014 （0.026）
资金结构 × 房价		-0.016 *** （0.005）		-0.018 *** （0.005）		-0.002 （0.003）
房价	0.047 *** （0.014）	0.056 ** （0.025）	0.051 *** （0.013）	0.074 *** （0.024）	0.000 （0.008）	-0.007 （0.014）
是否男性	0.015 ** （0.006）	0.009 （0.007）	0.014 ** （0.006）	0.010 （0.007）	0.002 （0.004）	-0.001 （0.004）
年龄	0.012 *** （0.002）	0.013 *** （0.002）	0.008 *** （0.002）	0.008 *** （0.002）	0.011 *** （0.001）	0.011 *** （0.002）
年龄平方	-0.000 *** （0.000）	-0.000 *** （0.000）	-0.000 *** （0.000）	-0.000 *** （0.000）	-0.000 *** （0.000）	-0.000 *** （0.000）
文化程度	-0.050 *** （0.007）	-0.060 *** （0.008）	-0.039 *** （0.006）	-0.047 *** （0.008）	-0.022 *** （0.005）	-0.025 *** （0.006）
婚姻状况	0.007 （0.009）	0.015 （0.010）	0.004 （0.008）	0.011 （0.010）	0.007 （0.005）	0.008 （0.006）
城镇户口	-0.029 *** （0.005）	-0.030 *** （0.006）	-0.031 *** （0.005）	-0.032 *** （0.006）	-0.001 （0.003）	-0.001 （0.004）
家庭规模	0.044 *** （0.002）	0.042 *** （0.002）	0.036 *** （0.002）	0.035 *** （0.002）	0.015 *** （0.001）	0.014 *** （0.001）
老人占比	-0.208 *** （0.023）	-0.185 *** （0.025）	-0.186 *** （0.022）	-0.176 *** （0.025）	-0.057 *** （0.013）	-0.040 *** （0.014）

变量	家庭创业		机会型创业		生存型创业	
	（1）	（2）	（3）	（4）	（5）	（6）
少儿占比	− 0. 094 ***	− 0. 081 ***	− 0. 058 ***	− 0. 052 ***	− 0. 053 ***	− 0. 045 ***
	（0. 017）	（0. 019）	（0. 015）	（0. 018）	（0. 011）	（0. 012）
农村	− 0. 104 ***	− 0. 105 ***	− 0. 084 ***	− 0. 085 ***	− 0. 040 ***	− 0. 041 ***
	（0. 006）	（0. 007）	（0. 006）	（0. 007）	（0. 004）	（0. 005）
金融知识	0. 016 ***	0. 018 ***	0. 017 ***	0. 017 ***	0. 003	0. 006 *
	（0. 005）	（0. 006）	（0. 005）	（0. 006）	（0. 003）	（0. 003）
偏好风险	0. 016 **	0. 021 **	0. 016 **	0. 021 ***	0. 001	0. 002
	（0. 007）	（0. 009）	（0. 007）	（0. 008）	（0. 005）	（0. 006）
风险厌恶	− 0. 021 ***	− 0. 017 ***	− 0. 021 ***	− 0. 016 ***	− 0. 002	− 0. 000
	（0. 005）	（0. 006）	（0. 005）	（0. 006）	（0. 003）	（0. 004）
劳动收入	0. 026 ***	0. 029 ***	0. 020 ***	0. 022 ***	0. 012 ***	0. 014 ***
	（0. 004）	（0. 004）	（0. 003）	（0. 004）	（0. 002）	（0. 002）
劳动收入平方	− 0. 004 ***	− 0. 004 ***	− 0. 003 ***	− 0. 003 ***	− 0. 002 ***	− 0. 002 ***
	（0. 000）	（0. 000）	（0. 000）	（0. 000）	（0. 000）	（0. 000）
除工商业资产	0. 043 ***	0. 046 ***	0. 041 ***	0. 044 ***	0. 008 ***	0. 009 ***
	（0. 002）	（0. 002）	（0. 002）	（0. 002）	（0. 001）	（0. 001）
房价增长率	0. 063	0. 200 **	0. 047	0. 156 **	0. 029	0. 091 **
	（0. 067）	（0. 078）	（0. 065）	（0. 075）	（0. 039）	（0. 044）
人均 GDP	0. 013	0. 021 *	0. 013	0. 017	0. 003	0. 009
	（0. 009）	（0. 011）	（0. 009）	（0. 011）	（0. 005）	（0. 006）
覆盖广度	− 0. 001 ***	− 0. 001 ***	− 0. 000 **	− 0. 001 ***	− 0. 000	− 0. 000 *
	（0. 000）	（0. 000）	（0. 000）	（0. 000）	（0. 000）	（0. 000）
使用深度	0. 001 ***	0. 001 ***	0. 001 ***	0. 001 ***	0. 000 ***	0. 000 ***
	（0. 000）	（0. 000）	（0. 000）	（0. 000）	（0. 000）	（0. 000）
数字化程度	− 0. 000	− 0. 000	− 0. 000	0. 000	0. 000	− 0. 000
	（0. 000）	（0. 000）	（0. 000）	（0. 000）	（0. 000）	（0. 000）

续表

变量	家庭创业		机会型创业		生存型创业	
	(1)	(2)	(3)	(4)	(5)	(6)
一线城市	-0.003 (0.016)	0.050** (0.020)	-0.009 (0.015)	0.034* (0.018)	0.002 (0.010)	0.022* (0.012)
二线城市	0.009 (0.009)	0.014 (0.011)	0.004 (0.008)	0.005 (0.010)	0.007 (0.005)	0.011* (0.006)
三线城市	0.018*** (0.007)	0.015* (0.009)	0.012* (0.007)	0.006 (0.008)	0.010** (0.004)	0.011** (0.005)
样本量	25017	18556	24088	17860	21401	15788
R^2	0.162	0.155	0.168	0.162	0.137	0.131

注：括号里报告的是省份层面聚类稳健标准误，* 表示 $p < 0.1$，** 表示 $p < 0.05$，*** 表示 $p < 0.01$。

与此相对应的是，房价对家庭创业的影响也会受到家庭部门信贷结构的影响。已有文献证实，房价对创业行为存在正向的"财富效应"或"抵押效应"，从而有利于促进创业活动（周京奎和黄征学，2014）。但也有学者发现，房价对中国创业活力呈现出显著的挤占效应（吴晓瑜等，2014）。我们的回归结果表明，城市房价越高，家庭参与创业、机会型创业的可能性越高，即验证了周京奎和黄征学（2014）的研究结果。但我们发现，家庭债务期限结构会调节房价对家庭创业行为的影响，当债务期限低于某一节点时，房价的上升将有利于家庭创业，但一旦债务期限结构超过某一节点，房价的上升就会抑制家庭创业行为。进一步分析发现，债务期限结构的节点为3.62，即债务期限结构低于3.62时，房价的上升将会对家庭创业产生明显的促进作用，然而实际上，根据描述性统计结果，中国当前的居民债务期限结构均值为4.15，已远远超过了这一节点。这也就说明，在当前家庭部门的债务期限结构下，房价持续上升，将阻碍我国推进创业经济的进程。同时，我们的结论也证实了房价抑制创业活动主要是因为占据了过多的中长期贷款，从而导致生产经营者难以获得长期贷款，从而削弱创业精神。这意味着，通过调整居民部门的信贷期限结构，可以有效调控房价对创业经济带来的影响。

接下来，我们在基本模型中引入债务资金结构与房价的交互项，表5-8的第（2）列、第（4）列和第（6）列汇报了相应的回归结果，其回归结果与债务期限结构的结果基本一致。可以发现，债务资金结构仅对家庭创业和机会型创业有正向影响，且在1%的统计水平下显著，而且在这两个方程中，债务资金结构与房价的交互项系数都显著为负，房价的边际系数也都显著为正。这些回归结果也表明，城市房价在家庭部门债务资金结构与家庭创业行为、机会型创业之间起到了一定的调节作用。具体为：当城市房价水平低于一定程度时，家庭债务集中于消费性贷款，将有利于促进家庭创业及主动创业，而当城市房价超过一定水平时，居民债务资金结构对家庭创业行为、机会型创业均有显著的负面影响。另外，当债务资金结构低于某个值时，房价对家庭创业行为、机会型创业都将产生明显的促进作用，而债务资金结构高于某个值时，房价对家庭创业及主动创业呈现显著的负向影响。

综上所述，无论是从债务资金结构还是债务期限结构，本小节都验证了城市房价在家庭债务结构与家庭创业之间起到了调节作用。这意味着，家庭部门的债务结构与城市房价会共同作用于创业活动，在当前高房价的现实背景之下，家庭债务结构对家庭创业及主动创业都会产生显著的负面影响，因此，稳定房价是缓解家庭债务结构削弱创业精神的有力手段。此外，我们也发现，进一步优化信贷结构能调整房价给创业活动带来的作用。

第六节　稳健性检验

为了进一步验证居民部门债务结构对家庭创业的抑制作用的稳健性，本小节重新选取了家庭创业行为的衡量指标，借鉴蔡栋梁等（2018）的方法，我们将2015年没有工商业经营但2017年有工商业经营的家庭定义为创业家庭，将2015年和2017年都没有工商业经营的家庭定义为未创业家庭。然后，进一步估计家庭债务结构对家庭创业行为的影响，表5-9汇报了相应的回归结果。

表5-9分别显示了债务期限结构和债务资金结构的回归结果，其中，第（1）列和第（2）列是家庭创业的回归结果，第（3）列和第（4）列是

机会型创业的回归结果,第(5)列和第(6)列是生存型创业的回归结果。可以发现,家庭债务期限结构对家庭创业、机会型创业和生存型创业都在1%统计水平下显著为负,分别为 -0.005、-0.003、-0.002。类似地,家庭债务资金结构对家庭创业、机会型创业和生存型创业也都呈现出负向影响,且至少在10%统计水平下显著,分别为 -0.006、-0.003、-0.003。这些研究结果表明,无论是从期限结构还是资金结构看,家庭债务结构对家庭创业行为、机会型创业和生存型创业都产生了显著的负向影响,证明了本章研究结论的稳健性。

表5-9　　　　　　　　　　稳健性检验

变量	家庭创业		机会型创业		生存型创业	
	(1)	(2)	(3)	(4)	(5)	(6)
期限结构	-0.005 *** (0.001)		-0.003 *** (0.001)		-0.002 *** (0.001)	
资金结构		-0.006 *** (0.002)		-0.003 * (0.002)		-0.003 ** (0.001)
是否男性	0.001 (0.006)	0.004 (0.007)	0.003 (0.006)	0.007 (0.007)	-0.003 (0.003)	-0.003 (0.003)
年龄	0.003 (0.002)	0.003 (0.002)	0.000 (0.002)	0.000 (0.002)	0.003 *** (0.001)	0.003 ** (0.001)
年龄平方	-0.000 ** (0.000)	-0.000 ** (0.000)	-0.000 (0.000)	-0.000 (0.000)	-0.000 *** (0.000)	-0.000 *** (0.000)
文化程度	-0.021 *** (0.007)	-0.025 *** (0.009)	-0.016 ** (0.007)	-0.017 ** (0.008)	-0.006 (0.004)	-0.011 ** (0.005)
婚姻状况	-0.014 * (0.008)	-0.008 (0.010)	-0.011 (0.007)	-0.006 (0.009)	-0.003 (0.004)	-0.001 (0.004)
城镇户口	-0.019 *** (0.005)	-0.017 *** (0.006)	-0.014 *** (0.005)	-0.014 ** (0.006)	-0.006 ** (0.003)	-0.005 (0.003)
家庭规模	0.021 *** (0.002)	0.022 *** (0.002)	0.017 *** (0.002)	0.018 *** (0.002)	0.005 *** (0.001)	0.004 *** (0.001)

续表

变量	家庭创业		机会型创业		生存型创业	
	（1）	（2）	（3）	（4）	（5）	（6）
老人占比	- 0. 105 ***	- 0. 105 ***	- 0. 089 ***	- 0. 101 ***	- 0. 019 **	- 0. 010
	（0. 020）	（0. 023）	（0. 018）	（0. 022）	（0. 009）	（0. 009）
少儿占比	- 0. 042 ***	- 0. 037 **	- 0. 031 **	- 0. 032 *	- 0. 014	- 0. 009
	（0. 016）	（0. 019）	（0. 014）	（0. 017）	（0. 009）	（0. 010）
农村	- 0. 032 ***	- 0. 030 ***	- 0. 023 ***	- 0. 021 ***	- 0. 012 ***	- 0. 012 ***
	（0. 006）	（0. 007）	（0. 005）	（0. 006）	（0. 003）	（0. 003）
金融知识	0. 005	0. 007	0. 005	0. 006	- 0. 001	0. 002
	（0. 005）	（0. 006）	（0. 004）	（0. 005）	（0. 002）	（0. 003）
偏好风险	0. 015 **	0. 018 **	0. 014 **	0. 017 **	0. 001	0. 001
	（0. 008）	（0. 009）	（0. 007）	（0. 008）	（0. 004）	（0. 005）
风险厌恶	- 0. 007	- 0. 003	- 0. 005	0. 000	- 0. 002	- 0. 003
	（0. 005）	（0. 006）	（0. 004）	（0. 005）	（0. 002）	（0. 003）
劳动收入	0. 011 ***	0. 015 ***	0. 007 **	0. 010 ***	0. 005 ***	0. 006 ***
	（0. 003）	（0. 004）	（0. 003）	（0. 004）	（0. 001）	（0. 002）
劳动收入平方	- 0. 002 ***	- 0. 002 ***	- 0. 001 ***	- 0. 001 ***	- 0. 001 ***	- 0. 001 ***
	（0. 000）	（0. 000）	（0. 000）	（0. 000）	（0. 000）	（0. 000）
除工商业资产	0. 023 ***	0. 025 ***	0. 020 ***	0. 021 ***	0. 003 ***	0. 004 ***
	（0. 002）	（0. 002）	（0. 002）	（0. 002）	（0. 001）	（0. 001）
房价增长率	0. 110 *	0. 155 **	0. 094	0. 108	0. 027	0. 057 *
	（0. 064）	（0. 071）	（0. 058）	（0. 066）	（0. 032）	（0. 034）
人均GDP	0. 013	0. 010	0. 011	0. 005	0. 003	0. 004
	（0. 009）	（0. 010）	（0. 008）	（0. 010）	（0. 004）	（0. 005）
覆盖广度	- 0. 001 ***	- 0. 001 ***	- 0. 000 ***	- 0. 000 *	- 0. 000 **	- 0. 000 **
	（0. 000）	（0. 000）	（0. 000）	（0. 000）	（0. 000）	（0. 000）
使用深度	0. 001 ***	0. 001 ***	0. 000 **	0. 001 ***	0. 000 *	0. 000 *
	（0. 000）	（0. 000）	（0. 000）	（0. 000）	（0. 000）	（0. 000）
数字化程度	- 0. 000	- 0. 000	- 0. 000	- 0. 000	0. 000	0. 000
	（0. 000）	（0. 000）	（0. 000）	（0. 000）	（0. 000）	（0. 000）

变量	家庭创业		机会型创业		生存型创业	
	(1)	(2)	(3)	(4)	(5)	(6)
一线城市	-0.009 (0.013)	0.017 (0.017)	-0.017 (0.012)	0.006 (0.015)	0.007 (0.007)	0.011 (0.009)
二线城市	0.012 (0.008)	0.014 (0.009)	0.006 (0.007)	0.008 (0.009)	0.006 (0.004)	0.006 (0.005)
三线城市	0.006 (0.006)	0.001 (0.007)	0.004 (0.006)	0.000 (0.007)	0.002 (0.003)	0.000 (0.004)
样本量	14306	10654	14091	10491	13471	9997
R^2	0.087	0.087	0.087	0.087	0.074	0.074

注：括号里报告的是省份层面聚类稳健标准误，* 表示 $p < 0.1$，** 表示 $p < 0.05$，*** 表示 $p < 0.01$。

本 章 小 结

基于中国家庭的债务结构特征，本章利用 2017 年 CHFS 数据和 2016 年各省份的统计年鉴数据，从期限结构与资金结构两个角度探讨居民债务结构对家庭创业行为的影响，并深入探讨居民债务结构对不同类型的创业活动的影响，旨在揭示居民部门债务对实体经济发展的影响。

本章的研究结论表明，居民部门的信贷资源越集中于消费性贷款，或信贷期限越长，越会显著降低家庭参与创业的可能性，尤其是机会型创业。机制分析发现，居民债务结构抑制家庭创业活动源自房地产市场的发展，高房价是家庭债务结构影响家庭创业行为的机制。实际上，家庭部门的债务集中于消费性贷款将会促进创业活动，但城市房价水平过高耗费了太多消费性贷款，从而弱化了消费性贷款对生产经营的促进作用。同样，家庭部门债务期限越长，越有利于促进创业，但高房价耗费了大量长期贷款，增加了创业者获得长期贷款的难度，从而抑制了创业活动。进一步进行异质性分析发现，相较于经济欠发达的地区，经济发达区域的家庭债务更集中于消费性贷款和中长期贷款，所以家庭债务结构对家庭创业的负向作用在经济发达的地区表现得更加明显。

本章的研究结论具有一定的政策含义。

第一，金融机构对生产经营的信贷支持力度直接决定了发展中国家的经济增长情况，给中小微企业提供中长期贷款将有利于释放经济活力，促进经济长期增长。虽然居民部门的贷款集中于中长期贷款，但是大部分都是集中于个人住房贷款，导致居民部门的信贷结构配置低效，从而削弱了我国的创业精神。因此，调整和优化居民部门的信贷结构对实体经济的发展至关重要。

第二，疫情之后，货币政策放松，信贷扩张，中央政府颁布了一系列支持实体企业渡过难关的金融政策，但银行仍更加偏好于违约风险较低的住房按揭贷款，支持实体企业的相关政策难以落实，甚至不少经营性贷款违规流入住房市场，加剧了信贷资金脱实向虚，导致小微企业融资难的困局陷入了新的怪圈。因此，为了促使实体企业恢复生机，使中国经济尽快走出低谷，监管部门应加强金融监管力度，严格审核、检测信贷资源的流向。

第三，家庭部门的信贷结构与房价水平都会影响到创业活动，且具有一定联动性，在高房价的情况下，调整家庭部门的信贷结构，能发挥高房价给创业活动带来的正向"财富效应"或"抵押效应"。而在家庭部门的信贷期限较长或集中于消费性贷款的情况下，将房价控制在合理区间，能发挥长期贷款缓解企业流动性约束的作用。因此，稳房价和优化家庭部门的信贷结构都是释放创业活力的有力手段，缺一不可。

第六章

住房负债对家庭创业行为的影响[*]

第一节 引　　言

随着中国住房金融制度的发展与完善，个人住房贷款业务快速增长，且已经成为中国家庭债务的主要构成部分。如前文所述，2010～2019 年，个人住房贷款余额从 6.34 万亿元上升至 30.07 万亿元，平均年增长率高达21%，而且一直维持在家庭部门贷款余额的 55% 左右。不少研究证明住房负债对经济发展有负向影响（颜色和朱国钟，2013；Mian and Sufi，2014；魏玮和陈杰，2017；李江一，2018）。

为了考察住房负债与创业活动之间的关系，本章利用 2015 年和 2017 年CHFS 两轮微观数据，采用面板固定效应（fixed effect）模型并结合工具变量法分析住房负债对家庭创业行为的影响。研究结果显示，住房负债会降低家庭参与创业活动的概率。同时，本章也利用倾向得分匹配与双重差分模型（PSM-DID）探讨了还清住房负债对家庭创业的处理效应。研究发现，家庭一旦还清住房负债，其风险偏好程度会随之提高，从而促进家庭参与创业活动的概率。

具体讲，本章的贡献主要集中在以下几个方面：

第一，CHFS 数据为本章的研究提供了很好的数据支持。中国家庭金融调查与研究中心在 2011 年与 2013 年收集了前两轮调查数据，而 2015 年与 2017

---

　　*　本章部分内容以《住房"借款"与"还款"对家庭创业行为的影响》的题目发表在《上海金融》2023 年第 1 期，作者为廖红君、樊纲治。

年收集了第三轮与第四轮数据，考虑到 2015 年与 2017 年的样本量更大，且采集的数据覆盖区域更广，更具有代表性，因此，本章主要采用 2015 年与 2017 年两轮数据探讨住房负债对家庭创业决策的影响。此外，为了验证研究结论的稳健性，本章也利用了 2013 年与 2015 年的 CHFS 数据进行稳健性检验。

第二，本章首先采用面板双向固定效应模型克服由于家庭异质性以及遗漏变量问题引致的内生性问题，并在此基础上引入了工具变量，以克服可能由于逆向因果关系引致的内生性问题，由此，本章得到的住房负债对家庭创业活动有显著的挤占作用的结论是可靠的。其次探讨了还清住房负债对家庭创业行为的影响，运用倾向得分匹配与双重差分模型的结合有效地克服了还清住房负债与未还清住房负债两类家庭本身之间的差异，以及由于遗漏变量产生的内生性问题，从而得到还清住房负债对家庭创业活动影响的净效应。

第三，我们的研究发现和结论具有重要的学术和现实意义。我们注意到，西方国家家庭购房主要是通过银行抵押贷款，而中国家庭购房的资金来源与这些国家存在一定的差异，我国家庭的购房资金除了来自银行贷款，也来自民间借贷，因此，讨论中国住房负债不应忽略民间借贷。也就是说中国家庭的住房负债不仅包含银行贷款，也包含民间借贷，因此讨论中国家庭住房负债的影响有重要的现实意义。总的来说，本书的研究发现表明，缓解家庭的购房压力既有利于化解房地产市场的风险，防范系统性金融风险，又有利于促进家庭创业，是一举多得的政策措施。

本章余下部分安排如下：第二节是研究背景与假说，第三节是相关计量模型的理论基础，第四节是研究设计及实证分析，第五节是进一步分析，主要考察还清住房负债对家庭创业行为的影响，第六节是稳健性检验。

第二节　研究背景与假说

一、住房金融制度的发展背景*

中国住房金融制度历经了 20 多年的发展，最初以政策性金融为主导，

---

* 本部分主要参考了下列资料：蔡真：《中国住房金融体系的发展进程、逻辑及对策》，载于《中国经济报告》2019 年第 5 期，第 125～137 页。

当前以商业性金融为主导，一级市场以房地产开发贷款和个人住房贷款为主，二级市场以住房抵押贷款支持证券（RMBS）为主，房地产投资信托基金（REITs）也快速发展起来，此外，也存在住房典当融资、住房租赁金融等品种。

由于本章重点探讨住房负债对家庭创业行为的影响，因此，我们重点梳理个人住房贷款的政策发展。总的来说，个人住房贷款的发展可以划分为三个阶段：

第一阶段：个人住房贷款的起步阶段（1985～1997年）。1985年4月，借鉴香港地区住房按揭贷款的方法，中国建设银行深圳分行发放了中国第一笔个人住房贷款，由此，中国个人住房融资业务正式拉开帷幕[1]。1987年12月，蚌埠和烟台成立了储蓄银行，并获得了中国人民银行的批准。储蓄银行主要负责住房金融业务和办理个人住房贷款业务（蔡真，2019）。1989年12月，中国建设银行总行发布了《中国人民建设银行住宅储蓄存款和住宅借款暂行办法》，在全国试行办理个人住房贷款业务[2]。1988年2月25日，国务院发布的《关于在全国城镇分期分批推行住房制度改革的实施方案》提出，除了蚌埠和烟台以外，其他城市也能设立房地产信贷部，办理与住房生产相关的贷款。1991年，国务院发布的《关于继续积极稳妥地进行城镇住房制度改革的通知》提出，发展住房金融业务，开展个人住房贷款业务[3]。1991年，建设银行和工商银行都成立了房地产信贷部（蔡真，2019）。

然而，在1993年之后，中国房地产投资呈现局部火热的现象，海南、广东等地出现房地产泡沫现象，严重阻碍了经济的发展。1993年6月24日，中共中央、国务院颁布了《关于当前经济状况和加强宏观调控的意见》，严格控制了贷款规模，加强了对房地产市场的管理。[4] 1995年7月31日，中国人民银行发布的《商业银行自营住房贷款管理暂行规定》初步规

---

[1] 《居者有其屋：建行深圳分行全国率先开办楼宇按揭贷款》，http://www.szdag.gov.cn/dawh/spdb/content/post_98501.html。

[2] 中国金融学会：《中国金融年鉴1990》，中国金融年鉴编辑部1990年版，第480页。

[3] 王振川主编：《中国改革开放新时期年鉴（1991年）》，中国民主法制出版社2014年版，第496页。

[4] 中国二十世纪通鉴编委会编著，龚育之等主编：《中国二十世纪通鉴》（1981－2000），线装书局2002年版，第6280页。

范了个人住房贷款的借款人资格、期限、贷款金额等①。1997 年 4 月 28 日，中国人民银行首次颁布了关于个人购房贷款的文件《个人住房担保贷款管理试运办法》，该政策的出台标志着中国个人住房消费信贷的正式实施，全国各个商业银行也逐渐开始全面实行个人住房抵押贷款业务②。

在住房公积金方面，1991 年上海借鉴新加坡的住房公积金经验率先试运行住房公积金制度，并在 1991 年颁布了《上海市住房制度改革实施方案》③。上海住房公积金制度的运行不仅拓宽了建房资金的来源，同时也增加了城镇职工的购房资金，缓解了当地职工的住房紧张状况。1994 年国务院考察了住房公积金的试点情况之后，发布了《关于深化城镇住房制度改革的决定》，在全国范围内建立和推行住房公积金制度④。

第二阶段：个人住房贷款的规范阶段（1998~2007 年）。1998 年 5 月，中国人民银行修订了《个人住房担保贷款管理试行办法》，颁布《个人住房贷款管理办法》，规范了个人住房消费融资活动（赵思宁，1998）。1998 年 7 月，国务院发布了《关于进一步深化城镇住房制度改革加快住房建设的通知》，停止了住房实物分配，逐步执行住房货币化制度⑤。1999 年 3 月，中国人民银行颁布了《关于鼓励消费贷款的若干意见》，调整了住房贷款与总购房款的比例，从最初的 70% 上升至 80%，同年 9 月，人民银行又调整了个人住房贷款的最长期限，从 20 年延长至 30 年（蔡真，2019）。1999 年 4 月，国务院出台了《住房公积金管理条例》，规范了住房公积金业务的管理。2001 年，中国人民银行颁布了《关于规范住房金融业务的通知》提出，个人住房贷款的首付比不应低于 20%，且禁止发放"零首付"的个人住房贷款⑥。2002 年 5 月，国务院修订了《住房公积金管理条例》，颁布了《关于进一步加强住房公积金管理的通知》，规范了业务的管理并加大了资金的

---

① 《中国房地产市场年鉴》编委会编：《中国房地产市场年鉴 1996》，中国计划出版社 1996 年版，第 610 页。
② 中国证券业年鉴编辑委员会编：《中国证券业年鉴（1997）》下，新华出版社 1997 年版，第 1211 页。
③ 《中国物价年鉴》编辑部：《中国物价年鉴（1992）》，中国物价出版社 1992 年版，第 59 页。
④ 《国务院关于深化城镇住房制度改革的决定》，http：//www. gov. cn/zhengce/content/2010 - 11/15/content_4901. htm。
⑤ 《国务院关于进一步深化城镇住房制度改革加快住房建设的通知》，http：//www. beijing. gov. cn/zhengce/zhengcefagui/qtwj/201309/t20130924_776668. html。
⑥ 《中国人民银行关于规范住房金融业务的通知》，http：//www. gov. cn/gongbao/content/2002/content_61406. htm。

归集与贷款发放的力度①。2003 年 8 月，国务院颁布了《关于促进房地产市场持续健康发展的通知》，进一步提出加强住房公积金管理的总要求②。

第三阶段：个人住房贷款的调整阶段（2008 年至今）。2008 年美国次贷危机的爆发导致中国经济也陷入了困境，为了纾困，中国政府放松了信贷规模和利率的管控，同年 10 月央行将个人住房贷款利率调整为基准利率的 0.7 倍，同时将首付比例下调至 20%。这些优惠政策加速了中国房地产市场的回暖，甚至造成房地产投资日渐白热化，房价持续上涨，甚至形成了泡沫。随后，为了抑制房地产投资行为，坚持"房住不炒"的政策方针，中国政府采取了一系列住房金融政策手段调控房地产市场，如公积金贷款的申请、贷款额度的审批以及贷款期限的限制等。

综上所述，住房金融制度的发展与完善不仅促进了房地产市场的发展，同时也缓解了中国家庭住房短缺的问题，通过信贷的方式让中国居民能提前购置住房。但个人住房贷款规模的扩张可能也加剧了房地产市场的过度繁荣，对实体经济的发展产生了负面影响，接下来，我们将梳理关于住房负债的理论文献，并提出相关的研究假说。

二、理论分析与研究假说

住房抵押贷款作为家庭负债的重要组成部分，一旦房价下跌幅度过大将会引发家庭违约风险（Lustig and Stijn，2005），而背负过高住房负债的家庭会降低其持有风险资产的概率（Flavin and Yamashita，2011）。颜色和朱国钟（2013）建立了一个基于生命周期的动态模型，并对该模型进行数值模拟，发现由于房价不可能永久持续上涨，家庭为了偿还住房贷款会压缩消费。李江一（2018）利用 CHFS 微观数据，实证研究发现住房贷款会导致家庭面临严重的流动性约束，从而挤占家庭消费。虽然住房负债是家庭债务的主要组成部分，但国内外鲜有文献直接深入探讨住房负债对家庭创业行为的影响。鉴于以上讨论，本章提出了以下假说：

假说 6.1：有住房负债会对家庭创业活动产生负向影响，而且住房负债

---

① 《国务院关于进一步加强住房公积金管理的通知》，http：//www. gov. cn/gongbao/content/2002/content_61532. htm。

② 《国务院关于促进房地产市场持续健康发展的通知》，http：//www. gov. cn/gongbao/content/2003/content_62364. htm。

额度越高，家庭参与创业活动的可能性越小。

值得注意的是，拥有住房可能给家庭创业带来正向的"财富效应"与"抵押效应"（Wang，2012；吴晓瑜等，2014；周京奎和黄征学，2014；Adelino et al.，2015；蔡栋梁等，2015；Kerr et al.，2015；李江一和李涵，2016；Schmalz et al.，2017）。但从净效应来看，房价长期过快上涨会对经济增长产生负向作用（韩立彬和陆铭，2018）。具体而言，房价持续上升，将会减少企业创新（王敏和黄滢，2013；王文春和荣昭，2014），吸引非房地产企业进入房地产行业，进而对非房地产投资产生挤占（罗知和张川川，2015），而且住房也能给创业活动带来负向的"替代效应"（吴晓瑜等，2014）。由于近年来房价持续上涨，平均年增长率远远高于中国企业投资的回报率，导致居民误认为住房是比较安全的投资品，这可能也是中国城镇居民多套房持有率不断上升的原因[①]。因此，家庭持有的房屋数量不同，其财富水平也存在明显的差异，从而影响创业决策。对于一套房家庭而言，他们的资金有限，流动性约束是他们参与创业活动的主要约束，而对于多套房家庭而言，他们有充足的资金，其投资决策取决于项目的回报率，基于此，本章提出以下假说：

假说 6.2：住房负债更有可能加剧一套房家庭的流动性约束，从而抑制其创业的可能性。

第三节　相关计量模型的理论基础

首先，考虑到本章重点使用面板数据来分析住房负债对家庭创业行为的影响，因此，本章重点梳理了关于面板数据的估计策略。其次，鉴于我们主要使用双向固定效应模型与工具变量法估计住房负债对家庭创业行为的影响，所以，我们主要梳理了面板数据引入工具变量的处理方法。最后，由于本章也使用了倾向得分匹配和双重差分法克服模型中存在的样本选择问题，所以本章也整理了倾向得分匹配与双重差分结合（PSM - DID）的基本原理。

---

①　西南财经大学中国家庭金融调查与研究中心发布的《2018 年一季度城镇家庭资产指数报告》显示，2008~2017 年，新购房是第二套房的比例从 26.5% 上升到 39.2%，新购房为第三套房的比例从 3.2% 上升到 15.0%。

一、面板数据的估计策略

面板数据是指在一段时间内追踪同一组个体的数据。若每个时期的样本个体相同，则是"平衡面板（balanced panel）数据"，反之，为"非平衡面板（unbalanced panel）数据"。面板数据具有以下优点：第一，可以解决由于遗漏变量带来的内生性问题；第二，面板数据包含更多个体的动态信息，能解决一些截面数据不能解决的问题；第三，面板数据的样本量较大，提高了估计的精确度。

在估计面板数据的过程中，通常有两种极端的做法：第一种是直接将其作为横截面数据进行混合估计，但这种方法忽略了个体的不可观测或遗漏变量的异质性问题，可能由于异质性的存在导致估计结果有偏。第二种是对每个个体进行估计，得到一个单独的方程，但这种方法忽视了个体之间的共同特性。所以，一般情况下，较为折中的方法是：假设在回归方程中，个体的斜率是相同的，但是允许其截距项不同，以此来考察个体的异质性。这就是常说的"个体效应模型"：

$$y_{it} = x_{it}'\beta + z_i'\delta + \mu_i + \varepsilon_{it} \quad (i = 1, \cdots, n; \ t = 1, \cdots, T) \quad (6.1)$$

其中，z_i 为个体特征，不随时间而变化，如性别。x_{it} 是会随个体和时间变化的特征，$u_i + \varepsilon_{it}$ 是复合扰动项。通常情况下，若 u_i 与某解释变量相关，则称为"固定效应模型"（fixed effects，FE），若 u_i 与所有解释变量都不相关，则称为"随机效应模型"（random effects，RE）。一般情况下，不可观测的个体异质性对所有解释变量都不产生影响，这点是很难达到的，所以从计量经济理论来看，固定效应更为普遍，随机效应更为少见。考虑到主要研究家庭微观经济行为，难以保证不可观测变量与所有解释变量无关，所以本章主要采用固定效应进行估计。接下来，我们将重点梳理线性面板的固定效应模型和非线性面板的固定效应模型。

（一）线性面板固定效应模型

一般情况下，固定效应模型包含了两类：一类是个体固定效应模型，能有效解决不随时间而变但随个体而变的遗漏变量问题；另一类是时间固定效应，能有效解决不随个体而变但随时间而变的遗漏变量问题。实际应用中学者们经常同时考虑这两种效应，选择双向固定效应进行估计。具体模型为：

$$y_{it} = x'_{it}\beta + \lambda_t + u_i + \varepsilon_{it} \tag{6.2}$$

固定效应模型假定 u_i 与任一解释变量相关。线性面板数据通常使用一阶差分（$y_{it} - y_{i,t-1}$）或组内变换（$y_{it} - \bar{y}_i$）来消除模型中的固定效应 u_i。

（二）非线性面板固定效应模型

面板数据且被解释变量为二元离散变量时，面板二值选择模型可以写为：

$$y_{it}^* = x'_{it}\beta + u_i + \varepsilon_{it} \quad (i = 1, \cdots, n; \ t = 1, \cdots, T) \tag{6.3}$$

其中，y_{it}^* 为不可观测的潜变量，u_i 为个体效应，x_{it} 不包含常数项。

$$y_{it} = \begin{cases} 1, & y_{it}^* > 0 \\ 0, & y_{it}^* \leqslant 0 \end{cases}$$

给定 x_{it}，β，u_i，则有：

$$\begin{aligned} P(y_{it} = 1 \mid x_{it}, \ \beta, \ u_i) &= P(y_{it}^* > 0 \mid x_{it}, \ \beta, \ u_i) \\ &= P(\varepsilon_{it} < u_i + x'_{it}\beta \mid x_{it}, \ \beta, \ u_i) \\ &= F(u_i + x'_{it}\beta) \end{aligned} \tag{6.4}$$

其中，$F(\cdot)$ 是 ε_{it} 的累积分布函数，若 $\varepsilon_{it} \sim N(0, 1)$，则为面板 Probit 模型：

$$P(y_{it} = 1 \mid x_{it}, \ \beta, \ u_i) = (u_i + x'_{it}\beta) \tag{6.5}$$

若 ε_{it} 服从逻辑分布，则为面板 Logit 模型：

$$P(y_{it} = 1 \mid x_{it}, \ \beta, \ u_i) = \Lambda(u_i + x'_{it}\beta) = \frac{e^{u_i + x'_{it}\beta}}{1 + e^{u_i + x'_{it}\beta}} \tag{6.6}$$

面板二值变量可以通过混合回归、固定效应和随机效应模型进行估计。类似地，若 u_i 与 x_{it} 相关，就为固定效应；若 u_i 与 x_{it} 不相关，就为随机效应。

对于二元面板数据并不能通过差分变换或组内变换来消除模型中的不随时间变化的个体效应 u_i，因为无法建立（$y_{it} - \bar{y}_i$）与（$y_{it}^* - \bar{y}_i^*$）之间的对应关系。在二元选择面板中，u_i 的估计不一致会造成 β 的估计也不一致，这就是所谓的"伴生参数问题"。目前，面板 Probit 模型难以解决伴生参数问题，而面板 Logit 模型能有效处理该问题，因此，不少学者利用二元面板数据进行固定效应分析时，常采用面板 Logit 模型进行估计。

二、面板工具变量法

虽然面板数据在一定程度上能解决遗漏变量问题，但是假如回归模型中解释变量与被解释变量之间存在逆向因果的关系，则仍需要工具变量法来克服模型中可能存在的内生性问题。具体操作为：第一步，用固定效应处理遗漏变量问题；第二步，利用二阶段最小二乘法（2SLS）缓解内生性问题。

对于固定效应模型：

$$y_{it} = x'_{i1t}\beta_1 + x'_{i2t}\beta_2 + u_i + \varepsilon_{it} \qquad (6.7)$$

对式（6.7）两边取平均：

$$\bar{y}_i = \bar{x}'_{i1}\beta_1 + \bar{x}'_{i2}\beta_2 + \mu_i + \bar{\varepsilon}_i \qquad (6.8)$$

方程（6.7）减去方程（6.8）得：

$$y_{it} - \bar{y}_i = (x_{i1t} - \bar{x}_{i1})'\beta_1 + (x_{i2t} - \bar{x}_{i2})'\beta_2 + (\varepsilon_{it} - \bar{\varepsilon}_i) \qquad (6.9)$$

假设 x_{i2t} 为内生变量，z_{it} 为 x_{i2t} 的工具变量，可以将（$z_{it} - \bar{z}_i$）作为（$x_{i2t} - \bar{x}_{i2}$）的工具变量，然后，（$y_{it} - \bar{y}_i$）对（$x_{i1t} - \bar{x}_{i1}$）、（$x_{i2t} - \bar{x}_{i2}$）进行 2SLS 回归，即第一阶段，（$x_{i2t} - \bar{x}_{i2}$）对（$z_{it} - \bar{z}_i$）进行回归；第二阶段，（$y_{it} - \bar{y}_i$）对第一阶段的拟合值进行回归。如前文所述，使用工具变量需要通过一系列检验：一是不可识别检验；二是弱工具变量检验，该检验主要识别工具变量与内生性变量是否存在弱关系，原假设 H0："工具变量与内生变量存在弱关系"；三是过度识别检验，该检验的原假设 H0："所有工具变量都是外生的"。

三、PSM – DID 模型的基本原理

（一）倾向得分匹配

在经济学中，评估某政策或项目的实施效果至关重要，如政府的职业培训项目，这类效果评估被称为处理效应（treatment effect）。政策实施的对象为"处理组"或"实验组"，没有参加项目的群体为"控制组"。为了评估该政策的效果，虽然可以直接对比"实验组"与"控制组"的结果，但"实验组"与"控制组"的初始条件不同，可能存在选择偏误，导致估计结果有偏。以职业培训项目为例，可能参加职业培训的群体的就业状况或未来收入都比未参加职业培训的群体更糟糕，因为岗位好的群体参加职业培训的

可能性更小。面对这种状况，我们可以采用匹配估计来克服这种偏误。

匹配估计的思想是：假设个体 i 属于"处理组"，那么，在"控制组"中找到某个体 j，使得两个个体的可观测值尽可能相似，且进入"处理组"的可能性相近，具有一定可比性。然后，对"处理组"的每个个体都进行匹配，同样，对"控制组"的每个个体都进行匹配，然后再对每个个体的处理效应进行平均，即可得到"匹配估计量"。匹配技巧有以下几点：第一，是否放回。放回是匹配成功的个体依旧留在样本中，参与其余匹配，不放回是匹配成功的个体不再参与其余匹配。第二，是否允许并列。控制组的个体 j 和 k 的观测部分都与处理组的个体 i 接近，若允许并列，则 j 和 k 的平均值可以作为 i 的估计值，反之，若不允许并列，将根据数据的排序选择 j 或 k 与 i 进行匹配。第三，匹配数量。一般情况，可以一对一和一对多匹配，匹配估计能大幅度降低样本的选择偏误问题，但可能依旧存在细小的偏差。在非精确的匹配情况下，一对一匹配的偏差较小，但其方差较大。一对多匹配虽然能降低方差，但匹配的偏差较大。

通常情况下，x_i 包括了多个变量，若直接利用 x_i 进行匹配，很难找到与之相近的控制组的个体 j。所以，为了实现匹配的可操作性，可以利用函数 $f(x_i)$ 将高维向量 x_i 压缩至一维，然后用 $f(x_i)$ 进行匹配。统计学家罗森鲍姆和鲁滨（Rosenbaum and Rubin，1983）提出倾向得分匹配（propensity score matching，PSM），利用"倾向得分"（propensity score）来度量距离。其具体的定义为：个体 i 的倾向得分是，在既定 x_i 的情况下，个体进入实验组的条件概率，$P(x_i) = P(D_i = 1 \mid x = x_i)$。利用倾向得分衡量个体之间的距离优势在于，它的取值在 $[0, 1]$ 之间，可以实现 $p(x_i) \approx p(x_j)$。

以 D_i 为处理变量，$D_i = \{0, 1\}$，$D_i = 1$ 代表个体 i 参与项目或得到了处理，$D_i = 0$ 代表个体 i 未参加项目或没有得到处理。y_i 对应个体 i 的结果变量，倾向得分匹配计算平均处理效应的具体步骤如下：

第一步，选择协变量，尽可能包含影响处理变量 D_i 和结果变量 y_i 的变量。

第二步，使用 Logit 或 Probit 模型估计倾向得分。

第三步，估计倾向得分以后，进行匹配并进行平衡性检验，主要考察各协变量的标准化差距（Standardized Differences）：

$$\frac{\mid \overline{x_{treat}} - \overline{x_{control}} \mid}{\sqrt{(s_{x,treat}^2 + s_{x,control}^2)/2}} \qquad (6.10)$$

其中，$\overline{x_{treat}}$、$\overline{x_{control}}$ 分别为匹配后的处理组均值和控制组均值，$s_{x,treat}^2$、$s_{x,control}^2$ 分别为处理组与控制组的样本方差，若匹配后各协变量的标准化差距低于10%，则说明匹配质量高。

第四步，利用匹配后的样本计算平均处理效应。其中，处理组的平均处理效应（ATT）为：

$$\widehat{ATT} = \frac{1}{N_1} \sum_{i:D_i=1} (y_i - \widehat{y_{0i}}) \qquad (6.11)$$

其中，$N_1 = \sum_i D_i$ 是处理组的总个数，$\widehat{y_{0i}}$ 是处理组个体 i 所匹配的控制组个体 j 的结果变量。

在进行倾向匹配得分时，有以下几类方法：k 近邻匹配、限制倾向得分的绝对距离、卡尺内最近邻匹配、核匹配、局部线性回归匹配、样条匹配等。实际情况中，通过不同的匹配方法来比较结果，能有效地证明估计结果的稳健性。

（二）双重差分法

双重差分法（differences-in-differences，DID）经常用来估计某实验的效果，即被解释变量实验前后的变化。两期双重差分的基本模型为：

$$y_{it} = \beta_0 + \beta_1 G_i \cdot D_i + \beta_2 G_i + \gamma D_i + \varepsilon_{it} \quad (i=1, \cdots, n; t=1, 2) \quad (6.12)$$

其中，G_i 表示是否为实验组，1 为实验组，0 为控制组。D_i 是实验期虚拟变量，若 t = 2，即实验后，$D_i = 1$；若 t = 1，即实验前，$D_i = 0$。交互项 $G_i \cdot D_i = x_{it}$ 度量实验的政策效果，当个体 i 属于实验组，并且处于实验的第二期就取值为 1，其他情况为 0。

当 t = 1 时，方程（6.12）可以写为：

$$y_{i1} = \beta_0 + \beta_2 G_i + \varepsilon_{i1} \qquad (6.13)$$

当 t = 2 时，方程（6.12）可以写为：

$$y_{i2} = \beta_0 + \beta_1 G_i \cdot D_2 + \beta_2 G_i + \gamma + \varepsilon_{i2} \qquad (6.14)$$

方程（6.14）－方程（6.13）可得：

$$\Delta y_i = \gamma + \beta_1 G_i \cdot D_2 + (\varepsilon_{i2} - \varepsilon_{i1}) = \gamma + \beta_1 x_{i2} + \Delta \varepsilon_i \qquad (6.15)$$

对式（6.15）进行 OLS 估计，可得到 $\widehat{\beta_1}$，即双重差分的估计值。

为了验证 DID 估计的效应是否真的受政策影响或实验所致，所以需要进行稳健性检验。其中，共同趋势检验是学者们常用的方法，即实验组和控制组在政策发生之前具有一定可比性。但由于很多研究者在进行 DID 分析时，只有政策前后一年的数据，因此无法检验两组样本的平衡性趋势是否一致。

近几年，安慰剂检验成为常用的方法，能有效检验 DID 估计结果的稳健性，其主要思想为：对虚构实验组进行回归。第一步，选取政策实施之前的年份进行处理，并重新假定政策实施的年份，比如，原政策发生在 2010 年，研究区间为 2009～2011 年，此时将研究区间移至 2007～2009 年，并假设政策发生在 2008 年，再进行回归；第二步，将不受政策影响的组作为处理组进行回归。若不同虚构方式下的 DID 回归结果依旧显著，说明原估计结果可能存在偏误。

综上所述，倾向得分匹配与双重差分各具优势，倾向得分匹配虽然能在一定程度上解决样本的偏差问题，但并不能克服遗漏变量的问题，而双重差分能有效克服遗漏变量问题。因此，近年来学者们常利用倾向得分匹配与双重差分的结合分析问题，从而有效克服模型中的内生性问题，提高估计的精确度。

第四节　研究设计及实证分析

一、变量说明

本章采用 2015 年和 2017 年两轮 CHFS 数据研究住房负债对家庭创业活动的影响。主要关注的被解释变量是家庭创业，其衡量方式与第五章一致，即借鉴尹志超等（2015）的定义方式，将家庭有工商业经营定义为家庭创业，标记为 1，反之，家庭没有工商业经营定义为未创业家庭，标记为 0。本章主要关注的解释变量是住房负债。其衡量来自 CHFS 问卷中的问题"目前，您家是否因购买/装修/改建/扩建这套住房有尚未还清的银行贷款？"以及"除了银行贷款之外，为购买这套住房，您家目前是否还有尚未还清的其他渠道借款？"本章将有未还清的银行贷款或有未还清的民间借款的家庭定义为有住房负债的家庭，赋值为 1，反之，赋值为 0。

除上述主要关注的变量外，本章还控制了可能影响家庭创业活动的其他控制变量。根据已有文献，家庭财富是创业活动的主要影响因素，大部分创业者通过将家庭自有资产作为初始投资来创立自营工商业（Dyer，2003）。同时，由于住房具有"财富效应"或"抵押效应"，会对家庭创业产生促进作用（周京奎和黄征学，2014），所以本章控制了家庭的金融资产和住房资产。考虑到家庭规模和老人数量可能也会影响家庭创业活动，所以本章也控制了家庭规模和家庭老人数量。由于家庭就业状况和家庭创业活动有密切的联系（李雪莲等，2015），本章将至少有一个家庭成员在国企、事业单位或集体单位工作的家庭，看作有公有单位就业的家庭，取值为 1，反之取值为 0。

本章利用 2015 年与 2017 年 CHFS 构成的面板数据讨论家庭是否有住房负债以及住房负债额度对家庭创业的影响，在这部分，我们限定户主的年龄介于 17～65 岁之间，且家庭至少拥有一套住房，剔除关键变量缺失的家庭样本之后，得到 7046 户有效的成功追访的家庭样本。表 6-1 显示了其描述性统计结果。在有效样本中，家庭创业活动也呈现明显下降的趋势，从 2015 年的 18.54% 下降至 2017 年的 17.02%，与现实情况相符。然而，有住房负债的家庭呈现明显上升的趋势，从 2015 年 20.95% 上升至 2017 年的 21.49%。需要说明的是，本章对家庭金融资产、家庭总收入、家庭住房资产、住房负债额度等变量按照下 5% 与上 1% 进行了 Winsorize 处理。

表 6-1 描述性统计

变量	样本量	均值	标准差	最小值	最大值
家庭创业	14092	0.178	0.382	0	1
住房负债	14092	0.212	0.409	0	1
是否男性	14092	0.773	0.419	0	1
年龄	14092	49.23	10.15	17	65
文化程度大专以上	14086	0.221	0.415	0	1
是否党员或预备党员	13104	0.113	0.317	0	1
城镇户口	14044	0.470	0.499	0	1

续表

变量	样本量	均值	标准差	最小值	最大值
已婚或再婚	13247	0.905	0.293	0	1
身体状况好	14087	0.521	0.500	0	1
家庭总人口数	14092	3.423	1.421	1	20
家庭少儿占比	14092	0.140	0.167	0	1
家庭老年占比	14092	0.189	0.304	0	1
有成员在公有单位	14092	0.320	0.466	0	1
金融资产	14092	157800.9	301756.6	40	1873989
家庭总收入	13903	103927.6	121053.1	1230	766800.2
家庭住房资产	14073	1188743.3	1691817.0	1904	9640000
住房负债额度	14092	55968.3	195387.7	0	2330000
居住地是否在农村	14092	0.220	0.414	0	1
城市平均工资	14092	22623.8	17323.8	7548	122749
商品房住宅销售价格	14092	3704.3	3315.1	883	45497.55

二、基本模型设定

基于研究问题与数据的特点，本章首先采用双向固定效应模型估计住房负债对家庭创业行为的影响。由于研究住房负债对家庭创业行为的影响需要考虑到可能存在不可观测的家庭特征以及不随家庭变化但随时间变化的遗漏变量问题，如风险厌恶、创业偏好，创业环境等，而双向固定效应能有效处理这些问题，因此具体的模型设定如下：

$$bus_{it} = \beta_0 + \beta_1 hou_{it} + \gamma X_{it} + \lambda S_t + \mu_i + \varepsilon_{it} \qquad (6.16)$$

其中，bus_{it} 为家庭是否创业，1 表示是，0 表示否。hou_{it} 为家庭的住房负债情况，这部分我们选择两个变量作为家庭住房负债情况的代理变量：一个是家庭是否有住房负债的哑变量，1 表示是，0 表示否；另一个是家庭住房负债的额度。X_{it} 为控制变量，包含家庭经济状况、家庭人口特征状况等。S_t 是不可观测的不随家庭变化的时间趋势变量，u_i 是不可观测的不随时间变化的家庭异质性变量。考虑到同一个家庭不同时期的扰动项一般存在自相关，采用普通标准误的估计并不准确，因此，本章都是采用聚类稳健标准误进行估计。

如前文所述，考虑到本章关注的被解释变量是二元变量，一般情况下，采用 Probit 或 Logit 模型进行估计，但面板 Probit 模型并不适用于固定效应模型，虽然面板 Logit 模型能够适用于固定效应，但其存在一个较大的缺点，即会损失观测期内被解释变量取值一直不变的样本（陈强，2013）。然而，在大样本的情况下，线性概率模型与 Probit 模型与 Logit 模型基本上是一致估计的（李雪莲等，2015），所以本章主要使用固定效应的线性概率模型进行估计，并在其基础上进行内生性问题的处理，而且吴晓瑜等（2014）和布雷克等（Bracke et al.，2018）也采用了同样的方法处理类似的情况。

虽然采用面板的双向固定效应模型能有效克服遗漏变量问题，但模型中可能还存在互为因果的关系，引起内生性问题，导致估计结果有偏。比如，创业的家庭资金需求更高，更容易面临流动性约束，背负住房负债的可能性更大。因此，本章在基本模型（6.16）中引入两个工具变量，进一步降低模型中可能存在的内生性问题。本章借鉴布雷克等（Bracke et al.，2018）的方法，选择家庭购房年份所对应的城市房价水平及城市工资水平来作为住房负债状况的工具变量。一方面，购房年份对应的房价水平越高，城市工资水平越低，家庭当年的购房压力越大，反之，购房年份对应的房价水平越低，城市工资水平越高，家庭当年的购房支付能力越强。由此，我们认为这两个变量都与家庭的住房负债状况密切相关。另一方面，在有效样本中，家庭购房的平均年份为 2004 年，这意味着，这两个变量均为历史变量，与家庭当前是否进行创业并不相关。基于这两方面我们认为，从经济直觉上看，这两个工具变量作为家庭住房负债状况的工具变量是合理的。此外，我们也努力找寻了一些其他变量来作为家庭住房负债的工具变量，如家庭居住房屋的面积（因为家庭房屋面积越大，购房成本越高，家庭背负住房负债的可能性越高，其住房负债额度也越高）、家庭居住的房屋是否有独立厨房（有独立厨房的购房成本更高，家庭负债的可能性更大）等，但这些变量都不能很好地通过一系列内生性检验。由此，经过综合考虑，我们采用购房年份的城市房价与工资水平作为本章的工具变量进行内生性处理。

除此之外，基本模型中可能还存在样本选择问题，导致估计结果有偏。由于有住房负债的家庭与没有住房负债的家庭可能本身就存在差异，从而影响家庭创业行为。而倾向得分匹配能有效克服这类样本选择问题（李江一，

2018；刘子宁等，2019），由此，本章也采用了倾向得分匹配来克服模型中的样本选择问题，旨在证明本章研究结论的稳健性。接下来，我们利用严谨的实证分析来探讨住房负债对家庭创业活动的影响。

三、基本回归结果

表6-2汇报了住房负债对家庭创业行为的影响，其中，第（1）列~第（2）列是利用双向固定效应的线性概率模型的估计结果。可以看出，控制了其他影响家庭创业活动的因素之后，是否有住房负债哑变量的回归系数均显著为负，而住房负债额度的回归系数也在5%统计水平下显著为负。这表明，家庭从没有住房负债到有住房负债的变动导致创业活动的概率降低，而且家庭所欠的住房负债越多，生活压力越大，家庭面临的流动性约束更强，家庭的厌恶风险程度也会更深，从而进一步降低家庭参与创业活动的概率（Bracke et al.，2018）。此外，家庭为了偿还住房负债会增加储蓄（李雪松和黄彦彦，2015），减少消费与投资活动。

表6-2　　　　　　　　　　住房负债对家庭创业的影响

变量	固定效应	
	（1）	（2）
住房负债	- 0. 025 ** （ - 2. 417）	
住房负债额度		- 0. 002 ** （ - 2. 113）
家庭总人口数	0. 010 *** （3. 050）	0. 010 *** （3. 028）
家庭老年占比	- 0. 038 ** （ - 2. 400）	- 0. 038 ** （ - 2. 392）
有成员在公有单位	- 0. 022 ** （ - 2. 156）	- 0. 022 ** （ - 2. 148）
金融资产的对数	0. 002 （0. 802）	0. 002 （0. 823）

续表

变量	固定效应	
	（1）	（2）
家庭总收入对数的平方	0.010 *** （5.288）	0.010 *** （5.302）
家庭总收入对数	−0.168 *** （−4.458）	−0.168 *** （−4.473）
住房资产的对数	0.010 *** （2.758）	0.010 *** （2.742）
year == 2017	−0.024 *** （−5.122）	−0.024 *** （−5.080）
常数	0.661 *** （3.308）	0.663 *** （3.318）
样本量	13884	13884
R^2	0.030	0.030

注：本表采用聚类稳健标准误。此外，＊表示 $p < 0.1$，＊＊表示 $p < 0.05$，＊＊＊表示 $p < 0.01$。

在家庭特征变量中，家庭规模显著提高家庭创业活动的概率，这一结论与已有文献相同（尹志超等，2015；周洋和刘雪瑾，2017）。这是因为，家庭规模越大，家庭成员之间可以共同承担家庭风险，家庭的资金筹集渠道越多，参与家庭创业的资源也较多，从而有助于家庭创业。家庭的老年人数量对家庭创业选择有显著的负向影响，目前中国正处于老龄化阶段，家庭中的老年人占比越来越高，家庭整体风险规避意识不断趋强，家庭养老负担也会逐步加重，从而不利于整个社会创业活力的提高。此外，相较于在非公有单位工作的家庭，在公有单位工作的家庭参与创业活动的概率更低。家庭收入与创业活动呈现非线性 U 形关系，即家庭收入处于较低水平时，家庭参与创业活动的概率随着家庭收入的增加而降低，一旦家庭收入达到某一水平，其参与创业活动的概率随着家庭收入的增加而提高。这可能是因为当家庭收入处于较低水平时，家庭更有可能被迫选择创业活动，但随着收入的提高，家庭选择创业需要承担更大的风险与机会成本，因此，其参与创业活动的概率随之降低，直到收入达到某一水平，家庭有足够的财力与精力主动选择创业活动。除此之外，我们也证实拥有住房确实能显著提高家庭创业的可能性，其住房资产越多，家庭参与创业活动的概率就越高。

四、内生性处理

如前文所述，双向固定效应模型中可能还存在由于逆向因果导致的内生性问题，即住房负债哑变量与住房负债额度可能均是内生性变量，因此接下来，我们在双向固定效应模型中引入内生解释变量的两个工具变量，即家庭购房年份的城市房价和城市平均工资，来缓解模型中的内生性问题，从而减少估计结果的偏误。表6-3汇报了相应的回归结果。

表6-3　　　　住房负债对家庭创业的影响（FE+IV）

	（1）	（2）
住房负债	-0.196 * （-1.761）	
住房负债的对数		-0.014 * （-1.794）
家庭总人口数	0.012 *** （3.283）	0.012 *** （3.256）
家庭老年占比	-0.042 *** （-2.577）	-0.041 ** （-2.543）
有成员在公有单位工作	-0.024 ** （-2.329）	-0.024 ** （-2.279）
金融资产的对数	-0.001 （-0.388）	-0.001 （-0.210）
家庭总收入对数的平方	0.011 *** （5.387）	0.011 *** （5.444）
家庭总收入对数	-0.181 *** （-4.590）	-0.184 *** （-4.655）
住房资产的对数	0.018 *** （2.917）	0.017 *** （2.999）

续表

	(1)	(2)
year = 2017	-0.022*** (-4.433)	-0.020*** (-4.061)
样本量	13684	13684
不可识别检验：		
Kleibergen - Paap rk LM 统计量	43.205	61.403
Chi - sq (2) P - val	0.0000	0.0000
弱工具变量检验：		
Cragg - Donald Wald F 统计量	31.344	46.066
Kleibergen - Paap rk Wald F 统计量	22.090	31.662
Hansen J 统计量	0.620 (0.431)	0.557 (0.455)

注：本表采用聚类稳健标准误。此外，*表示 $p < 0.1$，**表示 $p < 0.05$，***表示 $p < 0.01$。

该模型的估计结果可以概括为以下三个方面：

第一，这两个工具变量通过了各方面的检验，具有合理性。一是不可识别检验，Kleibergen - Paap rk LM 统计量的 P 值均为 0.000，故强烈拒绝了不可识别的原假设。二是弱工具变量检验，一阶段 F 统计值分别为 22.090、31.662，根据弱识别检验的 10% 临界值为 19.93，故拒绝了原假设，这意味着，工具变量与内生性变量具有较强的相关性。三是过度识别检验，Hansen J 统计量的 P 值分别为 0.431、0.455，表明所有工具变量均满足外生的条件。

第二，住房负债哑变量与住房负债额度对家庭创业活动的影响均在 10% 的统计水平下显著为负，从表 6 - 3 的第（1）列和第（2）列可以看出，与基本模型相比，引入工具变量之后，家庭是否有住房负债与住房负债额度对家庭创业活动的负向作用更大，也就是说，由于内生性的存在低估了住房负债对家庭创业活动的负向作用。

第三，大部分控制变量系数的符号方向与上述基本结果相符。具体而言，家庭规模、住房资产均显著促进家庭创业活动，家庭总收入与家庭创业活动呈现 U 形关系，且家庭老年占比、家庭成员在公有单位工作等仍旧对家庭创业有显著的负向影响。此外，家庭金融资产对家庭创业活动不再具有显著性影响。

五、样本选择问题的处理

考虑到直接研究住房负债对家庭创业行为的影响可能存在样本选择问题，因为有住房负债与无住房负债的家庭可能本身就存在差异。而倾向得分匹配能有效处理这类样本选择问题（李江一，2018；刘子宁等，2019），借鉴刘子宁等（2019）的方法，我们利用面板数据的第一年数据即2015年的数据来计算倾向得分并进行匹配，构建平衡面板并采用固定效应模型估计住房负债对家庭创业行为的影响。具体步骤如下：

首先，我们将有住房负债的家庭定义为处理组，没有住房负债的家庭定义为控制组，同时将影响家庭是否有住房负债和创业行为的因素作为协变量，包含了下列因素：户主特征：性别（1－男性，0－女性）、年龄、教育程度（1－大专及以上，0－大专以下）、户口（1－城镇户口，0－其他）、婚姻状况（1－已婚，0－未婚）、身体状况（1－身体状况好，0－身体状况差）；家庭特征：家庭人口数、家庭少儿占比、家庭老年人数占比、家庭成员是否有人在公有单位工作（1－是，0－否）、家庭流动性资产（家庭金融资产对数）、家庭收入、家庭是否持有多套房（1－有多套房，0－没有多套房）、偏好风险（1－偏好风险，0－厌恶风险或风险中立）、厌恶风险（1－厌恶风险，0－偏好风险或风险中立）、金融知识（1－有金融知识，0－没有金融知识）等。同时，也控制了家庭居住地是否在农村（1－农村，0－城镇）、居住城市的房价和城市的虚拟变量。协变量确定好之后，利用Probit模型来估计倾向得分，即家庭有住房负债的概率。表6－4是协变量的描述性统计和回归结果。

表6－4　　2015年描述性统计及家庭是否有住房负债的Probit回归结果

变量	均值	标准差	最小值	最大值	回归系数	标准差
是否男性	0.746	0.435	0	1	－0.019 *	(0.011)
年龄	48.22	10.17	17	65	－0.006 ***	(0.001)
文化程度大专以上	0.220	0.414	0	1	0.070 ***	(0.013)

续表

变量	均值	标准差	最小值	最大值	回归系数	标准差
城镇户口	0.489	0.500	0	1	−0.012	(0.011)
已婚或再婚	0.912	0.283	0	1	0.036 *	(0.018)
身体状况好	0.496	0.500	0	1	−0.026 ***	(0.009)
家庭总人口数	3.582	1.517	1	20	0.004	(0.004)
家庭少儿占比	0.140	0.164	0	0.667	0.041	(0.033)
家庭老年占比	0.176	0.282	0	1	−0.041 *	(0.021)
居住地是否在农村	0.218	0.413	0	1	−0.035 **	(0.014)
有成员在公有单位工作	0.320	0.467	0	1	0.041 ***	(0.011)
金融知识	0.727	0.446	0	1	0.020 *	(0.012)
偏好风险	0.109	0.312	0	1	0.017	(0.015)
风险厌恶	0.616	0.486	0	1	−0.002	(0.011)
是否有多套房	0.252	0.434	0	1	0.122 ***	(0.010)
金融资产的对数	10.21	2.202	3.714	14.365	−0.027 ***	(0.003)
总收入对数	10.85	1.235	7.115582	13.472	−0.138 ***	(0.042)
总收入对数的平方	119.2	25.57	50.63151	181.499	0.008 ***	(0.002)
城市房价的对数	9.120	0.503	7.718	10.432	0.238	(0.308)
控制城市虚拟变量					是	
样本量	7046					

注：倾向得分匹配默认使用 Probit 模型来估计倾向得分，回归结果使用 2015 年的数据，所以样本量只有 7046 个。此外，* 表示 $p < 0.1$，** 表示 $p < 0.05$，*** 表示 $p < 0.01$。

其次，我们以倾向得分为依据，并采用 k 近邻匹配，即每个处理组个体寻找 k 个控制组的最近个体进行匹配，由于阿巴迪等（Abadie et al.，2004）认为，k = 4 是一种较为有效的估计，所以我们以 k = 4 为主要的分析结果，但考虑到结果的稳健性，我们也分别采用了其他不同的匹配方法进行稳健性检验，比如卡尺内最近邻匹配、半径匹配、核匹配。表 6 - 5 汇报了不同匹配的结果，可以发现，即使匹配的方法不同，住房负债将显著降低家庭参与创业行为的结论都是稳健的。

表 6 - 5　　　　　　　　　　　　不同匹配方式的结果

匹配参数	匹配参数	共同样本	创业变化		平均效应	S. E.	T - stat
			处理组	控制组			
k 近邻匹配	k = 4	6908	0.199	0.247	-0.048	0.015	-3.26
卡尺内近邻匹配	k = 4，r = 0.001	6551	0.197	0.240	-0.044	0.015	-2.95
半径匹配	r = 0.001	6551	0.197	0.238	-0.042	0.014	-3.02
核匹配	默认核函数与宽带	6908	0.199	0.237	-0.038	0.013	-2.94
平均		6730	0.198	0.241	-0.043	0.014	-3.04

注：k 是匹配结果的领域个数；r 是半径匹配的半径大小；表中平均效应对应的 T 值均大于 1.96，所以均具有显著性。此外，以上匹配方式都能通过平衡性检验。

配对成功之后需要进行平衡性检验，即匹配后检验处理组与控制组之间是否存在明显差异。表 6 - 6 汇报了相应的平衡性检验结果。可以发现，匹配之后的标准差绝对值都低于 20%，这意味着匹配效果较好（Rosenbaum and Rubin，1983）。表 6 - 6 的联合检验 P 值也大于 0，说明控制组和处理组之间不存在显著的差异，其协变量分布具有一致性。

表 6 - 6　　　　　　　　　　　　平衡性检验结果

变量	匹配状况	均值		标准偏差	标准偏差减少幅度（%）	T 检验	T 检验 P 值
		处理组	控制组				
是否男性	U	0.716	0.755	-8.600		-2.970	0.003
	M	0.716	0.707	2.200	74.700	0.570	0.567
年龄	U	43.734	49.444	-56.900		-19.530	0.000
	M	43.746	43.560	1.800	96.800	0.480	0.628
文化程度大专以上	U	0.368	0.181	42.900		15.600	0.000
	M	0.368	0.368	0.000	99.900	0.010	0.992
城镇户口	U	0.530	0.481	9.800		3.340	0.001
	M	0.530	0.524	1.300	87.000	0.340	0.731
已婚或再婚	U	0.919	0.909	3.600		1.200	0.232
	M	0.919	0.917	0.900	74.200	0.250	0.800

续表

变量	匹配状况	均值		标准偏差	标准偏差减少幅度（%）	T检验	T检验P值
		处理组	控制组				
身体状况好	U	0.514	0.491	4.700		1.580	0.113
	M	0.514	0.518	−0.800	83.000	−0.210	0.831
家庭总人口数	U	3.656	3.554	6.800		2.270	0.023
	M	3.656	3.717	−4.100	39.400	−1.140	0.253
家庭少儿占比	U	0.175	0.130	27.100		9.370	0.000
	M	0.174	0.171	2.000	92.400	0.540	0.587
家庭老年占比	U	0.116	0.193	−29.700		−9.290	0.000
	M	0.116	0.116	0.000	99.900	−0.010	0.989
居住地是否在农村	U	0.162	0.231	−17.400		−5.680	0.000
	M	0.162	0.168	−1.500	91.200	−0.440	0.662
有成员在公有单位工作	U	0.412	0.297	24.300		8.440	0.000
	M	0.413	0.410	0.400	98.200	0.110	0.910
金融知识	U	0.796	0.709	20.400		6.690	0.000
	M	0.796	0.791	1.300	93.700	0.370	0.714
偏好风险	U	0.148	0.098	15.100		5.420	0.000
	M	0.147	0.132	4.600	69.500	1.180	0.239
厌恶风险	U	0.542	0.636	−19.100		−6.540	0.000
	M	0.543	0.547	−0.800	95.800	−0.210	0.830
是否有多套房	U	0.398	0.209	41.900		15.020	0.000
	M	0.397	0.407	−2.100	95.000	−0.520	0.603
金融资产的对数	U	10.316	10.177	6.400		2.150	0.032
	M	10.316	10.348	−1.500	76.900	−0.390	0.696
总收入的对数	U	11.153	10.767	31.500		10.680	0.000
	M	11.153	11.162	−0.700	97.800	−0.190	0.851
总收入的对数平方	U	125.900	117.430	33.100		11.310	0.000
	M	125.900	126.040	−0.500	98.400	−0.140	0.886

续表

变量	匹配状况	均值		标准偏差	标准偏差减少幅度（%）	T 检验	T 检验P 值
		处理组	控制组				
城市房价	U	9.085	9.137	－10.300		－3.510	0.000
	M	9.086	9.074	2.400	76.700	0.640	0.524

样本	Pseudo R2	LR chi2	p > chi2
未匹配	0.125	894.610	0.000
匹配	0.007	27.920	1.000

注：在倾向匹配平衡性检验中，我们也包含了城市虚拟变量，但考虑到城市虚拟变量过多，表格中并未汇报相应的结果。

最后，为了提高匹配效果，我们剔除了处理组和控制组中倾向匹配得分接近尾部的样本，最终保留了 6908 户家庭，此时考察住房负债对家庭创业决策的影响受样本选择问题的干扰较小。表 6-7 汇报了匹配之后的双向固定效应模型的估计结果。第（1）列和第（2）列的回归结果显示，在控制了其他变量之后，有住房负债的家庭参与创业的可能性更低，且住房负债额度越高，家庭的创业概率越低。但考虑到模型中可能依旧存在由于逆向因果导致的内生性问题，即创业家庭的资金需求越高，其背负住房负债的可能性越大，所以第（3）列和第（4）列汇报了引入工具变量之后的估计结果，工具变量依旧是购房年份所对应的城市房价水平与城市工资水平。同样，这两个工具变量通过了一系列内生性检验，具体为：Kleibergen - Paap rk LM 统计量的 P 值均为 0.000，均显著拒绝了不可识别的原假设；Hansen J 统计量的 P 值分别为 0.543、0.574，即所有工具变量均满足外生的条件；Kleibergen - Paap rk Wald F 统计值分别为 22.266、31.671，均大于 10% 偏误水平的临界值 19.93（Stock and Yogo，2005），即这两个工具变量能较强地解释内生变量。从回归结果来看，家庭是否有住房负债以及住房负债额度均对家庭创业活动有显著的负向影响，这意味着，本章研究结论具有稳健性。

表 6 - 7   克服样本选择问题后的估计结果

	FE		FE + IV	
	（1）	（2）	（3）	（4）
住房负债	- 0.023 ** （ - 2.185）		- 0.198 * （ - 1.792）	
住房负债额度的对数		- 0.002 * （ - 1.880）		- 0.014 * （ - 1.822）
家庭总人口数	0.010 *** （3.148）	0.010 *** （3.128）	0.013 *** （3.378）	0.012 *** （3.352）
家庭老年占比	- 0.037 ** （ - 2.393）	- 0.037 ** （ - 2.385）	- 0.042 ** （ - 2.572）	- 0.040 ** （ - 2.534）
有成员在公有单位工作	- 0.023 ** （ - 2.224）	- 0.023 ** （ - 2.216）	- 0.025 ** （ - 2.385）	- 0.024 ** （ - 2.335）
金融资产的对数	0.002 （0.909）	0.002 （0.929）	- 0.001 （ - 0.318）	- 0.000 （ - 0.143）
家庭总收入对数的平方	0.010 *** （5.205）	0.010 *** （5.219）	0.010 *** （5.316）	0.011 *** （5.379）
家庭总收入对数	- 0.166 *** （ - 4.416）	- 0.167 *** （ - 4.429）	- 0.179 *** （ - 4.550）	- 0.183 *** （ - 4.623）
住房资产的对数	0.011 *** （2.896）	0.010 *** （2.877）	0.018 *** （3.051）	0.017 *** （3.134）
year = 2017	- 0.023 *** （ - 5.028）	- 0.023 *** （ - 4.991）	- 0.021 *** （ - 4.339）	- 0.020 *** （ - 3.962）
常数	0.650 *** （3.244）	0.652 *** （3.255）		
样本量	13612	13612	13416	13416
不可识别检验：				
Kleibergen - Paap rk LM 统计量			43.502 （0.000）	61.354 （0.000）

续表

	FE		FE + IV	
	（1）	（2）	（3）	（4）
弱工具变量检验:				
Cragg – Donald Wald F 统计量			31. 585	46. 071
Kleibergen – Paap rk Wald F 统计量			22. 266	31. 671
Hansen J 统计量			0. 370 （0. 543）	0. 316 （0. 574）

注：本表采用聚类稳健标准误。此外，＊表示 p＜0.1，＊＊表示 p＜0.05，＊＊＊表示 p＜0.01。

六、替换解释变量

为了保证前文回归结果的稳健性，本章做了以下稳健性检验：第一，将住房负债额度替换为住房负债占家庭总负债的比例进行分析；第二，将衡量住房负债的代理变量替换为住房负债与家庭收入的比值进行分析；第三，将衡量住房负债的代理变量替换为住房负债与家庭资产的比值进行分析。表 6－8 汇报了相应的稳健性检验结果。这些检验旨在揭示住房负债给家庭带来的负担程度对创业行为的影响。表 6－8 中，第（1）列是引入住房负债占家庭总负债的比例及其平方项的回归结果，可以发现，住房负债占家庭总负债的比例对家庭创业呈现非线性的影响，即为倒 U 形，这意味着，当住房负债占家庭总负债的比例处于较低的水平时，适当增加住房负债比例会缓解家庭流动性约束，显著提高家庭参与创业活动的概率，一旦当住房负债占家庭总负债的比例达到某一确定值时，再增加住房负债比例，家庭会背负过高的负债，使家庭参与创业活动的概率不升反降。第（2）列是解释变量替换为住房负债与家庭收入的比值的回归结果，可以发现，住房负债与家庭收入的比值系数在 5% 的统计水平上显著为负，这意味着，住房负债相对于家庭收入的比重越高，家庭参与创业活动的概率越低。第（3）列是解释变量替换为住房负债占家庭资产的比值的回归结果，可以发现，住房负债与家庭资产的比值系数在 5% 的统计水平上显著为负，类似地，住房负债相对于家庭资产的比重越高，家庭参与创业活动的概率越低。

表6-8 住房负债负担对家庭创业的影响

变量	(1)	(2)	(3)
住房负债占家庭总负债比率的平方	-0.701** (-2.073)		
住房负债占家庭总负债比率	0.585* (1.746)		
住房负债与家庭收入的比率		-0.042** (-2.252)	
住房负债与家庭资产的比率			-0.052** (-2.292)
家庭总人口数	0.009 (0.691)	0.009 (1.132)	0.009 (1.133)
家庭老年占比	-0.061 (-0.719)	-0.022 (-0.473)	-0.022 (-0.481)
有成员在公有单位工作	-0.036 (-0.878)	-0.024 (-0.897)	-0.024 (-0.901)
金融资产的对数	0.015* (1.937)	0.015** (2.301)	0.015** (2.257)
家庭总收入对数的平方	0.006 (1.122)	0.008* (1.836)	0.007* (1.729)
家庭总收入对数	-0.099 (-0.912)	-0.136 (-1.571)	-0.124 (-1.418)
住房资产的对数	0.016 (1.192)	0.010 (1.026)	0.008 (0.845)
year = 2017	-0.027* (-1.820)	-0.023* (-1.718)	-0.023* (-1.710)
常数	0.268 (0.436)	0.463 (0.977)	0.402 (0.846)
样本量	1997	2413	2413
R^2	0.039	0.031	0.031

注：在双向固定效应模型中，由于同一个家庭不同时期的扰动项一般存在自相关，采用普通标准误的估计并不准确，因此，都是采用聚类稳健标准误。* 表示 $p<0.1$，** 表示 $p<0.05$，*** 表示 $p<0.01$。

七、一套房与多套房

考虑到住房具有消费与投资的双重属性，因此，住房与创业活动存在替代性（吴晓瑜等，2014），而住房的消费属性与投资属性可以通过分离住房数量来实现（Betermier，2010）。因此，我们将 2015 年有住房负债的家庭根据住房数量划分为持有多套房的家庭与持有一套房的家庭，对比分析住房负债对这两类家庭的创业行为的影响。一般而言，住房需求可以划分为刚性需求、改善性需求、投资投机性需求，毫无疑问，拥有一套房的家庭是刚性需求，而拥有多套房的家庭主要由改善性需求与投资投机性需求构成。中国家庭金融调查数据显示，中国家庭仅有一套房的比例持续下降，而持有多套房的比例持续上升，比如，2008～2017 年的新购房中，首套房占比从 70.3%下降至 45.8%，第二套房占比从 26.5%稳步上升至 39.2%，而第三套房及以上比例从 3.2%快速增长到 15%①。在多套房拥有率持续上升的背景下，持有一套房的家庭与持有多套房的家庭在购房融资渠道、购房负债带来的生活压力以及投资决策上都存在一定的差异，因此，讨论住房负债对这两类家庭的创业活动的影响，可以更深入地剖析不同类型家庭的创业决策的背后驱动因素。

首先，我们从两类家庭的创业与负债特征的角度进行分析。表 6－9 汇报了两类家庭的创业与负债情况。在 2015 年有住房负债的有效样本中，持有一套房的家庭占 64.96%。此外，我们也发现，有民间借贷的群体中，持有一套房的家庭占 71.21%，这表明，相较于持有多套房的家庭，持有一套房的家庭的资产更为有限，在购房时更容易面临首付约束与信贷约束，他们往往会通过民间借贷来缓解购房的首付约束或流动性约束，因此，若持有一套房的家庭进行创业决策，他们一方面会受到流动性约束，另一方面会受到偿还住房负债的压力，导致其创业的参与率处于较低水平，为 16.69%，比持有多套房的家庭低 4.47 个百分点。

---

① 数据源自西南财经大学中国家庭金融调查与研究中心发布的《2018 年一季度城镇家庭资产指数报告》。

表 6 – 9　　　　　　　　　一套房与多套房家庭的基本情况　　　　　　单位：%

	创业	负债购房占比	民间借贷占比	创业变化
一套房	16.69	64.96	71.21	-0.93
多套房	21.16	35.04	28.79	0

注：创业情况是指两类家庭各自创业的参与率。负债购房占比是指 2015 年负债购房的两类家庭构成。民间借贷占比是指 2015 年民间借贷的两类家庭构成，需要注意的是，因为本章已经剔除了 2015 年与 2017 年有购房与售房的家庭，因此，2015 年与 2017 年家庭是否持有多套房的情况应该是一致的。创业变化是指 2015 年有住房负债，而在 2017 年依旧没有还清住房负债的家庭分别所对应的 2015 年与 2017 年创业概率的差值。

　　然而，再来看 2015 年有负债且进行创业的家庭组成，我们发现，其中持有一套房的家庭占 59.38%，多套房家庭占 40.62%。这表明，虽然多套房的家庭的创业条件与意愿都高于一套房的家庭，但创业的主力军并不是他们，而是一套房的家庭。对于多套房的家庭而言，他们在进行资产配置时，更加关注资产的回报率，而自住房改革以来，房价持续快速上涨，其回报率远远高于企业（吴晓瑜等，2014），因此，他们更加倾向于投资住房，进行多套房投资，换言之，在住房投资回报率高于创业时，是否持有住房负债对多套房家庭的创业行为的影响并不会显得那么重要，这也侧面反映了房地产市场的快速发展与高额回报，吸引大量资本涌入房地产市场，削弱了国民创业的活力，甚至扭曲了企业家的行为，导致其减少了对企业的管理与创新的投入（王敏和黄滢，2013）。相反，对于一套房的家庭而言，他们的资产水平有限，有住房负债加剧了其创业的流动性约束，限制了其创业的热情，因此，住房负债对一套房的家庭的创业活动更具有影响力。

　　为了印证我们的推测，我们考察了 2015 年与 2017 年均有住房负债的家庭的创业活动变化情况，结果发现，多套房家庭的创业活动并没有发生变化，而一套房家庭的创业活动却下降了 0.93%。这表明，住房负债对多套房家庭的创业活动并没有太大影响，而能对一套房家庭的创业活动产生挤占作用。接下来，我们利用严谨的实证来分析住房负债对一套房与多套房家庭的创业活动的影响。

　　表 6 – 10 汇报了一套房与多套房家庭的面板双向固定效应的回归结果，其中，第（1）列是一套房家庭的回归结果，第（2）列是多套房家庭的回归结果。回归结果显示，在一套房的家庭样本中，住房负债的系数显著为

负，且住房资产的系数为负但并不显著。在多套房的家庭样本中，住房负债的系数虽然为负，但并不具有显著性，而住房资产的系数显著为正。这意味着，对于仅有一套房的家庭而言，相较于没有住房负债的家庭，有住房负债的家庭参与创业活动的概率更低，即住房负债显著挤占了一套房家庭的创业活动。然而，在控制了住房负债情况之后，住房资产对一套房家庭的创业活动并没有体现"财富效应"或"抵押效应"。对持有多套房的家庭而言，是否有住房负债对其创业决策并没有显著影响，而控制住房负债情况后，住房资产对其创业活动具有显著的正向"财富效应"或"抵押效应"。

表 6-10　　　　　　　　一套房与多套房家庭的回归结果

变量	一套房 （1）	多套房 （2）
住房负债	-0.044 * （-1.888）	-0.053 （-1.445）
家庭总人口数	0.003 （0.332）	0.022 （1.471）
家庭老年占比	0.017 （0.366）	-0.056 （-0.587）
有成员在公有单位工作	-0.024 （-0.731）	-0.030 （-0.615）
金融资产的对数	0.021 *** （3.129）	0.003 （0.230）
家庭总收入对数的平方	0.005 （1.015）	0.002 （0.196）
家庭总收入对数	-0.095 （-0.967）	0.035 （0.192）
住房资产的对数	-0.003 （-0.276）	0.049 * （1.845）
year = 2017	-0.029 * （-1.658）	-0.012 （-0.492）

变量	一套房 （1）	多套房 （2）
常数	0.471 （0.929）	-1.150 （-1.038）
样本量	1561	852
R^2	0.023	0.084

注：在双向固定效应模型中，由于同一个家庭不同时期的扰动项一般存在自相关，采用普通标准误的估计并不准确，因此，本章都是采用聚类稳健标准误。* 表示 $p < 0.1$，** 表示 $p < 0.05$，*** 表示 $p < 0.01$。

上述实证结果验证了住房负债对家庭创业的影响，发现家庭利用适当的住房杠杆能促进家庭创业活动，而过度的住房杠杆反倒适得其反。然而，目前我国家庭住房负债过高，并没有起到缓解家庭流动性约束的作用，反而增加了家庭生活压力，挤占了家庭创业活动，尤其是抑制了持有一套房的家庭的创业行为。值得注意的是，住房负债对家庭创业的影响即使在控制了住房资产之后仍然显著。这表明，住房不仅仅给家庭创业带来了"财富效应"与"抵押效应"，也存在"债务效应"，而且一旦家庭持有的住房有未还清的债务，其住房对家庭创业活动就不再具有正向的"财富效应"或"抵押效应"。

第五节　进一步：还清住房负债

上一节已经证实住房负债会抑制家庭创业行为，那还清住房负债是否能释放创业活力？若结论成立，即从反面印证了住房负债对家庭创业活动的负面作用。本节具体的研究内容如下：第一，还清住房负债对家庭创业活动的影响及其影响机制。第二，还清住房负债对"一套房"与"多套房"家庭创业活动影响的异质性分析。

研究还清住房负债对家庭创业活动带来的影响，需要克服以下两个问题：第一，一些非观测的家庭特征变量可能同时影响家庭创业决策和购房决策，如对经济环境变化的敏感程度、房价预期、风险态度等，这些遗漏变量可能导致估计结果有偏。因此，本章利用双重差分模型（DID）来有效缓解这类问题。第二，可能在 2017 年还清住房负债的家庭与未还清住房负债的家庭本身就存在差异，如经济条件、财富积累的速度等，也可能导致估计结果有偏，这些问题的存在可能导致很难识别还清住房负债的真实效应。针对这类问题，倾向得分匹配估计方法能更有效地降低样本选择的偏误，尤其与其他拟实验方法相结合时效果会更好（Dehejia，2005）。

综上所述，本节采用具有详细家庭和社区信息的追踪调查面板数据，并运用倾向得分匹配倍差法（PSM－DID）来估计还清住房负债对家庭创业行为的净效应，这种估计方法除了可以消除由于遗漏变量和选择性结果导致的内生性问题之外，还能满足双重差分的共同趋势假说。具体而言，双重差分需要实验组与控制组满足时间趋势具有一致性，学者们经常利用历史数据来佐证 DID 的适用性（韩立彬和陆铭，2018）。但由于数据的局限性，本节无法用历史数据来说明实验组与控制组家庭的创业活动存在相同的时间变化趋势。基于本章的数据，我们主要看 2015 年有住房负债的家庭是否在 2017 年还清住房负债，其中对应控制组为：2015 年和 2017 年均有住房负债，处理组为：2015 年有住房负债但 2017 年已经还清①，根据共同趋势假说，2017 年之前这两组群体的创业活动满足共同趋势即可。考虑到我们已经剔除了 2015～2017 年有买房或卖房活动的家庭样本，再加上住房负债是一种相对长期的债务，所以在 2017 年的前两三年，这两组群体基本都是持有住房负债的状态，再加上本节在利用 DID 方法之前进行倾向性匹配使控制组与实验组家庭的各方面特征尽可能近似，即从这两个角度来看，本节基本保证了不同分组家庭行为决策的时间趋势一致性假说。此外，为了结果的稳健性，本节后期也利用"安慰剂"检验（placebo test）来进一步验证 DID 模型的合理性。因此，本节的实证方法主要运用 PSM－DID 模型，根据前文梳理的该模型的基本原理，再结合自身的研究内容，建立适合本研究问题的 PSM－DID 模型。

一、基本回归分析

接下来，我们将处理组与控制组进行匹配，并对比观察其创业活动的变化差异来识别还清住房负债的真实效应。具体步骤如下：

---

① 本部分在剔除购房或出售住房的家庭样本的基础上，将 2015 年有住房负债而 2017 年没有住房负债的家庭定义为处理组；反之，将 2015 年有住房负债且 2017 年依旧有住房负债的家庭定义为控制组。其中处理组有 557 个家庭，控制组有 670 个家庭。

（一）倾向得分计算

家庭负债不仅受到户主年龄、健康状况、教育程度的影响，还受到家庭收入、人口规模的影响（陈斌开和李涛，2011）。本节控制的匹配变量包含了可能影响家庭创业和是否有住房负债的家庭特征及地区特征，其中，家庭特征包括户主的性别、年龄、年龄平方、户口、健康状况、家庭少儿占比、家庭老人占比、家庭收入的对数、家庭收入对数的平方、家庭金融资产的对数、家庭住房资产；地区特征包括城乡虚拟变量、城市虚拟变量。此外，可能影响家庭是否有住房负债的变量还包括是否有公积金、住房价格、是否有其他非住房负债等。我们利用 Probit 模型估计倾向分值函数，计量模型如下：

$$\text{Probit}(\text{hou}_{it} = 1 \mid X_{it-1}) = \alpha_0 + \alpha_1 X_{it-1} + \alpha_2 y_{17} + \alpha_3 \text{city} + \varepsilon_{it} \quad (6.17)$$

其中，i，t 分别代表家庭和年份，hou_{it} 是家庭住房负债状况（1 表示没有住房负债，0 表示有住房负债），X_{it-1} 为可能影响住房负债状况的协变量，由于这些协变量必须在参与实验之前就是确定的，且这些变量都不能受到实验参与的影响，所以 X_{it-1} 均为 2015 年数据。

表6-11 汇报了协变量的描述性统计与协变量对家庭是否还清住房负债的影响，回归结果发现，户主的年龄越大，家庭还清住房负债的概率越高，随着年龄的增长，家庭资产不断积累，家庭负债自然不断降低（陈斌开和李涛，2011）。而具有一定金融知识的家庭更容易还清住房负债，可能是因为具有金融知识的家庭优化自身资产的能力更强，自身财富的积累速度更快，所以更易于还清住房负债。此外，家庭非住房杠杆率越高，家庭负担越重，还清住房负债的概率越低。而相比城镇，农村居民更容易在短期内还清住房负债。

表6-11 协变量及其对还清住房负债的影响

变量	均值	标准差	最小值	最大值	回归系数	标准差
性别	0.721	0.449	0	1	-0.042	(0.091)
年龄	43.96	10.26	19	64	0.020 ***	(0.005)
教育水平	0.341	0.474	0	1	-0.028	(0.115)
是否为党员	0.124	0.330	0	1	-0.239 *	(0.131)
是否城镇户口	0.504	0.500	0	1	-0.073	(0.100)

续表

变量	均值	标准差	最小值	最大值	回归系数	标准差
婚姻状况	0.804	0.397	0	1	0.079	(0.105)
身体是否健康	0.496	0.500	0	1	0.035	(0.082)
家庭规模	3.639	1.422	1	11	−0.006	(0.034)
小孩人数占比	0.173	0.171	0	0.667	−0.067	(0.266)
老年人数占比	0.115	0.217	0	1	0.394*	(0.219)
是否在公有单位	0.397	0.489	0	1	0.007	(0.106)
家庭房屋数量	1.400	0.597	1	5	0.005	(0.075)
家庭资产排除住房	11.52	1.568	7.385	15.333	−0.029	(0.032)
家庭总收入对数平方	123.8	26.03	50.632	181.499	−0.039**	(0.019)
家庭总收入的对数	11.06	1.237	7.116	13.472	0.701*	(0.385)
金融知识——利息	0.385	0.487	0	1	0.046	(0.088)
金融知识——通胀	0.230	0.421	0	1	−0.093	(0.101)
金融知识——投资	0.676	0.468	0	1	0.174*	(0.097)
风险厌恶	0.249	0.432	0	1	0.011	(0.096)
是否拥有公积金	0.460	0.499	0	1	−0.086	(0.113)
房价增长率	0.029	0.0561	−0.0467	0.778	−0.017	(0.424)
家庭负债资产比例	0.218	0.252	0	3.251	−0.482***	(0.162)
居住地是否在农村	0.177	0.382	0	1	0.464***	(0.130)
常数					−2.829	(2.160)
控制城市虚拟变量					是	
样本量			1160		Pseudo R2	0.108

注：＊表示 p<0.1，＊＊表示 p<0.05，＊＊＊表示 p<0.01。

（二）倾向匹配质量的统计检验

配对成功之后，需要检验这些协变量与倾向得分匹配在控制组和处理组之间是否存在显著的差异，即配对的有效性检验。表6-12汇报了匹配的平衡性检验结果。可以看出，匹配之后所有协变量在匹配前后的偏差程度大部分都降低了80%以上，匹配后的样本中所有协变量的P值都大于0，意味着控制组和处理组之间不存在显著的差异，其协变量分布具有一致性。与此同时，匹配后所有协变量的标准偏差的绝对值都在9%以下，根据罗森鲍姆和鲁宾（Rosenbaum and Rubin, 1983）的经验，倾向得分匹配后的标准偏差绝对值低于20%，就认为匹配效果较好。由此，本节的匹配效果比较理想。

表6-12 倾向匹配平衡性检验

变量	匹配状况	均值		标准偏差	标准偏差减少幅度（%）	T检验	T检验P值
		处理组	控制组				
性别	U	0.723	0.717	1.400		0.230	0.816
	M	0.726	0.719	1.400	-0.100	0.220	0.825
年龄	U	46.823	41.742	51.100		8.680	0.000
	M	46.593	46.454	1.400	97.300	0.230	0.819
教育	U	0.241	0.421	-39.000		-6.580	0.000
	M	0.246	0.243	0.500	98.700	0.090	0.929
是否党员	U	0.090	0.151	-18.700		-3.140	0.002
	M	0.092	0.092	0.000	100.000	0.000	1.000
城镇户口	U	0.448	0.556	-21.800		-3.690	0.000
	M	0.453	0.449	0.700	96.700	0.120	0.907
是否结婚	U	0.814	0.801	3.100		0.530	0.598
	M	0.816	0.821	-1.400	54.000	-0.240	0.813
身体状况	U	0.473	0.525	-10.400		-1.760	0.078
	M	0.480	0.455	5.000	52.200	0.800	0.422
家庭规模	U	3.749	3.526	15.700		2.680	0.008
	M	3.745	3.867	-8.600	45.300	-1.280	0.199
小孩占比	U	0.157	0.183	-14.900		-2.530	0.011
	M	0.160	0.164	-2.800	80.900	-0.460	0.645
老人占比	U	0.148	0.087	27.900		4.780	0.000
	M	0.142	0.152	-4.500	83.800	-0.650	0.517
是否有成员在公有单位工作	U	0.348	0.440	-18.900		-3.200	0.001
	M	0.355	0.353	0.400	97.900	0.060	0.949
房屋数量	U	1.390	1.399	-1.600		-0.260	0.792
	M	1.390	1.418	-4.800	-208.600	-0.790	0.429

续表

变量	匹配状况	均值		标准偏差	标准偏差减少幅度（％）	T 检验	T 检验P 值
		处理组	控制组				
净资产对数	U	11.273	11.711	-28.000		-4.770	0.000
	M	11.296	11.311	-0.900	96.700	-0.150	0.884
收入对数平方	U	119.19	127.980	-34.300		-5.800	0.000
	M	119.48	118.830	2.500	92.700	0.410	0.680
收入对数	U	10.848	11.246	-32.400		-5.500	0.000
	M	10.861	10.832	2.400	92.500	0.390	0.696
利息知识	U	0.347	0.405	-12.200		-2.060	0.039
	M	0.347	0.354	-1.300	89.000	-0.220	0.827
通货知识	U	0.190	0.258	-16.200		-2.740	0.006
	M	0.194	0.202	-2.000	87.600	-0.340	0.735
投资知识	U	0.633	0.707	-15.900		-2.710	0.007
	M	0.633	0.635	-0.300	98.300	-0.040	0.966
风险厌恶	U	0.218	0.281	-14.600		-2.460	0.014
	M	0.221	0.233	-2.800	80.700	-0.470	0.640
是否有公积金	U	0.382	0.537	-31.500		-5.330	0.000
	M	0.390	0.391	-0.400	98.900	-0.060	0.954
房价增长率	U	0.039	0.048	-8.900		-1.520	0.129
	M	0.040	0.041	-0.600	93.000	-0.100	0.917
负债资产比	U	0.202	0.230	-10.700		-1.840	0.065
	M	0.204	0.207	-1.300	87.600	-0.220	0.825
是否在农村	U	0.252	0.110	37.700		6.480	0.000
	M	0.242	0.235	1.700	95.500	0.240	0.810

样本	Pseudo R²	LR chi2	P > chi2
未匹配	0.108	172.690	0.000
匹配	0.011	15.680	1.000

注：在倾向匹配平衡性检验中，我们也包含了城市虚拟变量，但考虑到城市变量过多，表格中并未汇报。

（三）共同支撑检验

若处理组家庭的倾向匹配得分过高，而控制组家庭的倾向匹配得分过低，会导致倾向匹配质量较差，甚至无效。对于非参数匹配方法而言，只有在共同支撑范围才是最有效的（Heckman and Vytlacil，2001）。因此，为了保证控制组和处理组中有足够多的共同取值范围，我们在利用倾向得分匹配估计平均处理效应之前，进行了共同支撑的假设检验。共同支撑假设通过剔除处理组和控制组中倾向匹配得分接近尾部的样本，使两组的最大匹配得分和最小匹配得分都一样，进而提高匹配效果。因此，当我们采用 k 个近邻匹配法时部分样本被剔除，最终成功匹配 1139 个样本，其中，控制组 618 个，处理组 521 个①。

（四）估计平均处理效应

通过以上的匹配质量和共同支撑假设检验之后，我们发现控制组和处理组是基于同一个家庭是否还清住房负债上的两种不同表现。因此，控制组和处理组之间的创业活动差异是还清住房负债的净效应。然而在实际中，存在着不同的匹配方式，如 k 个近邻匹配、卡尺内近邻匹配、半径匹配和核匹配等②。理论上，无论采用什么匹配方式，最后的估计结果都不应该有较大差异。因此，为了保证估计结果的稳健性，本节同时采用 k 个近邻匹配、半径匹配与核匹配方法进行估计。表 6-13 汇报了估计结果，可以发现，即使采用不同的估计方法和不同的匹配参数，还清住房负债有利于家庭创业活动的结论都具有稳健性。这意味着，克服了样本自选择问题以后，还清住房负债对家庭创业活动仍具有显著正向影响。表 6-13 最后一行显示，从平均的角度而言，处理组中每个家庭自身在这两年的创业决策概率变化为 0.211，而控制组为 0.155，从而处理组和控制组参与创业的概率差异为 0.056，这是还清住房负债对家庭创业的净效应。第 6 列显示了平均处理效应反应，当采

---

① 由于后期做双重差分，我们主要是在 k 个近邻匹配的基础上分析的，所以仅汇报了此方法的样本匹配情况，其中，k = 10，倾向分值取 0.1，详细结果见表 6-13。

② k 个近邻匹配是指：寻找匹配得分最近的 k 位不同组的个体。半径匹配是指：限定倾向得分的绝对距离，一般 $|p_t - p_j| \leqslant \varepsilon \leqslant 0.25\sigma_{pscore}$，其中 σ_{pscore} 为倾向得分的样本标准差。核匹配是指：权重为核函数时的匹配方案。

用不同的匹配方式时，还清住房负债的净效应在 0.054 至 0.058 之间，且对应的 t 值均大于临界值 1.96，也就是说，还清住房负债对家庭创业的净效应显著为正。

表 6 – 13　　　　　　　不同匹配方法估计的平均处理效应

匹配参数	匹配参数	共同样本	处理组两年创业变化	控制组两年变化	平均处理效应	S. E.	T – stat
k 个近领匹配	k = 10，r = 0.1	1139	0.209	0.154	0.056	0.028	2.02
	k = 10，r = 0.03	1139	0.209	0.153	0.056	0.027	2.03
半径匹配	r = 0.03	1158	0.206	0.152	0.054	0.027	1.97
	r = 0.006	1133	0.214	0.158	0.057	0.028	2.03
核匹配	epan，bw = 0.01	1144	0.212	0.153	0.058	0.028	2.06
	epan，bw = 0.007	1135	0.215	0.159	0.057	0.028	2.03
平均		1141	0.211	0.155	0.056		

注：k 是匹配结果的领域个数；r 是半径匹配的半径大小；epan 是指核函数采用二次核函数，bw 是指带宽。以上匹配方式都能通过平衡性检验。

（五）PSM – DID 估计结果

通过检验之后，我们利用双重差分方法对成功匹配的样本进行回归分析，双重差分模型等同于面板固定效应模型，能够有效地控制非观测的个体效应，解决一定程度的遗漏变量问题。计量模型为：

$$\text{bus}_{it} = \beta_0 + \beta_1 \text{hou}_{it} + \beta_2 y_{it} + \beta_3 \text{hou}_{it} \times y_{it} + \alpha X_{it} + \delta_i + \varepsilon_{it} \qquad (6.18)$$

其中，bus_{it} 表示家庭创业状况，hou_{it} 代表是否还清住房负债，X_{it} 代表控制变量，δ_i 代表非观测的个体效应，y_{it} 表示时间虚拟变量，交互项 $\text{hou}_{it} \times y_{it}$ 为还清住房负债之后的虚拟变量，其系数 β_3 为住房负债对处理组和控制组的创业影响差异。δ_i 为个体固定效应，ε_{it} 为随机扰动项。

表 6 – 14 中，第（1）列是采用最小二乘法（OLS）估计还清住房负债对家庭创业的效应，第（2）列、第（3）列分别是 Probit 模型与 Probit 模型

的边际分析[①]。可以发现，在克服了自选择与遗漏变量问题导致的内生性问题之后，无论是 OLS 估计结果还是 Probit 模型的估计结果都表明，交互项系数均在 1% 的统计水平上显著为正，这意味着，家庭一旦还清住房负债，其参与创业活动的概率会显著提高。Probit 边际分析的结果显示，还清住房负债的边际系数为 0.102。这说明，在克服了是否还清住房负债这两类家庭的内部差异以及遗漏变量问题之后，还清住房负债对家庭创业的正向作用依旧是稳健的。与此同时，大部分控制变量的系数方向与预期的一致，比如，户主的婚姻状况、家庭规模、金融资产与住房资产对家庭的创业活动均有显著正向影响，而户主的性别、文化程度、家庭老年人占比、是否在公有制单位上班、居住地是否在农村对家庭的创业活动均有显著的负向影响。

表 6 - 14 匹配后的双重差分回归

变量	(1) OLS	(2) Probit	(3) Margin
2017 × 还清负债	0.095 *** (2.847)	0.453 *** (3.038)	0.102 *** (3.051)
year = 2017	- 0.045 ** (- 1.975)	- 0.226 ** (- 2.180)	- 0.051 ** (- 2.191)
还清负债	0.003 (0.114)	0.012 (0.112)	0.003 (0.112)
是否男性	- 0.006 (- 0.297)	- 0.038 (- 0.425)	- 0.009 (- 0.425)
年龄	0.006 (0.701)	0.029 (0.783)	0.007 (0.783)
年龄平方	- 0.000 (- 1.079)	- 0.001 (- 1.197)	- 0.000 (- 1.196)

---

① 由于本部分关注的被解释变量是二元变量，且前文倾向得分是采用 Probit 模型估计的，为了结果的稳健性，所以本表也汇报了 Probit 模型的估计结果。

续表

变量	(1) OLS	(2) Probit	(3) Margin
文化程度大专以上	-0.126 *** (-5.334)	-0.505 *** (-4.643)	-0.113 *** (-4.775)
是否为党员或预备党员	0.026 (0.997)	0.140 (1.190)	0.031 (1.190)
城镇户口	-0.038 * (-1.738)	-0.151 * (-1.675)	-0.034 * (-1.677)
已婚或再婚	0.033 (1.191)	0.192 (1.189)	0.043 (1.188)
身体状况好	0.017 (0.962)	0.068 (0.854)	0.015 (0.854)
家庭总人口数	0.029 *** (3.876)	0.145 *** (4.060)	0.033 *** (4.106)
家庭少儿占比	0.029 (0.503)	0.030 (0.115)	0.007 (0.115)
家庭老年占比	-0.104 ** (-2.549)	-0.605 ** (-2.445)	-0.136 ** (-2.473)
有成员在公有制单位工作	-0.165 *** (-8.421)	-0.715 *** (-7.800)	-0.161 *** (-8.197)
金融资产的对数	0.019 *** (3.249)	0.089 *** (3.473)	0.020 *** (3.482)
家庭总收入对数的平方	0.017 *** (4.111)	0.054 *** (3.173)	0.012 *** (3.214)
家庭总收入对数	-0.332 *** (-3.857)	-1.019 *** (-2.877)	-0.229 *** (-2.908)
住房资产的对数	0.040 *** (4.465)	0.206 *** (3.810)	0.046 *** (3.902)

变量	(1) OLS	(2) Probit	(3) Margin
居住地是否在农村	-0.067^{**} (-2.327)	-0.284^{**} (-2.157)	-0.064^{**} (-2.158)
常数	0.793 (1.592)	-0.573 (-0.258)	
控制城市	是	是	是
样本量	1919	1847	1847
R^2	0.168	0.175	

注：* 表示 $p<0.1$，** 表示 $p<0.05$，*** 表示 $p<0.01$。

（六）"安慰剂"检验

如前文所述，共同趋势是双重差分模型的核心假设，本节虽然已进行倾向性匹配来维持实验组与控制组之间的一致性，但为了检验其结果的稳健性，参照已有文献，在匹配样本的基础上，本节进一步进行"安慰剂"检验（placebo test）来验证双重差分的适用性，这种检验方法近几年在双重差分模型中得到广泛的运用，比如费拉拉等（Ferrara et al.，2012）、刘和鲁（Liu and Lu，2015）、周茂等（2018）。其检验思想是：选择实验前后受到实验效应影响程度相同的组别，随机将一半样本标记为"伪实验组"，另一半标记为"伪控制组"，并同样采用双重差分法来进行估计，如果是否为"伪实验组"与实验是否发生的虚拟变量的交互项系数显著不为零，则意味着不同组别之间存在时间趋势差异；反之，如果交互项系数不显著，则意味着不同组别之间并不存在显著的时间趋势差异，从而可以证明采用双重差分法的合理性。

在实证模型中，虽然本节已经进行了倾向性匹配来克服实验组与控制组之间的差异，但两组家庭可能仍存在会随着时间变化而做出不同的创业决策。为了检验匹配后的样本是否满足共同趋势假说，我们利用全样本随机产生"伪实验组"和"伪控制组"，运用双重差分来进行估计，并记录是否是伪实验组和是否实验发生的虚拟变量的交互项系数的显著性，为了显示结果的稳健性与随机性，本节如此重复了1000次，图6-1展现了全样本的1000次模拟结果的t值分布，可以发现，其t值分布呈以0轴对称的倒U形，即验证了本节使用双重差分模型的合理性。类似地，本节也尝试着分别使用控制组样本和实验组样本来随机生成"伪实验组"和"伪控制组"，同样进行1000次模拟，最终发现，这两种方式的t值分布也都呈现倒U形，再次表明本节使用双重差分结果的稳健性。

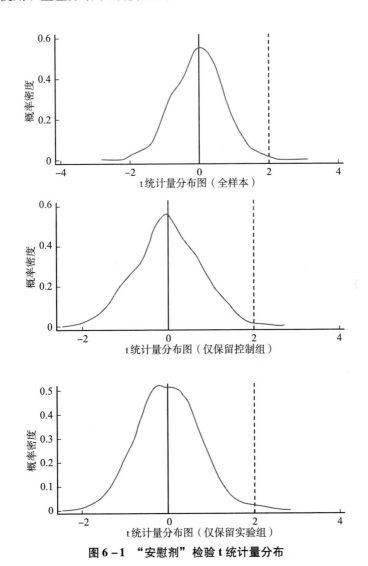

图6-1　"安慰剂"检验t统计量分布

二、异质性分析

为了考察还清住房负债对家庭创业活动影响的稳健性，接下来，本节从住房数量的视角分析还清住房负债的处理效应，如前文所述，持有一套房与多套房的家庭的投资决策是存在差异的，本节通过分析还清住房负债对这两类家庭创业活动的影响来进一步揭示两类家庭参与创业活动背后的真实驱动因素。

表6－15汇报了相应的回归结果①，其中，第（1）列至第（3）列是一套房家庭样本的回归结果，第（4）列至第（6）列是多套房家庭样本的回归结果。回归结果表明，在一套房的家庭样本中，还清住房负债与年份的交互项系数至少在5%的统计水平上显著为正，而在多套房的家庭样本中，还清住房负债与年份的交互项系数为正，但并不显著。这意味着，一旦一套房家庭还清住房负债，其参与创业活动的概率将会显著提高，而还清住房负债对多套房家庭的创业活动并没有显著作用。这也印证了是否负债购房只会对一套房家庭的创业活动有显著影响，而不会影响多套房家庭的创业活动，他们的创业决策可能更多地取决于住房投资回报率的高低。

表6－15　　　　　　　一套房与多套房家庭的创业活动的影响

变量	一套房			多套房		
	OLS （1）	Probit （2）	Margin （3）	OLS （4）	Probit （5）	Margin （6）
2017×还清负债	0.102** （2.488）	0.515*** （2.780）	0.111*** （2.785）	0.088 （1.511）	0.416 （1.548）	0.085 （1.561）
year＝2017	−0.050* （−1.820）	−0.272** （−2.112）	−0.059** （−2.122）	−0.030 （−0.753）	−0.117 （−0.607）	−0.024 （−0.610）
还清负债	−0.012 （−0.376）	−0.021 （−0.149）	−0.005 （−0.149）	0.012 （0.277）	0.021 （0.109）	0.004 （0.109）

---

① 表中的控制变量为2015年数据。为了结果的稳健性，且与前文倾向得分的估计方法一致，本表呈现Probit模型的估计结果。

续表

变量	一套房			多套房		
	OLS (1)	Probit (2)	Margin (3)	OLS (4)	Probit (5)	Margin (6)
是否男性	−0.028 (−1.142)	−0.147 (−1.346)	−0.032 (−1.342)	0.042 (1.209)	0.231 (1.327)	0.047 (1.336)
年龄	0.007 (0.688)	0.043 (0.919)	0.009 (0.917)	−0.007 (−0.490)	−0.030 (−0.398)	−0.006 (−0.397)
年龄平方	−0.000 (−0.723)	−0.001 (−0.987)	−0.000 (−0.983)	−0.000 (−0.091)	−0.000 (−0.218)	−0.000 (−0.218)
文化程度大专以上	−0.092*** (−3.049)	−0.355*** (−2.596)	−0.077*** (−2.641)	−0.180*** (−4.221)	−0.945*** (−4.426)	−0.193*** (−4.630)
是否为党员或预备党员	0.088** (2.490)	0.424*** (2.861)	0.092*** (2.884)	−0.057 (−1.383)	−0.259 (−1.274)	−0.053 (−1.278)
城镇户口	−0.014 (−0.516)	−0.070 (−0.616)	−0.015 (−0.616)	−0.094** (−2.481)	−0.380** (−2.155)	−0.077** (−2.192)
已婚或再婚	0.007 (0.206)	0.053 (0.293)	0.012 (0.293)	0.115** (2.044)	1.030** (2.523)	0.210** (2.524)
身体状况好	−0.003 (−0.149)	−0.033 (−0.328)	−0.007 (−0.328)	0.049 (1.597)	0.257* (1.775)	0.052* (1.788)
家庭总人口数	0.036*** (3.595)	0.168*** (3.735)	0.036*** (3.802)	0.016 (1.308)	0.105* (1.684)	0.021* (1.690)
家庭少儿占比	0.066 (0.976)	0.296 (0.966)	0.064 (0.966)	−0.025 (−0.223)	−0.221 (−0.439)	−0.045 (−0.439)
家庭老年占比	−0.134** (−2.432)	−0.585* (−1.843)	−0.127* (−1.865)	−0.087 (−1.370)	−1.123** (−2.531)	−0.229** (−2.531)
有成员在公有制单位工作	−0.167*** (−7.017)	−0.776*** (−6.583)	−0.168*** (−6.953)	−0.149*** (−4.294)	−0.644*** (−4.028)	−0.131*** (−4.179)
金融资产的对数	0.018** (2.547)	0.098*** (3.046)	0.021*** (3.049)	0.016 (1.596)	0.039 (0.856)	0.008 (0.858)

变量	一套房			多套房		
	OLS （1）	Probit （2）	Margin （3）	OLS （4）	Probit （5）	Margin （6）
家庭总收入 对数平方	0.014 *** （2.588）	0.048 ** （2.184）	0.010 ** （2.204）	0.016 ** （2.113）	0.055 * （1.692）	0.011 * （1.699）
家庭总收入对数	− 0.272 ** （− 2.482）	− 0.940 ** （− 2.065）	− 0.204 ** （− 2.082）	− 0.278 * （− 1.798）	− 0.888 （− 1.269）	− 0.181 （− 1.272）
住房资产的对数	0.032 *** （2.918）	0.163 ** （2.428）	0.035 ** （2.474）	0.076 *** （3.853）	0.421 *** （3.685）	0.086 *** （3.842）
居住地是否在农村	− 0.076 ** （− 2.192）	− 0.399 ** （− 2.249）	− 0.086 ** （− 2.250）	− 0.049 （− 0.902）	− 0.165 （− 0.708）	− 0.034 （− 0.709）
常数	0.621 （1.018）	− 0.301 （− 0.113）		0.195 （0.197）	− 3.415 （− 0.728）	
控制城市	是	是	是	是	是	是
样本量	1250	1202	1202	669	615	615
R^2	0.150	0.162		0.301	0.320	

注：本表采用聚类稳健标准误，* 表示 $p < 0.1$，** 表示 $p < 0.05$，*** 表示 $p < 0.01$。

三、机制分析

前文关于家庭创业的定义主要是借鉴李雪莲等（2015）、尹志超等（2015）的方法，为了结果的稳健性，本节借鉴了蔡栋梁等（2018）对家庭创业更加严格的定义方式，具体定义如下：在剔除 2015～2017 年有购买或出售住房活动的样本，且仅保留 2015 年有住房负债样本的基础上，我们将 2015 年没有工商业经营而 2017 年有工商业经营的家庭定义为创业家庭，取值为 1，反之，将 2015～2017 年都没有工商业经营的家庭定义为未创业家庭，取值为 0，其中，有 6.44% 的家庭在 2015～2017 年期间参与了创业活动。同时，我们将 2015 年有住房负债而 2017 年还清住房负债的家庭取值为 1，反之为 0，以考察还清住房负债是否会促进家庭参与创业活动。考虑到此时被解释变量依旧是二元变量，因此，我们利用 Probit 模型估计还清住房负债对家庭创业行为的影响，表 6 - 16 汇报了回归的估计结果，其第（1）列是 OLS 的估计结果，第（2）列是 Probit 模型的估计结果，第（3）列是 Probit 模型的边际分析结果，研究结果表明，还清住房负债确实能激发家庭的创业精神，其 Probit 的边际效应为 0.051，在 1% 统计水平上显著。

表 6 - 16　　　　　　　　还清负债对家庭创业的回归结果

变量	（1） OLS	（2） Probit	（3） Margin
是否还清住房负债	0.039 ** (2.341)	0.388 *** (2.905)	0.051 *** (2.858)
是否男性	- 0.017 (- 0.830)	- 0.123 (- 0.804)	- 0.016 (- 0.806)
年龄	0.008 (0.911)	0.103 (1.335)	0.014 (1.327)
年龄平方	- 0.000 (- 1.039)	- 0.001 (- 1.466)	- 0.000 (- 1.456)
文化程度大专以上	0.014 (0.577)	0.119 (0.620)	0.016 (0.620)
是否为党员或预备党员	0.011 (0.416)	0.111 (0.568)	0.015 (0.568)
城镇户口	- 0.038 * (- 1.818)	- 0.293 * (- 1.823)	- 0.039 * (- 1.819)
已婚或再婚	- 0.027 (- 0.827)	- 0.283 (- 1.165)	- 0.037 (- 1.159)
身体状况好	0.004 (0.258)	0.059 (0.427)	0.008 (0.426)
家庭总人口数	0.016 (1.561)	0.163 ** (2.278)	0.022 ** (2.243)
家庭少儿占比	- 0.046 (- 0.750)	- 0.371 (- 0.795)	- 0.049 (- 0.798)

续表

变量	(1) OLS	(2) Probit	(3) Margin
家庭老年占比	-0.021 (-0.505)	-0.544 (-1.469)	-0.072 (-1.446)
有成员在公有制单位工作	-0.016 (-0.878)	-0.184 (-1.260)	-0.024 (-1.250)
金融资产的对数	0.001 (0.181)	0.008 (0.158)	0.001 (0.158)
家庭总收入对数的平方	0.004 (0.756)	0.029 (0.789)	0.004 (0.787)
家庭总收入对数	-0.081 (-0.827)	-0.661 (-0.851)	-0.087 (-0.849)
住房资产的对数	0.009 (1.181)	0.093 (1.242)	0.012 (1.237)
居住地是否在农村	-0.019 (-0.680)	-0.182 (-0.787)	-0.024 (-0.786)
常数	0.163 (0.279)	-0.539 (-0.113)	
控制城市	是	是	是
样本量	1006	825	825
R^2	0.051	0.083	

注：本表采用稳健标准误，＊表示 $p < 0.1$，＊＊表示 $p < 0.05$，＊＊＊表示 $p < 0.01$。

既然还清住房负债对家庭创业有显著的促进作用，那么，它是如何影响家庭创业的呢？首先，创业行为是一项风险投资活动，它与家庭风险偏好程度密切相关，偏好风险程度越高，家庭参与创业活动的概率越高（van Praag and Cramer，2001；张苏和杨筠，2010）。其次，有负债的家庭会受到更大的生活压力，他们更加害怕失去稳定的收入而无法还贷，因此，他们的偏好风险程度会降低，而一旦还清住房负债，其偏好风险程度会提高，从而增加其参与创业这项风险投资的可能性。此外，对于有住房贷款的家庭而言，房价上涨会降低家庭偏好风险的程度，而对于没有住房贷款的家庭而言，房价上涨却有利于提高家庭偏好风险程度（张光利和刘小元，2018）。因此，从理论上讲，还清住房负债会通过增强家庭的偏好风险程度而提高其创业的可能性。

为了检验上述推测，本节在基本模型中加入还清住房负债与偏好风险的交互项，以检验还清住房负债的家庭的偏好风险概率是否更高。表6-17汇报了相应的估计结果。表6-17中，第（1）列至第（3）列分别是利用OLS模型、Probit模型以及Probit模型的边际分析估计是否还清住房负债与偏好风险对家庭创业的影响。同样，第（4）列至第（6）列也是利用OLS模型、Probit模型以及Probit模型的边际分析估计了引入还清住房负债与偏好风险的交互项的估计结果。回归结果显示，在控制了其他变量之后，偏好风险的家庭更倾向于参与创业活动，验证了已有文献的观点。在此基础上引入还清住房负债与偏好风险的交互项之后，回归结果显示，偏好风险的系数虽为正，但不再具有显著性，而还清住房负债与偏好风险的交互项显著为正，其Probit模型的边际效应为0.150。由此可见，风险偏好程度的高低会对住房负债影响创业行为强度产生影响。

表6-17 影响机制分析

变量	(1) OLS	(2) Probit	(3) Margin	(4) OLS	(5) Probit	(6) Margin
是否还清住房负债	0.036** (2.227)	0.350*** (2.625)	0.045*** (2.623)	0.025 (1.567)	0.268* (1.933)	0.034* (1.932)
偏好风险	0.143*** (2.723)	0.956*** (4.026)	0.123*** (4.010)	0.025 (0.498)	0.138 (0.288)	0.017 (0.288)
还清负债×偏好风险				0.194** (2.174)	1.177** (2.131)	0.150** (2.110)
是否男性	-0.017 (-0.840)	-0.109 (-0.715)	-0.014 (-0.718)	-0.017 (-0.885)	-0.099 (-0.647)	-0.013 (-0.650)

变量	(1) OLS	(2) Probit	(3) Margin	(4) OLS	(5) Probit	(6) Margin
年龄	0.008 (0.838)	0.104 (1.310)	0.013 (1.305)	0.007 (0.753)	0.097 (1.225)	0.012 (1.220)
年龄平方	-0.000 (-0.966)	-0.001 (-1.428)	-0.000 (-1.422)	-0.000 (-0.855)	-0.001 (-1.323)	-0.000 (-1.318)
文化程度大专以上	0.013 (0.567)	0.160 (0.845)	0.021 (0.844)	0.017 (0.749)	0.192 (1.011)	0.024 (1.009)
是否为党员或预备党员	0.013 (0.499)	0.124 (0.651)	0.016 (0.651)	0.010 (0.413)	0.112 (0.593)	0.014 (0.593)
城镇户口	-0.039* (-1.863)	-0.295* (-1.780)	-0.038* (-1.783)	-0.037* (-1.767)	-0.288* (-1.738)	-0.037* (-1.737)
已婚或再婚	-0.025 (-0.751)	-0.318 (-1.296)	-0.041 (-1.288)	-0.025 (-0.768)	-0.355 (-1.447)	-0.045 (-1.436)
身体状况好	0.002 (0.100)	0.026 (0.186)	0.003 (0.185)	0.000 (0.016)	0.021 (0.149)	0.003 (0.149)
家庭总人口数	0.015 (1.516)	0.170** (2.320)	0.022** (2.284)	0.016 (1.553)	0.176** (2.386)	0.022** (2.350)
家庭少儿占比	-0.050 (-0.814)	-0.451 (-0.971)	-0.058 (-0.975)	-0.039 (-0.643)	-0.353 (-0.752)	-0.045 (-0.755)
家庭老年占比	-0.024 (-0.574)	-0.582 (-1.527)	-0.075 (-1.504)	-0.026 (-0.637)	-0.573 (-1.516)	-0.073 (-1.493)
有成员在公有制 单位工作	-0.018 (-0.963)	-0.213 (-1.444)	-0.027 (-1.434)	-0.020 (-1.116)	-0.234 (-1.575)	-0.030 (-1.565)
金融资产的对数	0.002 (0.307)	0.016 (0.320)	0.002 (0.320)	0.002 (0.358)	0.021 (0.421)	0.003 (0.420)
家庭总收入对数平方	0.004 (0.768)	0.027 (0.704)	0.004 (0.703)	0.003 (0.709)	0.028 (0.701)	0.004 (0.700)

续表

变量	(1) OLS	(2) Probit	(3) Margin	(4) OLS	(5) Probit	(6) Margin
家庭总收入对数	-0.082 (-0.827)	-0.629 (-0.755)	-0.081 (-0.754)	-0.077 (-0.763)	-0.643 (-0.760)	-0.082 (-0.759)
住房资产的对数	0.009 (1.169)	0.084 (1.083)	0.011 (1.080)	0.008 (0.981)	0.079 (0.993)	0.010 (0.991)
居住地是否在农村	-0.026 (-0.929)	-0.267 (-1.085)	-0.034 (-1.085)	-0.025 (-0.907)	-0.269 (-1.073)	-0.034 (-1.072)
常数	0.180 (0.307)	-0.649 (-0.127)		0.182 (0.308)	-0.318 (-0.061)	
控制城市	是	是	是	是	是	是
样本量	1006	825	825	1006	825	825
R^2	0.068	0.111		0.075	0.120	

注：本表采用稳健标准误，* 表示 $p < 0.1$，** 表示 $p < 0.05$，*** 表示 $p < 0.01$。

上述实证结果验证了还清住房负债对家庭创业活动的影响及其影响机制。我们发现，一旦还清住房负债，中国家庭的创业活力将会得到释放，尤其是对仅有一套房的家庭而言。而还清住房负债会通过提升家庭的偏好风险程度来提高家庭参与创业活动的概率。

第六节 稳健性检验

如前文所述，CHFS 包含了 2011 年、2013 年、2015 年与 2017 年四轮数据，考虑到 2011 年的样本量较少，2015 年与 2017 年的样本量最大且区域覆盖范围更广，因此，前文主要运用 2015 年与 2017 年数据重点分析住房负债对家庭创业活动的影响，但为了检验估计结果的稳健性，在本节，我们基于 2013 年与 2015 年的数据辅助分析住房负债与家庭创业活动之间的关系。为了结果的稳健性，我们剔除了关键变量的缺失数据以及 2013～2015 年有买房或卖房记录的家庭，获得 10019 户有效的成功追访的家庭样本，并采用双向固定效应模型与 Logit 固定效应模型分别估计住房负债与住房负债额度对家庭创业行为的影响，表 6 – 18 呈现了回归结果。

表 6 – 18 中，第（1）列和第（2）列是双向固定效应的回归结果，第（3）列和第（4）列是 Logit 固定效应的回归结果。回归结果显示，无论是采用哪种模型，其住房负债与住房负债额度的系数均在 1% 的统计水平下显著为负，而其他控制变量的系数与方向均与前文的基本回归结果一致，这也再次证明，在控制其他影响家庭创业的因素之后，持有住房负债对家庭创业活动确实有显著的挤占作用，且住房负债额度越高，家庭参与创业活动的概率也就越低。

表 6 – 18 住房负债对家庭创业的影响

变量	双向固定效应		Logit 固定效应	
	（1）	（2）	（3）	（4）
住房负债	- 0. 029 *** (- 4. 457)		- 0. 539 *** (- 4. 351)	
住房负债额度		- 0. 003 *** (- 3. 546)		- 0. 039 *** (- 2. 854)
家庭总人口数	0. 006 (1. 537)	0. 006 (1. 545)	0. 052 (0. 722)	0. 056 (0. 779)
家庭老年占比	- 0. 045 *** (- 2. 973)	- 0. 044 *** (- 2. 946)	- 0. 803 ** (- 2. 071)	- 0. 829 ** (- 2. 146)
有成员在公有单位	- 0. 042 *** (- 5. 754)	- 0. 042 *** (- 5. 765)	- 0. 754 *** (- 4. 896)	- 0. 766 *** (- 4. 988)
金融资产的对数	0. 009 *** (5. 434)	0. 009 *** (5. 390)	0. 160 *** (4. 958)	0. 158 *** (4. 931)
家庭总收入对数的平方	0. 005 *** (3. 006)	0. 005 *** (3. 001)	0. 022 (0. 906)	0. 018 (0. 741)
家庭总收入的对数	- 0. 068 ** (- 2. 241)	- 0. 068 ** (- 2. 234)	- 0. 091 (- 0. 185)	- 0. 014 (- 0. 029)

续表

变量	双向固定效应		Logit 固定效应	
	(1)	(2)	(3)	(4)
住房资产的对数	0.017 ***	0.017 ***	0.292 ***	0.286 ***
	(4.782)	(4.777)	(3.917)	(3.860)
year = 2015	0.009 *	0.014 ***	0.183 **	0.287 ***
	(1.897)	(3.259)	(2.171)	(3.632)
常数	0.046	0.038		
	(0.302)	(0.253)		
样本量	19671	19671	2242	2242
R^2	0.028	0.028	0.142	0.135

注：本表采用聚类稳健标准误。此外，＊表示 $p < 0.1$，＊＊表示 $p < 0.05$，＊＊＊表示 $p < 0.01$。

本 章 小 结

本章重点考察了住房负债与家庭创业之间的内在联系，发现住房负债会削弱家庭创业的可能性，然而，一旦还清住房负债，家庭创业活力将会得到释放。本章利用 2015 年和 2017 年 CHFS 数据，采用固定效应与工具变量相结合的方法实证分析了住房负债对家庭创业活动的影响。实证结果显示，与没有住房负债的家庭相比，有住房负债的家庭参与创业活动的概率会显著下降。而一旦家庭还清住房负债，其参与创业活动的概率会显著提高。

本章研究结论具有理论与现实意义：一方面，本章对现有住房与创业之间关系的相关研究做了有益补充。现有文献更多关注住房价格、住房持有情况对家庭创业的影响，而关于住房负债的经济后果的研究相对较少，国内还没有文献重点讨论住房负债对家庭创业行为的影响。另一方面，本章揭示了过重的住房负债的经济后果，表明住房负债过重会通过增加家庭负担以及家庭的风险厌恶，使家庭不愿参与创业活动，从而不利于实体经济的发展。显然，研究结论凸显了稳住家庭住房杠杆的重要性与紧迫性：它不仅能缓解家庭负债压力，预防系统性金融风险，还能促进家庭创业活动，带动就业。此外，本章也发现房地产市场发展与实体经济发展存在一定的矛盾，由于近年来房地产市场快速蓬勃发展，其投资回报率远远高于其他投资选择，从而吸引大量资金涌入住房市场，削弱了持有多套房家庭的创业精神，减缓了实体经济的发展，因此，建立房地产市场调控长效机制，促进房地产市场健康稳定发展，对实体经济的发展至关重要。

第七章

购房融资方式对家庭创业行为的影响[*]

第六章已经证实住房负债会抑制家庭创业行为，为了更深入地了解住房负债对家庭创业行为的影响，本章将进一步分析购房融资方式对家庭创业行为的影响。

第一节 引 言

自住房改革以来，中国家庭购置住房越来越离不开外界资金的支持，家庭除了可以获得正规的商业贷款、住房公积金贷款及组合贷款等按揭贷款之外，还可以通过亲朋好友、民间金融机构等非正规信贷渠道获得贷款，即民间借贷。这两种贷款方式各有优势。正规银行贷款需要支付一定的利息，但还款压力小，同时，可以结合自身资产状况，灵活地选择贷款额度与期限，有利于家庭资产配置，平滑消费。非正规贷款则具有低成本的优势，由于中国是一个人情社会，家庭向亲朋好友借款通常采用零利息的方式（王芳，2005），但贷款额度有限，无固定期限，基本是家庭后期攒够足额的钱集中偿还。在实际购房过程中家庭可根据自身资产状况与融资需求在这两类融资方式中进行选择。

　＊ 本章部分内容以《关系型借贷视角下购房融资方式与家庭创业行为——基于 2017 年中国家庭金融调查的实证研究》的题目发表在《金融研究》2020 年第 7 期，作者为廖红君、樊纲治、弋代春。

本章利用 2017 年 CHFS 数据，探讨了不同的购房融资方式对家庭创业活动的影响。研究发现，相较于民间借贷，按揭贷款更有利于提高家庭参与创业活动的概率。正规信贷购房能获得更高的贷款额度、更长的贷款期限，能有效缓解家庭的流动性约束，从而促进家庭创业活动。而且，正规信贷购房的家庭在偿还贷款的过程中能与银行建立长期且良好的信贷关系，提高了家庭的信贷可得性，进而提高了家庭参与创业活动的意愿。

由于数据的缺乏，家庭融资决策的研究基本上是金融学领域的空白地带（陶春生，2017），而 CHFS 数据是由西南财经大学家庭金融调查与研究中心在全国范围内开展的问卷调查，问卷包含了家庭资产与负债、收入与支出、工商业经营以及购房融资方式等详细信息，填补了家庭金融领域的数据空白（甘犁等，2013），为该领域的发展提供了很好的数据支持。另外，购房融资决策是家庭金融领域中一个重要的分支（Campbell，2006），国外关于购房贷款决策的研究文献不在少数，这些文献主要围绕着固定利率按揭（FRM）、可调整利率按揭（ARM）与住房再融资等角度展开（Campbell and Cocco，2003；Koijen et al.，2009；Woodward，2010），然而，我国固定利率按揭、住房再融资现象并不普遍。此外，由于发达国家的住房金融体系较为完善，且与中国二元化的金融体系存在较大差异，在此背景下，讨论中国家庭购房融资方式对家庭创业活动的影响，既可以反映中国住房信贷市场的特征，也可以考察当前我国住房金融体系的发展给民营经济带来的影响。这也是本章的主要贡献。

本章余下部分安排如下：第二节是中国住房信贷市场状况的整体描述，第三节是理论分析与文献梳理，第四节是数据与变量说明，第五节重点分析购房融资决策对家庭创业、创业动机的影响，以及对内生性问题的讨论、影响机制的分析和稳健性的检验。

第二节　中国家庭购房信贷与创业

购房融资方式是家庭金融领域重要的研究议题之一，不同的购房融资方式会影响家庭的购房成本。中国的住房信贷市场主要呈现二元结构特征，家庭可以通过正规信贷和非正规信贷两种途径融资购房。目前，我国正规的住房信贷市场主要由商业性与政策性两大信贷体系构成，商业性信贷以商业银行为主体，政策性信贷以公积金贷款为主体，其中，公积金贷款仅提供给缴存公积金的职工家庭，其可以享有更低的购房贷款利率。这意味着，正规信贷购房主要包含三类：商业贷款、公积金贷款、商业贷款与公积金贷款的组合贷款。无论采用上述哪类正规渠道的购房融资方式，家庭购房的成本都与贷款期限、贷款额度和利率等因素有关，其中贷款利率随着国家贷款市场报价利率（loan prime rate，LPR）浮动[1]，而贷款期限与贷款额度由家庭根据自身财务情况选择。下面，我们将呈现等额本息、等额本金的每月还本付息的金额以及总的还款利息。

等额本息的每月还本付息金额为：

$$M = \frac{L \times R \times (1 + R)^T}{(1 + R)^T - 1} \tag{7.1}$$

等额本息的还款总利息为：

$$C = L \times \frac{(1 + R)^T (T \times R - 1) + 1}{(1 + R)^T - 1} \tag{7.2}$$

等额本金的每月还本付息金额为：

$$M = \frac{L}{T} + (L - L_0) \times R \tag{7.3}$$

等额本金的还款总利息为：

$$C = (T + 1) \times L \times R / 2 \tag{7.4}$$

其中，L 为贷款额度，R 为每月贷款利率，L_0 为累计已还款金额，T 为贷款期限（贷款总月数）。式（7.1）~式（7.4）显示，家庭申请的贷款额度越高，其每月偿还的本息额度越高，且贷款的总利息也更高。同样，贷款期限越长其贷款的总利息越高，贷款成本越高。

此外，中国家庭也可以向亲朋好友借款，即非正规借贷，通常情况下，只有在正规信贷不能满足其信贷需求时，大部分中国家庭才会选择非正规信贷市场来缓解信贷约束（Turvey et al.，2010）。但是，只要满足首付要求，

---

[1]　央行发布通知：自 2020 年 3 月 1 日起，金融机构应与存量浮动利率贷款客户就定价基准转换条款进行协商，将原合同约定的利率定价方式转换为以 LPR 为定价基准加点形成。详见：http://www.pbc.gov.cn/goutongjiaoliu/113456/113469/3951207/index.html。

中国住房信贷市场很少出现信贷约束问题，2013 年 CHFS 问卷调查显示，在仅利用民间借贷购房的家庭中，"需要银行贷款，但申请被拒"的家庭仅占4%，"需要贷款，但没有向银行申请"的家庭占 30.7%，"不需要向银行申请贷款"的家庭占 56.7%[①]。

另外，非正规的住房信贷市场呈现无利息的特征，与其他部门的非正规信贷市场存在明显的差异，因为一般非正规信贷市场都具有高利率、高风险的特征（刘西川等，2014）。2017 年 CHFS 数据显示，在民间借贷购房的家庭中，仅有 7.6% 的家庭需要支付利息，主要原因是他们大部分是向亲朋好友借钱，占97%，而民间金融机构仅占约 3%[②]，所以，选择民间借贷的家庭可能是倾向于其低成本的优势，这也是民间借贷购房非常普遍的原因。综上所述，中国家庭的购房融资方式主要取决于家庭的融资策略。

一、中国家庭购房信贷现状

本节使用宏观数据与 2017 年 CHFS 数据，展示在住房市场与住房金融制度不断发展的背景下中国目前住房信贷市场的发展状况以及家庭创业活动的行为特征。

首先，我们分析 2000 ~ 2017 年购房家庭的正规金融参与率与民间借贷参与率情况。如图 7 - 1 所示，随着我国住房金融制度的快速发展，家庭的购房融资方式从最初的民间借贷转向正规金融贷款，家庭正规金融贷款参与率逐年提高，从 2000 年的 24.74% 上升到 2017 年的 62.86%。在此期间，我国居民的民间借贷参与率则呈现下降趋势，从 78.4% 下降至49.7%[③]，但其占比依旧较高，2017 年仍旧有近一半的家庭利用民间借贷融资购房。

---

① 利用 2013 年中国家庭金融调查数据整理而得，没有银行贷款的原因如下：不需要、需要但没有申请、申请被拒、以前有银行贷款但已还清、购房时银行没有提供贷款服务。

② 中国家庭金融数据显示了民间借款来源：父母、子女、兄弟姐妹、其他亲属、朋友等亲朋好友，以及民间金融组织机构、小额贷款公司、网络借贷、有合作关系的机构等民间金融机构。

③ 由于有些家庭既采用了民间借贷购房，又采用了按揭贷款购房，所以其占比之和超过了100%。

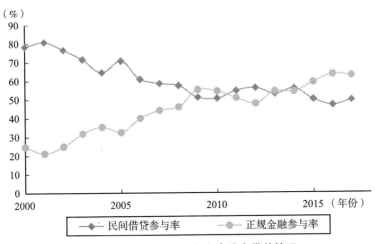

图 7 - 1 2000～2017 年家庭购房贷款情况

注：民间借贷参与率是指民间借贷购房家庭占所有负债购房家庭的比例，正规金融参与率是指
按揭贷款购房家庭占所有负债购房家庭的比例。

资料来源：CHFS。

我们发现民间借贷购房的家庭虽然享受了低成本，但并不具有足够的资金支持优势，在购房花费等额的情况下，非正规借款者比正规借款者需要提供更多的自有资金。2017 年 CHFS 数据显示，民间借贷购房者获得的贷款额度是总购房花费的 45.2%，而正规渠道借款者获得的贷款额度是总购房花费的 55.7%（见表 7 - 1）。由此可见，相较于民间借贷，正规渠道借款者可能会有更多的购房剩余资金。除此之外，由于正规贷款购房者可以根据自身还贷压力情况，灵活选择贷款期限，贷款期限越长，其每月偿还房贷的压力越小。大部分非正规借贷者并没有约定借贷期限①，通常是先积攒后期集中偿还，这可能直接抑制了家庭消费与投资活动。

表 7 - 1   2017 年贷款额度与贷款期限情况

借款渠道	平均贷款额度（元）	贷款额度/购房总花费（%）	贷款期限（年）
按揭贷款	476582. 1	55. 7	17. 98
民间借贷	89066. 24	45. 2	5. 9

资料来源：根据 2017 年 CHFS 数据整理。

———————————

① 根据 2017 年 CHFS 数据显示，在民间借贷购房的群体中，仅有 7. 43% 的家庭约定了还款期限。

二、购房融资类型与家庭创业

本章主要探讨的购房融资决策是指家庭购买住房时会选择正规金融机构融资即银行按揭贷款购房,还是选择非正规金融渠道融资即民间借贷。表7-2报告了这两类购房融资方式家庭对应的创业参与度、创业负债以及偿还创业欠款能力的情况。可以发现,从创业活动的参与度来看,按揭贷款购房的家庭更倾向于参与创业活动,其中,参与创业活动的家庭占比为23.96%,比民间借贷购房的家庭高13.87个百分点。从创业负债的情况来看,民间借贷购房的家庭更容易面临创业资金约束,其中,创业有负债的家庭占比为34.27%,比按揭贷款购房的家庭高16.79个百分点。然而,从融资渠道来看,按揭贷款购房且负债创业的家庭中,有75%的家庭获得了正规信贷,比民间借贷购房的家庭高44.61个百分点,这意味着,即使创业陷入资金约束,按揭贷款购房的家庭也更容易获得正规信贷。从偿还经营欠款的能力来看,民间借贷购房且负债创业的家庭更难偿还经营欠款,其中,"很难偿还经营欠款"的家庭占28.57%。由此可见,按揭贷款购房者的创业概率更高的原因是他们面临的资金约束较小。

表7-2 **2017年购房融资类型与创业现状** 单位:%

融资类型	创业占比	创业负债的占比	获得正规金融机构融资占比	偿还欠款很艰难的占比
按揭贷款购房	23.96	17.48	75.00	8.70
民间借贷购房	10.09	34.27	30.39	28.57

资料来源:根据2017年CHFS数据整理。

CHFS数据给出了家庭经营工商业的资金需求情况、是否能获得银行资金支持,以及未获得银行资金支持的原因。为了更清楚地分析两类购房融资家庭在进行创业活动时是否存在不同的资金需求,我们汇报了各类购房融资且创业的家庭中需要资金的占比、计划向正规金融机构融资的占比以及计划向非正规金融机构融资的占比,如表7-3所示。可以发现,从创业资金需求来看,民间借贷购房的创业家庭中,有资金需求的家庭占26.33%,比按揭贷款购房家庭高 8.67 个百分点，这意味着，民间借贷购房的家庭更容易陷入资金短缺，需要外界融资来缓解资金压力。从计划融资渠道来看，按揭贷款购房且有创业资金需求的家庭中，有 58.88% 的家庭会选择向正规金融机构融资，比民间借贷购房的家庭高 19.69 个百分点，而仅有 35.51% 的家庭会选择非正规金融机构融资，比民间借贷购房的家庭低 25.30 个百分点。这表明，按揭贷款购房的创业家庭在陷入资金约束时，更倾向于通过正规金融机构获取贷款，而民间借贷购房的创业家庭却更加倾向于向非正规金融机构获取贷款。

表 7-3	2017 年购房融资类型与创业融资需求		单位：%
融资类型	创业需要资金占比	计划向正规金融机构融资占比	计划向非正规金融机构融资占比
按揭贷款购房	17.66	58.88	35.51
民间借贷购房	26.33	39.19	60.81

资料来源：根据 CHFS 数据整理而得。

为了更深入地了解这两类家庭在经营期间陷入资金约束时，为什么不选择正规金融机构融资，而选择民间借贷，我们整理了以下四类不选择正规金融机构融资创业的原因：申请被拒、不知道如何申请、估计贷款申请不会被批准以及不认识银行工作人员。表 7-4 汇报了这两类家庭在生产经营过程中陷入融资约束的原因，可以发现，在按揭贷款购房且生产经营面临资金约束的家庭中，仅有 4.55% 的家庭申请银行贷款被拒，有 20.45% 的家庭不清楚银行贷款的申请流程，13.64% 的家庭认为贷款申请不会被批准，9.09% 的家庭不认识银行工作人员，而民间借贷购房家庭的这些比例分别为 11.11%、26.67%、24.44%、11.11%。

根据数据描述可知，不知道申请贷款的流程是家庭生产经营融资最大的阻力，其次是认为不会被批准，最后是不认识银行人员。而按揭贷款购房的家庭面临生产经营融资约束较小的原因可能是在办理购房贷款的过程中熟悉了银行贷款的申请流程并认识了银行信贷人员，从而为获得生产经营贷款提供了经验和便利。此外，在偿还按揭贷款的过程中，家庭与银行建立了良好的信用关系，有利于家庭成功申请生产经营贷款。

表7-4 　　　　　　　2017年购房融资类型与创业融资约束 　　　　单位：%

融资类型	申请被拒	不知道申请流程	估计不会被批准	不认识银行工作人员
按揭贷款购房	4.55	20.45	13.64	9.09
民间借贷购房	11.11	26.67	24.44	11.11

资料来源：根据2017年CHFS数据整理。

综上所述，相较于民间借贷购房的家庭而言，按揭贷款购房的家庭更有创业活力，我们认为其传导机制是：其一，相较于民间借贷，按揭贷款购房的贷款额度更高，贷款期限更长，而且家庭可以灵活地安排资金来缓解家庭创业的资金压力，无论按揭贷款购房的家庭通过正规金融机构或非正规金融机构融资创业，其后期偿还负债的能力都远远高于民间借贷购房的家庭。其二，按揭贷款购房的家庭更加清楚银行贷款的申请流程并结识了银行信贷人员，同时，在偿还按揭贷款的过程中，家庭与银行建立了良好的信用关系，从而更容易成功申请银行贷款进行创业及生产经营活动。然而，购房融资方式与家庭创业是否有因果关系，以及其传导机制是否成立，还需进行严谨的实证分析。

第三节　理论分析及文献综述

创业活动通常需要一定数量的启动资金，启动资金不足会阻碍创业活动的发展（Lelarge et al.，2010；胡金焱和张博，2014）。为了满足启动资金要求，潜在创业者普遍会通过正规与非正规金融机构两种渠道融资，然而，大多数潜在创业者都会面临正规信贷约束问题（Evans and Jovanovic，1989；Banerjee and Newman，1993；Paulson and Townsend，2004；Cai et al.，2018），借款者希望通过正规金融机构获得贷款，但由于某种原因不能获得贷款，或不能获得足额的贷款（Zeldes，1989）。在受到正规金融机构的信贷约束时，潜在创业者会选择非正规信贷市场融资（Kochar，1997；马光荣和杨恩艳，2011），但非正规信贷市场的利率比正规信贷市场高出很多（卢峰和姚洋，2004；林毅夫和孙希芳，2005），使潜在创业者背负过重的债务负担，降低其创业动机。

在信贷约束与融资成本过高的背景下，自有财富成为家庭创业决策的重要决定因素，自有财富越多，参与创业活动的概率越高（Evans and Leighton，1989；Evans and Jovanovic，1989；Holtz-Eakin et al.，1994；Hurst and Lusardi，2004；Disney and Gathergood，2009；张龙耀和张海宁，2013）。而购置住房将会耗费家庭大量自有财富（Cerutti et al.，2017），但住房又是中国家庭不可缺少的资产，因为住房对于中国家庭而言具有特殊的意义，比如，拥有住房可以提高子女在婚姻市场的竞争力（方丽和田传浩，2016），可以是身份地位的象征（方丽和田传浩，2016），可以增强家庭的归属感与幸福感（李涛等，2011）等。因此，在此背景下，购房融资方式必然会影响到家庭的流动性财富（Chetty and Andor，2017），从而影响家庭创业决策。

一般情况下，购置住房有三种支付方式：全款、民间借贷或按揭贷款。通常选择全款购房的家庭有较为充足的资金，在进行其他投资活动时，受到资金约束的可能性较小，况且没有负债的住房还可以作为抵押品担保获取银行贷款，可是由于很少的家庭能拿出大量的金钱全款购房，因此，此类支付方式不是我们研究的重点。其他两类融资方式是信贷市场二元结构的表现形式：首先，民间借贷购房虽然普遍呈现无利息的特征，节约了购房成本，但可借贷额度有限，家庭还需要利用自有资金支付剩余部分。而按揭贷款购房只需要提供首付金额，便能获得足够的资金支持，购房之后的剩余自有资金较为充足。其次，相较于创业融资的高难度与高成本，按揭贷款更容易获得，且贷款利率基本在基准利率上下浮动。由此，我们认为，相较于民间借贷，按揭贷款购房有利于缓解家庭的资金约束，进而促进创业活动。

一、信息理论

中小企业受到正规信贷约束的主要原因是信贷市场的信息不对称（Jaffee and Russell，1976；Stiglitz and Weiss，1981），信息不对称会引起逆向选择与道德风险问题。为了有效地识别借款者的信用质量，银行通常选择提高贷款利率，导致信用质量高的借款者退出市场，而信用质量低的借款者获得贷款，造成逆向选择问题；贷款利率过高增加了借款者的违约风险，造成了道德风险。为了有效地缓解信贷市场的逆向选择与道德风险问题，我国大部分商业银行贷款都需要抵押品作为担保（尹志超和甘犁，2011）。一旦借款者违约，银行可以将这部分抵押品的价值作为补偿，同时，抵押担保降低了借款者的违约动机，也减少了违约风险（Manove et al.，2001）。另外，抵押品也有信号的作用，因为信用质量高的借款者更乐意将抵押品作为担保，以降低信贷市场的逆向选择，增加信贷可得性（Chan and Kanatas，1985；Chan and Thakor，1987）。因此，抵押品对于高信用等级的企业而言，可以作为自身信用好的信号，减少逆向选择；对于低信用等级的企业而言，银行要求提供抵押品，主要是为了减少事后的道德风险，预防其违约风险（尹志超和甘犁，2011）。但中小企业通常具有"轻资产"的特性，且普遍缺乏抵押品，因此，利用抵押品担保制度来克服信贷市场的信息不对称问题可能并不适用于中小型企业（王霄和张捷，2003；林毅夫和孙希芳，2005）。

但现有研究也发现，拥有可以作为抵押品的住房能显著提高家庭参与创业活动的可能性（Black et al.，1996；Corradin and Popov，2012；吴晓瑜等，2014；Li and Wu，2014；Jensen et al.，2014；李江一和李涵，2016；Schmalz et al.，2017）。一方面，如果潜在创业者持有可抵押的住房，其获得银行贷款的概率更高，从而增加创业的可能性；另一方面，随着房价上升，住房抵押品的价值上升，潜在创业者利用住房作为抵押品，可以获得更多银行贷款，从而促进创业活动。

二、关系型借贷假说

除了抵押品，银行与企业之间的关系型借贷（relationship lending）也能有效地克服信贷市场的信息不对称（Berger and Udell，2002），从而缓解中小企业的信贷约束难题（Beatriz et al.，2018）。银行进行信贷决策时，依赖于"硬信息"（hard information）与"软信息"（soft information）两类（林毅夫等，2009）。所谓的"硬信息"是指企业财务信息、抵押品信息等，"软信息"是指借款者的个人品质、企业经营能力、声誉等。由于中小企业财务信息更加不透明，且缺乏抵押品等"硬信息"，所以，银行只有通过中小企业的"软信息"来识别其信贷风险，以克服信息不对称问题（林毅夫和孙希芳，2005），而银行需要对中小企业进行长期且深入的了解，才能获得其"软信息"，并与企业建立以信用与信任为核心的关系型借贷（Boot，2000；张一林和樊纲治，2016）。

已有研究表明，关系型借贷降低了银行收集信息的成本，银行能更加精确地了解借款者的信息，比如借款者的资产规模、信用情况、个人品质等（Petersen and Rajan，1994）。中小企业与银行建立的借贷关系越长，银行的抵押品要求就越低，进一步提高了企业获得银行贷款的概率（Berger and Udell，1998；Cole，1998；张捷，2002；Sette and Gobbi，2015），而且关系型借贷能降低由于中小企业"硬信息"不足而引起的交易费用，减少其融资成本（张一林和樊纲治，2016）。因此，关系型借贷能有效解决由于中小企业缺乏抵押品而产生的融资难、融资贵等难题，缓解中小企业的资金压力（Petersen and Rajan，1994；Harhoff and Körting，1998；Behr et al.，2013；Schwert，2018），有利于中小企业的发展。

基于以上的理论与经验研究，本章认为，由于住房按揭贷款的最长还款期限可达30年，这种购房融资方式有利于借款者与银行建立长期的信贷关系，而且我国个人住房抵押贷款的违约率极低[①]，因此，我们认为，由于借款者在偿还住房按揭贷款的过程中，与银行建立了长期且良好的信贷关系，使银行能有效识别借款者的信用质量，从而增加其信贷可得性，进而促进家庭创业。

第四节　研究设计

一、变量说明

本章利用2017年CHFS数据实证分析购房融资方式对家庭创业行为的影响。接下来，我们将对家庭购房融资方式、家庭创业与其他控制变量进行

---

① 根据中国人民银行发布的《中国金融稳定报告（2018）》可知，2017年末，个人住房抵押贷款不良率仅为0.3%，远远低于银行贷款整体不良率。

详细说明。本章的回归分析中有三个主要的被解释变量：家庭是否创业、家庭是否主动创业、家庭是否被动创业。首先，我们将有工商业经营的家庭定义为创业，取值为1；没有工商业经营定义为没有创业，取值为0。需要说明的是，本章考察的创业活动并没有包含农业方面的生产经营，因为工商业生产经营对社会的经济发展更有带动作用，更具有研究意义（Petersen and Rajan，1994；Harhoff and Körting，1998；Behr et al.，2013；Schwert，2018）。为了保证家庭成员依旧有创业精神且没有退出劳动力市场，我们将家庭户主的年龄限定为不超过65岁（周广肃等，2015）。其次，关于被解释变量是否为机会型创业的定义，结合《全球创业观察》的创业动机划分，将"挣得多""想自己当老板""更灵活自由"定义为主动型创业活动，取值为1，反之，将没有创业取值为0。最后，关于被解释变量是否为生存型创业的定义，我们将创业动机"找不到工作"定义为生存型创业活动，取值为1，反之，将没有创业取值为0。

本章关注的解释变量为家庭购房融资决策，如前文所述，家庭购房融资类型的选择主要取决于家庭的自身决策，因此，家庭购房融资方式可以作为购房融资决策的代理变量，CHFS问卷中询问了家庭是否按揭贷款购房，其中包括商业贷款、公积金贷款以及组合贷款等，我们将这类通过正规金融渠道获得贷款的样本标记为1，反之，通过亲朋好友、民间金融机构等非正规信贷资源获得贷款的样本标记为0。

此外，根据已有文献（尹志超等，2015；李雪莲等，2015；陈刚，2015），本章也控制了一系列其他影响家庭创业活动的变量，其中包括：一是户主特征：户主年龄、性别（1-男性，0-女性）、教育水平（1-大专及以上，0-大专以下）、婚姻状况（1-已婚或再婚，0-其他）等；二是家庭人口特征：家庭规模（家庭总人口数）、家庭小孩占比（14岁及以下人数占比）、家庭老人占比（65岁及以上人数占比）等；三是家庭资产特征：家庭劳动总收入、家庭金融资产、家庭住房净资产等；四是宏观经济特征[①]：城市就业人口、人均GDP、城市区位以及城市等级等。在剔除了关键变量缺失的样本后，最终得到5462户有效家庭样本。表7-5汇报了各变量

---

① 由于研究期间2017年有些宏观数据还未公布，所以宏观经济特征数据均使用2016年的数据，数据来自《中国城市统计年鉴》。

的描述性统计。

表 7 - 5　　　　　　　　　　描述性统计

变量名	观测值	均值	方差	最小值	最大值
是否创业	5462	0.170	0.375	0	1
是否机会型创业	5462	0.139	0.346	0	1
是否生存型创业	4701	0.035	0.184	0	1
购房融资方式	5462	0.469	0.499	0	1
是否男性	5462	0.816	0.387	0	1
年龄	5462	47.71	11.28	18	65
文化程度	5462	0.253	0.435	0	1
已婚或再婚	5462	0.900	0.300	0	1
家庭总人口数	5462	3.693	1.539	1	15
家庭少儿占比	5462	0.188	0.182	0	1
家庭老年占比	5462	0.162	0.273	0	1
居住地是否在农村	5462	0.323	0.468	0	1
金融知识	5462	0.601	0.490	0	1
偏好风险	5462	0.129	0.335	0	1
风险厌恶	5462	0.592	0.492	0	1
劳动收入（元）	5462	70806.9	107881	0	2403000
金融资产（元）	5462	124761.1	277264.5	58	1873989
住房净资产（元）	5462	1002591	1665285	913	9153055
从业人员（千人）	5462	3174.3	4462.5	64.71	17175.2
人均GDP（元）	5462	68719.9	38048.3	11395	167411
东部地区	5462	0.464	0.499	0	1
中部地区	5462	0.260	0.439	0	1
西部地区	5462	0.275	0.447	0	1
一线城市	5462	0.106	0.308	0	1

变量名	观测值	均值	方差	最小值	最大值
二线城市	5462	0.365	0.482	0	1
三线城市	5462	0.215	0.411	0	1
四线城市	5462	0.314	0.464	0	1

二、基本模型

本章关注的被解释变量是家庭创业，其定义方法与前文基本保持一致，为离散二元变量，所以本章主要使用离散选择模型。第五章已经详细介绍了离散选择模型的基本原理及其内生性问题的处理方法，这里我们只是简单地回顾 Probit 模型的基本原理。

在二值选择 Probit 模型中，一般都可以通过"潜变量"来表达个体行为的经济效用，若效用大于 0，则选择做，反之，选择不做。假设个体经济效用为：

$$y^* = x'\beta + \varepsilon \tag{7.5}$$

其中，个体效用 y^* 为潜变量，个体决策规则为：

$$y = \begin{cases} 1, & \text{若 } y^* > 0 \\ 0, & \text{若 } y^* \leq 0 \end{cases} \tag{7.6}$$

Probit 模型表达为：

$$P(y=1 \mid x) = P(y^* > 0 \mid x) = P(x'\beta + \varepsilon \mid x)$$
$$= P(\varepsilon > -x'\beta \mid x) = P(\varepsilon < x'\beta) = F_\varepsilon(x'\beta)$$

其中，$\varepsilon \sim N(0, 1)$。

Probit 模型为非线性模型，可以使用最大似然法（MLE）估计。需要说明的是，Probit 模型直接估计的系数并没有太大意义，只是展示回归结果的方向性，一般情况下，需要通过计算边际效应来反映估计效果。

结合本章的研究内容，我们将本节的基本模型设定为：

$$\text{Entrepre}_i^* = \alpha_1 \text{Loan\_type}_i + \beta X_i' + \gamma c_i' + \mu_i \tag{7.7}$$

其中，$u_i \sim N(0, 1)$，$\text{Entrepre}_i = 1(\text{Entrepre}_i^* > 0)$，式（7.7）中，$\text{Entrepre}_i^*$ 为潜变量，Entrepre_i 表示家庭是否参与工商业经营，1 为是，0

为否；Loan_type$_i$ 为家庭 i 的购房融资方式，1 为按揭贷款购房，0 为民间借贷购房，X_i 为家庭特征，c_i 为家庭居住地的城市特征，μ_i 表示随机误差项。

三、中介效应的基本原理

中介效应是机制分析中常见的方法，本章后文会采用中介效应来分析购房融资方式影响家庭创业行为的传导机制，所以，我们首先简单地梳理中介效应的基本原理，详细信息可参考温忠麟等（2004）。

若解释变量 X 通过影响变量 M 而影响被解释变量 Y，M 就被称为中介变量。比如，"父母的经济地位"通过影响"子女的教育程度"而影响"子女的经济地位"。中介效应的基本原理如下：

$$Y = cX + e1 \tag{7.8}$$
$$M = aX + e2 \tag{7.9}$$
$$Y = c1X + bM + e3 \tag{7.10}$$

基本的路径如图 7-2 所示，可以发现，c 是 X 影响 Y 的总效应，ab 是通过中介变量 M 的中介效应，c1 是直接效应。其中，c、c1、ab 满足以下条件：

$$c = c1 + ab \tag{7.11}$$

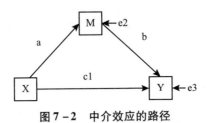

图 7-2　中介效应的路径

实际上，M 是否在 X 与 Y 之间存在中介效应，需要一定流程的检验，但需要注意的是，中介效应的前提是 X 与 Y 存在显著的相关性，即原假设 c = 0 被拒绝。相较于中介效应的估计，其检验更加复杂。图 7-3 呈现了相应的检验流程。需要注意的是，若中介变量不止一个而有多个时，其中介效应的分析与检验的思路基本一致，但式（7.11）不再成立（温忠麟等，

2004）。本章将基于中介效应的基本原理，使用该方法检验购房融资方式影响家庭创业活动的机制。

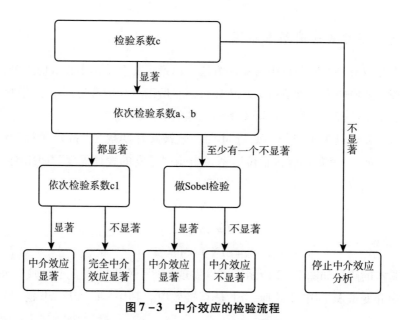

图7-3 中介效应的检验流程

资料来源：温忠麟、张雷、侯杰泰、刘红云：《中介效应检验程序及其应用》，载于《心理学报》2004年第5期，第614~620页。

第五节 实证结果与分析

一、基本回归结果

接下来，我们将严谨地实证分析购房融资方式与家庭创业活动之间的关系。表7-6汇报了购房融资决策对家庭创业以及家庭创业动机的影响，其中，第（1）列~第（3）列分别是家庭创业、机会型创业与生存型创业的回归结果。可以发现，购房融资决策的系数均在1%统计水平下显著为正，其边际分析分别为0.096、0.088、0.026。这表明，相较于民间借贷购房的家庭，选择按揭贷款购房的家庭参与创业活动、主动创业以及被动创业的可能性都更大，而且获得正规金融机构贷款购房更有利于家庭主动参与创业活动。

表 7 - 6　　　　　　　　　　　基本回归结果

变量	（1） 家庭创业	（2） 机会型创业	（3） 生存型创业
购房融资方式	0.096 *** （7.481）	0.088 *** （7.458）	0.026 *** （3.621）
是否男性	0.034 ** （2.529）	0.030 ** （2.382）	0.013 （1.539）
年龄	0.004 （1.017）	- 0.001 （- 0.351）	0.011 *** （3.926）
年龄平方	- 0.000 * （- 1.757）	- 0.000 （- 0.484）	- 0.000 *** （- 4.015）
文化程度	- 0.069 *** （- 5.707）	- 0.052 *** （- 4.621）	- 0.034 *** （- 4.156）
已婚或再婚	0.007 （0.341）	0.007 （0.327）	0.007 （0.544）
家庭总人口数	0.035 *** （8.923）	0.031 *** （8.400）	0.011 *** （5.523）
家庭少儿占比	- 0.072 ** （- 2.368）	- 0.036 （- 1.322）	- 0.048 *** （- 2.757）
家庭老年占比	- 0.177 *** （- 6.062）	- 0.188 *** （- 6.579）	- 0.018 （- 1.209）
居住地是否在农村	- 0.064 *** （- 4.415）	- 0.039 *** （- 3.012）	- 0.037 *** （- 4.433）
金融知识	0.008 （0.777）	0.010 （0.930）	- 0.000 （- 0.044）
偏好风险	0.004 （0.302）	0.006 （0.508）	- 0.001 （- 0.128）
风险厌恶	- 0.014 （- 1.349）	- 0.004 （- 0.333）	- 0.014 ** （- 2.497）
劳动收入	0.048 *** （6.917）	0.040 *** （5.938）	0.019 *** （5.085）

变量	（1） 家庭创业	（2） 机会型创业	（3） 生存型创业
劳动收入平方	-0.006 *** （-9.550）	-0.005 *** （-8.358）	-0.002 *** （-6.323）
家庭金融资产	0.024 *** （8.997）	0.025 *** （10.295）	0.003 * （1.919）
住房净资产	0.024 *** （6.303）	0.022 *** （5.697）	0.006 *** （3.328）
就业人员	-0.003 （-0.491）	-0.005 （-0.906）	0.003 （1.010）
人均 GDP	0.020 （1.347）	0.013 （0.905）	0.010 （1.518）
东部地区	0.007 （0.479）	0.006 （0.435）	-0.001 （-0.138）
中部地区	0.002 （0.120）	-0.006 （-0.413）	0.009 （1.208）
一线城市	-0.024 （-0.734）	0.004 （0.135）	-0.040 *** （-2.607）
二线城市	0.003 （0.143）	0.019 （0.993）	-0.015 （-1.566）
三线城市	0.028 * （1.706）	0.041 *** （2.686）	-0.007 （-0.798）
样本量	5462	5297	4701
R^2	0.206	0.217	0.191

注：本表汇报的是 Probit 模型的边际分析，并且采用城市层面稳健标准误进行估计，*** 表示 $p < 0.01$，** 表示 $p < 0.05$，* 表示 $p < 0.1$。

除此之外，从户主特征来说，户主文化程度越高的家庭参与创业活动的概率越低。就家庭人口特征而言，家庭规模越大，家庭参与创业活动的概率越高，因为人口规模越大的家庭拥有越多的资源，因此，家庭参与创业的资源也越多（尹志超等，2015；周洋和刘雪瑾，2017）。而少儿占比、老年人占比越高的家庭参与创业活动的概率越低。农村地区的家庭由于受到资金与个体能力等方面的约束更强，并且农村地区的社会保障制度尚未完善，使农村家庭参与创业活动的概率更低（尹志超等，2015）。在控制其他因素之后，劳动收入与家庭创业呈现倒 U 形关系，这意味着当家庭劳动收入低于某数值时，随着劳动收入的上升，家庭参与创业活动的概率也会提高，而一旦家庭收入超过某数值，随着劳动收入的上升，家庭参与创业活动的概率反倒会降低。这可能是因为当劳动收入很低时，维持家庭生计都很困难，此时，家庭会被迫选择创业，而当劳动收入达到足够高的程度时，家庭参与创业的需求将会降低。此外，家庭金融资产越多，家庭参与创业的概率越高。住房净资产越高的家庭参与创业活动的概率越高。

二、内生性处理

上述基本回归的结果中，购房融资方式可能因逆向因果与遗漏变量等因素导致内生性问题，比如，创业偏好是家庭创业决策的影响因素，但 CHFS 数据并未记录这一数据，基本模型难以控制这类不可观测的变量。因此，本章将利用工具变量的方法解决内生性问题。如前文所述，好的工具变量需要满足两个条件：一是与内生解释变量相关；二是与基本模型的扰动项不相关，也可以理解为与被解释变量不相关。在本节的分析中，我们将购房年份对应的城市工资水平与金融机构贷款余额作为购房融资方式的工具变量。我们收集了 2000～2017 年各城市的城市平均工资水平与 2003～2017 年各城市的贷款余额，并结合家庭的购房年份与家庭微观数据进行匹配。需要说明的是，大部分城市是在 2003 年才开始陆续公布金融机构贷款数据，所以 2000～2003 年期间购房的家庭都与 2003 年的城市贷款余额进行匹配。一方面，城市的信贷资源与家庭信贷行为密切相关，城市信贷资源越多，家庭购房获得正规渠道融资的概率就越大。同时，当家庭存在信贷需求时，其工资水平是金融机构判定其还款能力的重要指标，因此，工资水平越高，家庭获得正规信贷的可能性越大。另一方面，大部分家庭都是在 2017 年之前进行购房，所以这两个工具变量都是历史变量，对家庭当前的创业情况并没有直接的影响。同时，信贷市场存在信息不对称问题，初创企业难以获得银行的正规信贷支持（尹志超和甘犁，2011），因此，城市的信贷资源与当前创业行为并没有直接的影响。所以我们认为，这两个工具变量与家庭购房融资决策高度相关，而与家庭创业无关，也就是说这两个变量作为家庭购房融资决策的工具变量是合理的。

表7-7汇报了 IV Probit 模型的估计结果，其中，第（1）列是购房融资方式的回归结果，第（2）列是家庭是否创业的回归结果，第（3）列是家庭是否主动创业的回归结果，第（4）列是家庭是否被动创业的回归结果。

表7-7 内生性处理

变量	(1) 购房融资方式	(2) 家庭创业	(3) 机会型创业	(4) 生存型创业
贷款余额	0.046 *** (0.014)			
平均工资水平	0.032 * (0.018)			
购房融资方式		0.197 ** (0.096)	0.250 ** (0.110)	0.003 (0.054)
是否男性	-0.023 (0.014)	0.029 * (0.015)	0.027 * (0.014)	0.012 (0.010)
年龄	-0.003 (0.005)	0.006 (0.004)	0.002 (0.004)	0.009 *** (0.003)
年龄平方	0.000 (0.000)	-0.000 ** (0.000)	-0.000 (0.000)	-0.000 *** (0.000)
文化程度	0.108 *** (0.018)	-0.081 *** (0.019)	-0.076 *** (0.021)	-0.026 ** (0.012)
已婚或再婚	0.047 ** (0.020)	0.007 (0.025)	-0.005 (0.023)	0.022 (0.016)
家庭总人口数	-0.020 *** (0.005)	0.036 *** (0.005)	0.034 *** (0.005)	0.010 *** (0.003)

续表

变量	（1） 购房融资方式	（2） 家庭创业	（3） 机会型创业	（4） 生存型创业
家庭少儿占比	0.034 （0.038）	-0.053 （0.033）	-0.022 （0.031）	-0.045 ** （0.020）
家庭老年占比	-0.050 * （0.029）	-0.201 *** （0.034）	-0.214 *** （0.035）	-0.023 （0.016）
居住地是否在农村	-0.110 *** （0.017）	-0.055 ** （0.022）	-0.022 （0.022）	-0.044 *** （0.013）
金融知识	0.059 *** （0.012）	0.002 （0.015）	0.001 （0.016）	-0.002 （0.007）
偏好风险	0.018 （0.016）	0.011 （0.014）	0.009 （0.014）	0.009 （0.009）
风险厌恶	0.022 * （0.013）	-0.008 （0.013）	-0.003 （0.013）	-0.007 （0.006）
劳动收入	-0.055 *** （0.008）	0.048 *** （0.010）	0.043 *** （0.011）	0.018 *** （0.005）
劳动收入的平方	0.005 *** （0.001）	-0.006 *** （0.001）	-0.005 *** （0.001）	-0.002 *** （0.000）
家庭金融资产	0.045 *** （0.004）	0.023 *** （0.008）	0.019 ** （0.008）	0.006 （0.004）
住房净资产	0.032 *** （0.005）	0.021 *** （0.005）	0.017 *** （0.005）	0.006 ** （0.003）
就业人员	-0.026 * （0.015）	-0.001 （0.006）	-0.003 （0.007）	0.003 （0.003）
人均 GDP	0.042 * （0.024）	0.006 （0.019）	-0.005 （0.020）	0.011 （0.010）
东部地区	-0.014 （0.029）	0.019 （0.015）	0.018 （0.016）	0.004 （0.009）

续表

变量	(1) 购房融资方式	(2) 家庭创业	(3) 机会型创业	(4) 生存型创业
中部地区	-0.022 (0.028)	0.010 (0.017)	0.002 (0.018)	0.011 (0.008)
一线城市	-0.047 (0.053)	-0.027 (0.039)	-0.001 (0.041)	-0.036** (0.017)
二线城市	0.022 (0.038)	-0.014 (0.024)	-0.002 (0.026)	-0.017 (0.012)
三线城市	0.025 (0.024)	0.008 (0.018)	0.019 (0.018)	-0.011 (0.009)
样本量	4422	4422	4288	3792
不可识别检验：				
Kleibergen – Paap rk LM 统计量		41.139 (0.000)	40.286 (0.000)	34.472 (0.000)
弱工具变量检验：				
Cragg – Donald Wald F 统计量		53.912	50.201	38.569
Kleibergen – Paap rk Wald F 统计量		43.812	41.777	29.283
所有工具变量过度识别检验：				
Hansen J 统计量		0.475 (0.491)	0.651 (0.419)	0.136 (0.712)

注：本表汇报的是 Probit 模型的边际分析，并且采用城市层面稳健标准误进行估计，*** 表示 $p < 0.01$，** 表示 $p < 0.05$，* 表示 $p < 0.1$。

其估计结果可以概括为以下两个方面：

第一，该工具变量通过了一系列内生性检验。在不可识别检验中，Kleibergen – Paap rk LM 统计值的 P 值都为 0.000，因此拒绝了不可识别原假设。在弱工具变量的检验中，一阶段估计的 F 值分别为 43.812、41.777、29.283，根据斯托克和约吾（Stock and Yogo，2005），F 值大于 10% 偏误水平的临界值为 19.93，这意味着，这两个工具变量与家庭购房融资方式具有较强的联系，拒绝了弱工具变量的原假设。最后，关于过度识别的检验，

Hansen J 统计量的 P 值分别为 0.491、0.419、0.712,并不能拒绝原假设"所有工具变量都是外生的",因此,我们选择的工具变量是满足外生的,即城市的工资水平和贷款余额,与模型扰动项不相关。而且表 7 - 7 的第(1)列回归结果显示,贷款余额与工资水平的边际系数均是显著为正,即印证了前文的预测,同时也表明工具变量与内生变量存在较强的相关性,满足了工具变量的要求。

第二,回归结果表明,在克服了内生性问题之后,购房融资决策与家庭创业以及主动创业依旧呈现正相关关系,其边际影响分别为 0.197、0.250,均在 5% 的统计水平下显著。这进一步表明,购房融资决策有利于促进家庭创业及其主动创业。除此之外,我们也发现,购房融资方式对生存型创业的影响并不稳定,可能是由于两种购房融资方式各具优势,如前文所述,按揭贷款购房虽然能有效缓解家庭创业的资金约束问题,促进家庭从事生存型创业,但相较于民间借贷购房,按揭贷款购房需要支付利息,购房成本更高,同时家庭也需要每月定期偿还房贷,这就意味着,陷入就业困境的家庭长期承受较大的还款压力,从而对生存型创业活动产生挤占作用。

三、机制分析

上文研究发现,相较于民间借贷,按揭贷款购房更有利于提高家庭参与创业活动的概率。接下来,我们将从贷款额度、贷款期限与信贷可得性的角度进一步分析购房融资方式影响家庭创业活动的机制。

(一) 贷款额度与贷款期限

有效样本显示,按揭贷款购房的家庭平均能贷 44.9 万元,是民间借贷的 5.2 倍,并且按揭贷款期限平均为 18 年,而民间借贷为 6 年。由此,我们推测相较于民间借贷购房,按揭贷款购房使家庭的资金配置更加灵活与充足,从而有利于缓解家庭的资金压力,进而促进家庭创业。接下来,我们将采用中介效应的分析方法探讨购房融资方式通过贷款额度和贷款期限两个途径来影响家庭创业决策。

表 7 - 8 是在基本模型中引入贷款期限和贷款额度的机制分析结果,第(1)列是贷款期限的回归结果,第(2)列是贷款额度的回归结果,

第（3）列~第（5）列分别是家庭创业、机会型创业与生存型创业的回归结果。根据中介效应的基本原理，可以发现，购房融资方式对贷款额度与贷款期限均有显著的正向影响，而在家庭创业和机会型创业的回归结果中，贷款额度的系数均在1%的统计水平下显著为正，而贷款期限虽然为正，但并不显著。这意味着，贷款额度是购房融资方式与家庭创业、机会型创业的中介效应，即购房融资方式通过贷款额度影响家庭创业和机会型创业，具体表述为：相较于民间借贷，按揭贷款的贷款额度更高，从而促进家庭创业与机会型创业。

而在生存型创业的回归结果中，购房融资方式和贷款期限对生存型创业活动都有正向影响，且至少在10%的统计水平下显著。这表明，购房融资方式促进生存型创业主要是通过贷款期限的渠道，对于就业困难的家庭而言，家庭生活压力过重的概率较大，而贷款期限越长，每月还款压力越小，从而可以促进就业困难的家庭参与生存型创业活动。需要说明的是，如前文所述，当中介变量不止一个时，式（7.11）并不成立，因此，我们认为，贷款额度与贷款期限是购房融资方式影响家庭创业活动的机制的结论是成立且可靠的。

表7-8　　　　　　　　　机制分析——贷款期限与额度

变量	（1）贷款期限	（2）贷款额度	（3）家庭创业	（4）机会型创业	（5）生存型创业
购房融资方式	7.824 *** (0.631)	1.055 *** (0.035)	0.121 *** (0.044)	0.113 ** (0.047)	0.043 * (0.023)
贷款期限			0.002 (0.001)	0.001 (0.001)	0.001 ** (0.001)
贷款额度			0.028 *** (0.011)	0.034 *** (0.012)	-0.007 (0.006)
是否男性	0.279 (0.305)	-0.031 (0.031)	0.034 * (0.018)	0.035 * (0.018)	0.009 (0.009)
年龄	-0.518 *** (0.121)	-0.029 *** (0.010)	0.012 * (0.006)	0.009 (0.006)	0.010 *** (0.003)

续表

变量	（1）贷款期限	（2）贷款额度	（3）家庭创业	（4）机会型创业	（5）生存型创业
年龄平方	0.005 *** (0.001)	0.000 ** (0.000)	-0.000 *** (0.000)	-0.000 ** (0.000)	-0.000 *** (0.000)
文化程度	1.310 *** (0.383)	0.181 *** (0.030)	-0.104 *** (0.019)	-0.085 *** (0.019)	-0.046 *** (0.010)
已婚或再婚	-0.948 * (0.539)	0.088 * (0.047)	0.015 (0.033)	0.006 (0.032)	0.029 (0.025)
家庭总人口数	0.271 * (0.152)	0.046 *** (0.011)	0.055 *** (0.006)	0.052 *** (0.006)	0.016 *** (0.003)
家庭少儿占比	0.646 (0.943)	-0.021 (0.086)	-0.137 ** (0.055)	-0.104 ** (0.051)	-0.084 *** (0.028)
家庭老年占比	2.205 *** (0.763)	-0.117 * (0.065)	-0.299 *** (0.047)	-0.307 *** (0.046)	-0.052 ** (0.022)
居住地是否在农村	0.152 (0.474)	-0.105 ** (0.043)	-0.085 *** (0.028)	-0.075 *** (0.029)	-0.040 ** (0.016)
金融知识	0.129 (0.343)	-0.008 (0.031)	0.012 (0.020)	0.022 (0.020)	-0.012 (0.010)
偏好风险	-0.423 (0.456)	-0.051 (0.038)	0.011 (0.019)	0.008 (0.019)	0.009 (0.011)
风险厌恶	-0.451 (0.295)	-0.034 (0.027)	-0.014 (0.017)	0.001 (0.018)	-0.026 *** (0.008)
劳动收入	-0.029 (0.184)	-0.080 *** (0.018)	0.067 *** (0.012)	0.056 *** (0.012)	0.029 *** (0.007)
劳动收入平方	0.006 (0.015)	0.008 *** (0.002)	-0.009 *** (0.001)	-0.007 *** (0.001)	-0.003 *** (0.001)
家庭金融资产	0.014 (0.096)	0.030 *** (0.009)	0.026 *** (0.005)	0.026 *** (0.004)	0.003 (0.003)

续表

变量	(1) 贷款期限	(2) 贷款额度	(3) 家庭创业	(4) 机会型创业	(5) 生存型创业
住房净资产	0.477 *** (0.111)	0.150 *** (0.012)	0.033 *** (0.008)	0.028 *** (0.008)	0.013 *** (0.005)
就业人员	0.213 (0.177)	0.026 (0.028)	− 0.017 ** (0.008)	− 0.016 ** (0.007)	− 0.003 (0.005)
人均 GDP	− 0.466 (0.581)	0.121 ** (0.053)	0.061 ** (0.024)	0.049 ** (0.022)	0.024 * (0.013)
东部地区	0.595 (0.452)	0.102 * (0.056)	− 0.019 (0.021)	− 0.013 (0.020)	− 0.011 (0.012)
中部地区	0.652 (0.421)	0.075 * (0.040)	− 0.008 (0.024)	− 0.010 (0.023)	0.005 (0.012)
一线城市	4.524 *** (0.992)	0.237 ** (0.117)	− 0.062 (0.043)	− 0.036 (0.040)	− 0.045 ** (0.022)
二线城市	3.390 *** (0.686)	0.079 (0.074)	− 0.038 (0.031)	− 0.018 (0.030)	− 0.022 (0.015)
三线城市	2.284 *** (0.577)	0.093 * (0.054)	0.004 (0.028)	0.017 (0.026)	− 0.006 (0.014)
样本量	2599	5392	2594	2506	2066
R^2	0.268	0.579	0.254	0.248	0.327

注：本表汇报的是 Probit 模型的边际分析，并且采用城市层面稳健标准误进行估计，*** 表示 $p < 0.01$，** 表示 $p < 0.05$，* 表示 $p < 0.1$。

（二）信贷可得性

以上我们验证了相较于民间借贷，按揭贷款购房有更多的贷款额度与更长的贷款期限，从而有助于提高其创业活力。接下来，我们将从信贷可得性的角度，探讨购房融资方式影响家庭创业活动的机制。主要从两个方面进行分析：一方面，我们从创业者的资金需求、创业是否有负债以及创业信贷可得性角度来检验相较于民间借贷购房，按揭贷款购房的家庭在进行创业活动时，面临资金约束和持有创业负债的可能性更低。即使他们自身资金不足，需要外界融资，也更容易获得正规金融贷款，即信贷可得性更强。另一方面，我们从家庭的信贷可得性的角度，进一步考察信贷可得性机制的稳健性。

表7-9汇报了对应的回归结果，其中，第（1）列为创业者是否需要资金支持的回归结果，第（2）列为是否有创业负债的回归结果，第（3）列为创业信贷可得性的回归结果。可以看出，在第（1）列与第（2）列的回归结果中，购房融资方式的系数显著为负，而在第（3）列的回归中，购房融资方式的系数在1%的水平上显著为正。这些回归结果表明，相较于民间借贷，按揭贷款购房的家庭在进行创业活动时，可以根据家庭自身财富状况灵活配置资产，从而为创业活动提供较为宽裕的资金，由此，创业者面临的资金约束越小，外界资金需求也就越低。

表7-9	机制分析——信贷可得性		
变量	（1） 资金需求	（2） 创业负债	（3） 创业信贷可得性
购房融资方式	- 0. 062 * （ - 1. 832）	- 0. 157 *** （ - 4. 602）	0. 433 *** （6. 866）
是否男性	- 0. 015 （ - 0. 408）	0. 019 （0. 504）	- 0. 076 （ - 0. 835）
年龄	0. 029 ** （2. 542）	0. 002 （0. 166）	0. 021 （0. 778）
年龄平方	- 0. 000 *** （ - 2. 843）	- 0. 000 （ - 0. 527）	- 0. 000 （ - 0. 601）
文化程度	0. 028 （0. 800）	0. 012 （0. 338）	- 0. 016 （ - 0. 182）
已婚或再婚	- 0. 039 （ - 0. 701）	0. 003 （0. 048）	- 0. 139 （ - 1. 245）
家庭总人口数	0. 022 ** （2. 054）	0. 022 ** （1. 979）	- 0. 022 （ - 0. 871）

变量	(1) 资金需求	(2) 创业负债	(3) 创业信贷可得性
家庭少儿占比	-0.136 (-1.516)	-0.060 (-0.656)	0.253 (1.238)
家庭老年占比	-0.013 (-0.139)	-0.065 (-0.666)	0.001 (0.005)
居住地是否在农村	0.036 (0.960)	-0.009 (-0.232)	-0.042 (-0.520)
金融知识	0.035 (1.063)	-0.039 (-1.209)	-0.018 (-0.272)
偏好风险	0.021 (0.519)	-0.005 (-0.115)	0.066 (0.681)
风险厌恶	-0.031 (-1.018)	-0.032 (-1.004)	0.020 (0.272)
劳动收入	-0.004 (-0.231)	-0.007 (-0.331)	0.018 (0.446)
劳动收入平方	-0.000 (-0.109)	-0.000 (-0.009)	-0.001 (-0.232)
家庭金融资产	0.001 (0.078)	0.011 (1.388)	-0.007 (-0.390)
住房净资产	-0.001 (-0.046)	0.015 (1.342)	0.031 (1.165)
就业人员	-0.004 (-0.250)	-0.000 (-0.021)	0.022 (0.644)
人均GDP	0.029 (0.770)	0.021 (0.534)	-0.019 (-0.224)
东部地区	-0.012 (-0.339)	-0.058 (-1.630)	0.072 (0.839)

续表

变量	(1) 资金需求	(2) 创业负债	(3) 创业信贷可得性
中部地区	0.001 (0.032)	-0.066* (-1.733)	0.007 (0.091)
一线城市	-0.124 (-1.544)	-0.175** (-2.108)	-0.271 (-1.538)
二线城市	-0.087* (-1.735)	-0.140*** (-2.767)	-0.156 (-1.373)
三线城市	-0.021 (-0.507)	-0.107** (-2.540)	-0.168* (-1.830)
样本量	925	926	214
R^2	0.044	0.067	0.192

注：本表汇报的是 Probit 模型的边际分析，并且采用城市层面稳健标准误进行估计，*** 表示 $p < 0.01$，** 表示 $p < 0.05$，* 表示 $p < 0.1$。

此外，即使按揭贷款的潜在创业者面临较大的资金压力，他们也能通过获得正规信贷进行克服。因为在申请按揭贷款的过程中，家庭能熟悉申请正规贷款的流程，结识银行信贷人员，从而为后期申请银行信贷提供经验和便利。而且，按揭贷款属于中长期贷款，潜在创业者在偿还房贷的过程中可以与银行建立长期的信贷关系，而这种长期信贷关系使银行能有效地识别借款者的信用质量，克服信贷市场的信息不对称。再加上我国个人住房抵押贷款的不良率一直处于较低水平，按揭贷款购房者普遍都是优质的银行客户，更容易获得正规信贷的支持，有利于促进家庭创业。

为了检验该机制的稳健性，我们也借鉴了何韧等（2012）的方法，构建了家庭信贷可得性的代理变量。CHFS 数据除了询问住房负债之外，也记录了家庭是否有生产经营、商铺、汽车等负债，以及这些负债的来源，因此，我们将家庭除了住房负债之外在其他任一方面有正规金融贷款作为信贷可得性的指标。具体为：若家庭在生产经营、商铺、汽车等任一方面有正规信贷，就将这些家庭样本标记为1，反之，剩余家庭样本标记为0。有效样本中，仅有9.1%的家庭获得了正规信贷。

按照前文中介效应分析的原理,我们使用该方法来验证信贷可得性在购房融资方式与家庭创业活动之间的中介效应。具体操作分为三步:第一步,家庭创业对购房融资方式进行回归;第二步,信贷可得性对购房融资方式进行回归;第三步,家庭创业对购房融资方式和信贷可得性进行回归。第一步已经在表7-6的基本回归结果中汇报,购房融资方式对家庭创业、机会型创业、生存型创业均有显著正向作用。表7-10的第(1)列为第二步的结果,而第(2)列~第(4)列是第三步的结果。可以发现,在第(1)列~第(4)列中,购房融资方式的边际效应都显著为正,且在第(2)列~第(4)列中,信贷可得性的边际效应也显著为正,即验证了信贷可得性的中介效应的存在,这说明,购房融资方式通过提高家庭的信贷可得性,促进了家庭创业活动。这也再次证明,信贷可得性是购房融资方式影响家庭创业行为的机制。

表7-10 信贷可得性

变量	(1) 信贷可得性	(2) 家庭创业	(3) 机会型创业	(4) 生存型创业
购房融资方式	0.033 *** (0.012)	0.090 *** (0.013)	0.084 *** (0.012)	0.025 *** (0.007)
信贷可得性		0.124 *** (0.014)	0.112 *** (0.014)	0.031 *** (0.008)
是否男性	0.024 ** (0.010)	0.030 ** (0.013)	0.027 ** (0.013)	0.011 (0.008)
年龄	0.008 ** (0.004)	0.003 (0.004)	-0.002 (0.003)	0.010 *** (0.003)
年龄平方	-0.000 *** (0.000)	-0.000 (0.000)	-0.000 (0.000)	-0.000 *** (0.000)
文化程度	0.013 (0.012)	-0.071 *** (0.012)	-0.054 *** (0.011)	-0.034 *** (0.008)
已婚或再婚	0.013 (0.017)	0.007 (0.022)	0.006 (0.020)	0.007 (0.013)

续表

变量	（1）信贷可得性	（2）家庭创业	（3）机会型创业	（4）生存型创业
家庭总人口数	0.018 *** (0.003)	0.033 *** (0.004)	0.029 *** (0.004)	0.010 *** (0.002)
家庭少儿占比	− 0.085 *** (0.027)	− 0.058 * (0.030)	− 0.024 (0.026)	− 0.043 ** (0.017)
家庭老年占比	− 0.072 *** (0.024)	− 0.169 *** (0.030)	− 0.180 *** (0.029)	− 0.018 (0.015)
居住地是否在农村	0.024 * (0.012)	− 0.067 *** (0.015)	− 0.042 *** (0.013)	− 0.038 *** (0.008)
金融知识	0.004 (0.009)	0.009 (0.011)	0.010 (0.010)	− 0.000 (0.006)
偏好风险	0.020 * (0.011)	0.001 (0.013)	0.004 (0.012)	− 0.003 (0.008)
风险厌恶	− 0.024 *** (0.007)	− 0.011 (0.011)	− 0.000 (0.011)	− 0.013 ** (0.006)
劳动收入	− 0.002 (0.007)	0.049 *** (0.007)	0.042 *** (0.007)	0.019 *** (0.004)
劳动收入平方	− 0.000 (0.001)	− 0.006 *** (0.001)	− 0.005 *** (0.001)	− 0.002 *** (0.000)
家庭金融资产	0.004 (0.003)	0.023 *** (0.003)	0.024 *** (0.002)	0.003 * (0.002)
住房净资产	0.003 (0.003)	0.023 *** (0.004)	0.021 *** (0.004)	0.006 *** (0.002)
就业人员	− 0.001 (0.005)	− 0.002 (0.006)	− 0.005 (0.006)	0.003 (0.003)
人均 GDP	0.005 (0.013)	0.019 (0.014)	0.012 (0.014)	0.010 (0.007)

变量	（1） 信贷可得性	（2） 家庭创业	（3） 机会型创业	（4） 生存型创业
东部地区	- 0.028 ** （0.012）	0.011 （0.014）	0.010 （0.014）	0.000 （0.008）
中部地区	- 0.024 * （0.014）	0.007 （0.015）	- 0.001 （0.015）	0.010 （0.007）
一线城市	- 0.030 （0.026）	- 0.017 （0.032）	0.011 （0.032）	- 0.040 ** （0.016）
二线城市	- 0.033 * （0.018）	0.009 （0.019）	0.026 （0.019）	- 0.014 （0.010）
三线城市	- 0.019 （0.014）	0.031 * （0.017）	0.045 *** （0.016）	- 0.006 （0.009）
样本量	5462	5462	5297	4701
R^2	0.066	0.222	0.234	0.202

注：本表汇报的是 Probit 模型的边际分析，并且采用城市层面稳健标准误进行估计， *** 表示 $p < 0.01$， ** 表示 $p < 0.05$， * 表示 $p < 0.1$。

上述实证结果验证了前文的理论预测，表明家庭利用按揭贷款购房更有利于提升家庭创业及其主动创业的可能性。一方面，自有资金是家庭创业的主要资金来源，按揭贷款购房可以使家庭获得较多的购房贷款资金与较长的贷款期限，有利于缓解他们的流动性约束，降低他们对外界资金的需求，从而减少家庭创业负债的可能性；另一方面，在融资难、融资贵的背景下，按揭贷款购房可以使家庭熟悉正规贷款的申请流程并结识正规金融机构的信贷人员，同时向银行传递拥有抵押品资产的信号，并与银行建立长期且良好的信贷关系，有利于提高银行信贷的可得性，从而促进家庭创业。

四、稳健性检验

以上是从静态的角度分析购房融资方式与家庭创业活动之间的关系，接下来，我们将利用跨期数据，进一步考察购房融资决策是否会促进潜在创业者进入市场，以及抑制创业者退出市场。首先，关于潜在创业者进入市场的定义方式,我们借鉴蔡栋梁等(2018)的方法,将 2015 年没有创业的家庭,而 2017 年参与了创业的家庭取值为 1,反之,在这期间一直没有进行创业的家庭取值为 0,最终保留有效样本 3078 个,其中,进入创业市场的家庭占 6.69%。其次,关于创业者退出市场的定义方式为:在 2015 年有工商业经营而在 2017 年变为不再经营工商业的家庭为退出创业市场的家庭,取值为 1,反之,在此期间一直处于经营状态的家庭取值为 0,最终保留有效样本 660 个,其中有 41.67% 创业者退出市场。最后,我们在通过 Probit 模型分析购房融资方式对企业的进入与退出的影响,表 7 – 11 汇报了相应的结果。

表 7 – 11 中,第(1)列是潜在创业者进入市场的回归结果,第(2)列是创业者退出市场的回归结果。可以发现,在创业者进入的模型中,购房融资方式的系数在 1% 统计水平下显著为正,而在创业者退出的模型中,购房融资方式的系数在 1% 统计水平下显著为负,这意味着,购房融资方式对家庭企业的进入与退出均具有显著影响,相较于民间借贷,按揭贷款购房可以显著促进潜在创业者进入创业市场,并且有效地抑制创业者退出市场。

表 7 – 11　　　　　　　　　　　企业的进入与退出

变量	(1) 进入创业市场	(2) 退出创业市场
购房融资方式	0.043 *** (0.011)	− 0.175 *** (0.040)
是否男性	0.034 ** (0.015)	− 0.033 (0.050)
年龄	0.009 ** (0.003)	− 0.023 (0.017)
年龄平方	− 0.000 *** (0.000)	0.000 (0.000)
文化程度	− 0.035 *** (0.013)	0.054 (0.053)

变量	(1) 进入创业市场	(2) 退出创业市场
已婚或再婚	-0.029 * (0.017)	-0.047 (0.080)
家庭总人口数	0.011 *** (0.003)	-0.035 ** (0.015)
家庭少儿占比	-0.006 (0.028)	-0.105 (0.122)
家庭老年占比	-0.005 (0.023)	0.145 (0.125)
居住地是否在农村	-0.029 ** (0.012)	0.078 (0.049)
金融知识	0.006 (0.010)	0.012 (0.043)
偏好风险	0.007 (0.012)	-0.045 (0.047)
风险厌恶	0.001 (0.011)	-0.077 * (0.042)
劳动收入变化	0.017 *** (0.005)	-0.060 *** (0.020)
劳动收入平方的变化	-0.002 *** (0.000)	0.007 *** (0.002)
金融资产的变化	0.011 *** (0.003)	-0.012 (0.010)
住房净资产的变化	0.002 (0.003)	-0.037 *** (0.013)
就业人员	0.001 (0.004)	0.018 (0.018)

续表

变量	(1) 进入创业市场	(2) 退出创业市场
人均 GDP	− 0.015 (0.011)	− 0.057 (0.045)
东部地区	0.032 *** (0.011)	0.062 (0.045)
中部地区	0.014 (0.012)	0.145 *** (0.046)
一线城市	0.000 (0.026)	− 0.081 (0.116)
二线城市	0.009 (0.016)	− 0.024 (0.066)
三线城市	− 0.011 (0.012)	− 0.029 (0.056)
样本量	3078	660
R^2	0.073	0.119

注：本表汇报的是 Probit 模型的边际分析，并且采用城市层面稳健标准误进行估计，*** 表示 $p < 0.01$，** 表示 $p < 0.05$，* 表示 $p < 0.1$。

本 章 小 结

　　本章利用 2017 年 CHFS 数据，分析了中国住房信贷市场与创业市场之间的内在联系。研究发现，在中国正规的住房信贷市场中，只要满足了首付要求，住房的正规信贷约束较小，而在非正规的住房信贷市场中，由于大部分中国家庭都倾向于向亲朋好友借钱购房，所以非正规的住房信贷活动非常普遍且呈现无利息的现象。然而，这两种购房信贷支持方式对家庭创业的影响存在差异，相较于非正规信贷，正规的购房贷款支持更有利于促进家庭创业及其主动创业。

　　进一步分析发现其中的原因是：首先，正规信贷能够提供充足的购房贷款，且贷款期限较长，有利于家庭灵活安排自有资金，为潜在创业者预留充足的启动资金或后期经营资金，缓解流动性约束，从而促进创业活动。其次，不熟悉正规贷款的申请流程是阻碍创业者获得银行信贷的重要原因，而采用正规信贷购房的家庭更加了解银行贷款的申请流程，为潜在创业者申请正规贷款提供了经验，提高了创业者的信贷可得性。最后，购房获得正规信贷支持的家庭在偿还贷款的过程中，可以与银行建立长期且良好的信贷关系，使银行能有效识别借款者的信用质量，从而提高其信贷可得性，进而释放家庭创业活力。为了检验研究结果的稳健性，我们进一步利用 2015 年与 2017 年 CHFS 数据找出成功追踪的家庭，深入分析不同的购房信贷支持对创业者进入与退出的影响差异。实证分析发现，相较于非正规的购房信贷支持，获得正规信贷购房支持提高了家庭进入创业市场的概率，而降低了其退出创业市场的可能性。

本章研究结论具有理论与现实意义。一方面，本章对家庭借贷行为的研究做了有益补充。现有文献更加关注家庭负债的原因、住房负债对消费行为的影响等，鲜有学者关注购房融资方式，并将其与创业活动联系在一起。另一方面，本章揭示了中国住房市场、住房信贷体制与实体经济存在密不可分的联系，在"支持小微企业融资"的政策实施过程中，不应忽略住房市场与住房金融体系的发展对家庭创业的重要影响。由于银行是自负盈亏的金融机构，为了预防信贷风险，它们更倾向于向信用质量好的借款者提供贷款，然而，信贷市场中又存在由于信息不对称导致的道德风险与逆向选择问题，使银行无法准确识别借款者的信用质量，而住房可以作为抵押品提高正规信贷可得性。虽然我国住房再融资并不普及，但获得正规购房信贷的购房者可以与银行建立长期信贷联系，银行可以通过这些信贷信息与信贷关系有效识别借款者的信用质量，有利于克服信贷市场的信息不对称。因此，加快完善住房金融制度，并将其与创业信贷市场联系起来，将有助于克服信贷市场的逆向选择与道德风险，缓解创业融资难、融资贵的问题，增强创业活力、拉动就业，促进实体经济的发展。

第八章

结论、政策建议与展望

基于 CHFS 数据，本书从家庭债务结构、住房负债以及购房融资方式三个角度深入研究了家庭债务对家庭创业行为的影响。本章首先回顾和总结相关研究结论，然后提出相应的政策建议，最后指出未来的研究方向。

第一节 研 究 结 论

第一，在家庭债务结构与家庭创业行为的分析中，本书利用 2017 年 CHFS 数据，并与 2016 年各省份家庭部门债务数据进行匹配，运用 Probit 模型与 IV Probit 模型，实证分析家庭债务结构对家庭创业活动的影响。研究发现，居民部门的信贷资源集中于消费性贷款或中长期贷款，都会显著地降低家庭参与创业活动的可能性，尤其是机会型创业。机制分析发现，高房价是家庭债务结构影响家庭创业行为的机制。实际上，家庭部门的债务集中于消费性贷款或中长期贷款都有助于促进创业活动，但城市房价水平过高耗费了太多的消费性贷款和中长期贷款，从而弱化了这两类贷款对家庭创业活动的促进作用。进一步异质性分析发现，相较于经济欠发达的地区，经济发达区域的家庭债务更集中于消费性贷款和中长期贷款，所以家庭债务结构对家庭创业的负向作用在经济发达的地区尤为突出。

第二，住房负债是家庭负债的主要构成部分，为了深入探讨家庭债务结构抑制家庭创业活动的深层次原因，本书利用 2015 年和 2017 年 CHFS 数据，运用固定效应模型与工具变量法，考察住房负债与家庭创业行为之间的内在联系。同时，本书也采用了倾向得分匹配与双重差分法，分析还清住房负债对家庭创业行为的影响。研究发现，相较于没有住房负债的家庭，有住房负债的家庭参与创业活动的可能性更低，而且住房负债的额度越高，家庭参与创业活动的概率越低。进一步分析发现，家庭一旦还清住房负债，其风险偏好程度会随之提高，从而促进家庭参与创业活动。

第三，住房信贷市场呈现二元结构，不同的购房融资方式可能会对家庭创业行为产生不同的影响差异，由此，本书更进一步探讨了购房融资方式对家庭创业行为的影响。研究发现，首先，相较于非正规信贷购房，正规信贷购房更有利于促进家庭创业及其主动创业。因为正规信贷购房能够提供充足的贷款额度和较长的贷款期限，有利于家庭灵活安排自有资金，为潜在创业者预留充足的启动资金或后期经营资金，缓解家庭的流动性约束，从而提高家庭的创业活力。其次，不熟悉正规贷款的申请流程是阻碍创业者获得银行贷款的重要原因，而正规信贷购房的家庭更加了解银行贷款的申请流程，为潜在创业者申请银行贷款提供了经验，提高了潜在创业者的信贷可得性，从而促进了家庭创业。最后，正规信贷购房的家庭在偿还贷款的过程中，可以与银行建立长期且良好的信贷关系，使银行能有效识别借款者的信用质量，从而提高其信贷可得性，进而提升家庭参与创业活动的积极性。

本书的研究结论具有理论与现实意义。从理论层面来说，丰富了家庭债务与创业行为相关领域的研究。在现有的创业文献中，学者们更为关注金融知识、社会资本、财富水平、住房资产等因素对创业行为的影响，鲜有学者关注家庭债务对家庭创业行为的影响。在已有的家庭债务研究中，学者们集中于探讨家庭债务对经济增长、消费、失业率的影响，而对家庭债务与创业行为关系的研究较少。综上所述，本书对这两个领域的研究都进行了丰富。从现实层面来说，本书为当前中国家庭债务会对实体经济发展产生负面影响提供了依据，同时也为国家推动创业经济的发展提供了新的线索与启发。

第二节　政策建议

根据上述研究发现及结论，我们特别注意到，家庭债务结构、住房负债以及购房融资方式都会对家庭创业行为产生显著的影响，这意味着，家庭债务问题、房地产市场的发展现状以及住房金融制度的改革都与家庭创业行为存在紧密的联系。因此，在制定鼓励和刺激创业精神政策的过程中，政策制定者不应忽视家庭部门的债务问题、住房市场的发展以及住房信贷市场的发展。基于此，本章提出下列具体的相对应的政策建议：

第一，优化家庭部门的信贷结构将有利于释放创业活力。近十年，中国家庭部门债务存在严重的结构性问题，个人住房贷款占比一直维持在较高水平。由此可见，房地产市场吸收了太多的信贷资源，恶化了初创企业的融资环境，加大了其获得信贷资源的难度。因此，为了更好地实施创业创新的战略部署，应积极调整优化金融机构的信贷结构，严格控制信贷资源过度流入房地产市场，加大金融机构对家庭创业活动的信贷支持力度，为不同类型的创业活动提供多样化的信贷资源。

第二，稳房价及房价预期将有利于释放创业活力。家庭债务与房价密切相关，房价过高一方面增加了家庭的购房负担，导致家庭背负过多住房负债，提高了其风险厌恶程度，从而抑制了创业精神。另一方面，房价持续上升，会推高居民对房价的预期，吸引投资者进入住房市场，从而挤占创业投资，而且，住房投资将会消耗大量信贷资源，导致信贷资源配置低效，进一步加剧了家庭部门的债务结构失衡。因此，坚持"房住不炒"的定位，加强房地产调控手段，建立促进房地产市场健康稳定发展的长效机制，将房价及房价预期控制在合理的范围内，将有助于促进创业经济快速发展。

第三，加快完善住房金融制度并将其与创业信贷市场联系起来，将有助于释放中国的创业活力。虽然住房具有天然的抵押品性质，能有效缓解潜在创业者的信贷约束，提高其信贷可得性，促进家庭创业，但当前中国近半的家庭都背负了住房负债，而且住房再融资在我国并不普及，这意味着，按揭贷款的住房无法在信贷市场上再次融资，难以实现住房给创业活动带来的正向促进作用。因此，应加快完善住房金融制度并将其与创业信贷市场联系起来，这将有助于克服创业信贷市场的逆向选择与道德风险，缓解创业融资难、融资贵的问题，增加创业活力、拉动就业。

第三节 展　望

本书可以在以下两个方面进行拓展：

一方面，随着微观数据库的建立，可以进一步拓展关于家庭借贷行为的研究。从家庭债务领域的研究来看，由于数据的局限性，学者们更为关注政府与企业部门的债务问题，鲜有学者重点研究家庭部门的债务问题，随着微观数据库的建立，以及政界与学界对家庭部门债务问题的重视，未来将能进一步探索中国家庭借贷行为的影响因素，以及其带来的经济后果。

另一方面，可以进一步探索家庭债务问题对企业生存与成长的影响。根据企业金融成长周期理论，企业主的自有资金不仅是企业初创阶段的主要资金来源，也是企业成长初期的资金来源。因此，可以进一步深入挖掘与探索家庭部门的债务问题对企业的生存与经营管理决策的影响。

参 考 文 献

[1] 郇浩，杜涵，罗婧．创业行为与创业意愿影响因素实证研究［J］．科技进步与对策，2015（1）：76－82．

[2] 蔡栋梁，何翠香，方行明．住房及房价预期对家庭创业的影响［J］．财经科学，2015（6）：108－118．

[3] 蔡栋梁，邱黎源，孟晓雨，马双．流动性约束，社会资本与家庭创业选择——基于CHFS数据的实证研究［J］．管理世界，2018（9）：79－94．

[4] 蔡真．中国住房金融体系的发展进程、逻辑及对策［J］．中国经济报告，2019（5）：125－137．

[5] 陈斌开，李涛．中国城镇居民家庭资产—负债现状与成因研究［J］．经济研究，2011（S1）：55－66．

[6] 陈波．风险态度对回乡创业行为影响的实证研究［J］．管理世界，2009（3）：84－91．

[7] 陈刚．城市的企业家精神：城市规模影响创业的经验研究［J］．社会科学辑刊，2017（4）：83－93．

[8] 陈刚．管制与创业——来自中国的微观证据［J］．管理世界，2015（5）：89－99．

[9] 陈劲，贺丹，邱嘉铭．背景差异对学生创业态度和倾向的影响——以浙江大学在校学生为研究对象［J］．中国青年科技，2007（3）．

[10] 陈强．高级计量经济学及Stata应用．第二版［M］．北京：高等教育出版社，2013．

[11] 程郁，罗丹．信贷约束下农户的创业选择——基于中国农户调查

的实证分析 [J]. 中国农村经济, 2009 (11): 25 – 38.

[12] 范从来, 盛天翔, 王宇伟. 信贷量经济效应的期限结构研究 [J]. 经济研究, 2012 (1): 80 – 91.

[13] 方丽, 田传浩. 筑好巢才能引好凤: 农村住房投资与婚姻缔结 [J]. 经济学 (季刊), 2016 (2): 571 – 596.

[14] 甘犁, 尹志超, 贾男, 徐舒, 马双. 中国家庭资产状况及住房需求分析 [J]. 金融研究, 2013 (4): 1 – 14.

[15] 龚强, 张一林, 林毅夫. 产业结构、风险特性与最优金融结构 [J]. 经济研究, 2014, 49 (4): 4 – 16.

[16] 郭云南, 张琳弋, 姚洋. 宗族网络、融资与农民自主创业 [J]. 金融研究, 2013 (9): 136 – 149.

[17] 韩立彬, 陆铭. 供需错配: 解开中国房价分化之谜 [J]. 世界经济, 2018 (10): 126 – 149.

[18] 何丽芬, 吴卫星, 徐芊. 中国家庭负债状况、结构及其影响因素分析 [J]. 华中师范大学学报 (人文社会科学版), 2012 (1): 59 – 68.

[19] 何南. 基于 VECM 的中国家庭债务与消费波动: 1997 – 2011 年 [J]. 经济学动态, 2013 (7): 65 – 69.

[20] 何韧, 刘兵勇, 王婧婧. 银企关系、制度环境与中小微企业信贷可得性 [J]. 金融研究, 2012 (11): 103 – 115.

[21] 胡金焱, 张博. 社会网络、民间融资与家庭创业——基于中国城乡差异的实证分析 [J]. 金融研究, 2014 (10): 148 – 163.

[22] 雷文妮, 龚六堂. 房价波动与社会福利——基于内生化企业进入的研究 [J]. 金融研究, 2016 (8): 51 – 67.

[23] 李春涛, 刘贝贝, 周鹏. 卖空与信息披露: 融券准自然实验的证据 [J]. 金融研究, 2017 (9): 130 – 145.

[24] 李凤, 罗建东, 路晓蒙, 邓博夫, 甘犁. 中国家庭资产状况、变动趋势及其影响因素 [J]. 管理世界, 2016 (2): 45 – 56.

[25] 李宏彬, 李杏, 姚先国, 张海峰, 张俊森. 企业家的创业与创新精神对中国经济增长的影响 [J]. 经济研究, 2009, 44 (10): 99 – 108.

[26] 李建军, 李俊成. 普惠金融与创业: "授人以鱼" 还是 "授人以渔"? [J]. 金融研究, 2020 (1): 69 – 87.

［27］李江一，李涵．住房对家庭创业的影响：来自 CHFS 的证据［J］．中国经济问题，2016（2）：53－67．

［28］李江一．"房奴效应"导致居民消费低迷了吗？［J］．经济学（季刊），2018，17（1）：405－430．

［29］李涛，史宇鹏，陈斌开．住房与幸福：幸福经济学视角下的中国城镇居民住房问题［J］．经济研究，2011（9）：69－82．

［30］李雪莲，马双，邓翔．公务员家庭、创业与寻租动机［J］．经济研究，2015（5）：89－103．

［31］李雪松，黄彦彦．房价上涨、多套房决策与中国城镇居民储蓄率［J］．经济研究，2015（9）：100－113．

［32］林毅夫，孙希芳，烨姜．经济发展中的最优金融结构理论初探［J］．经济研究，2009（8）：4－17．

［33］林毅夫，孙希芳．信息、非正规金融与中小企业融资［J］．经济研究，2005（7）：35－44．

［34］刘海明，李明明．货币政策对微观企业的经济效应再检验——基于贷款期限结构视角的研究［J］．经济研究，2020，55（2）：117－132．

［35］刘莉亚，余晶晶，杨金强，朱小能．竞争之于银行信贷结构调整是双刃剑吗？——中国利率市场化进程的微观证据［J］．经济研究，2017（5）：131－145．

［36］刘鹏程，李磊，王小洁．企业家精神的性别差异——基于创业动机视角的研究［J］．管理世界，2013（8）：126－135．

［37］刘西川，杨奇明，陈立辉．农户信贷市场的正规部门与非正规部门：替代还是互补？［J］．经济研究，2014（11）：145－158．

［38］刘哲希，李子昂．结构性去杠杆进程中居民部门可以加杠杆吗［J］．中国工业经济，2018（10）：42－60．

［39］刘哲希，王兆瑞，陈小亮．人口老龄化对居民部门债务的非线性影响研究［J］．经济学动态，2020（4）：64－78．

［40］刘子宁，郑伟，贾若，景鹏．医疗保险、健康异质性与精准脱贫——基于贫困脆弱性的分析［J］．金融研究，2019（5）：56－75．

［41］卢峰，姚洋．金融压抑下的法治、金融发展和经济增长［J］．中国社会科学，2004（1）：42－55．

[42] 罗知，张川川．信贷扩张、房地产投资与制造业部门的资源配置效率 [J]．金融研究，2015 (7)：60 – 75.

[43] 马光荣，杨恩艳．社会网络、非正规金融与创业 [J]．经济研究，2011 (3)：83 – 94.

[44] 潘敏，刘知琪．居民家庭"加杠杆"能促进消费吗？——来自中国家庭微观调查的经验证据 [J]．金融研究，2018 (4)：71 – 87.

[45] 荣昭，王文春．房价上涨和企业进入房地产——基于我国非房地产上市公司数据的研究 [J]．金融研究，2014 (4)：158 – 173.

[46] 阮荣平，郑风田，刘力．信仰的力量：宗教有利于创业吗？[J]．经济研究，2014 (3)：171 – 184.

[47] 宋明月，臧旭恒．异质性消费者、家庭债务与消费支出 [J]．经济学动态，2020 (6)：74 – 90.

[48] 孙俊华，周小虎，金丹．大学生创业意向及其影响因素研究——基于高校在校生的实证分析 [J]．扬州大学学报（高教研究版），2017 (2).

[49] 孙铮，刘凤委，李增泉．市场化程度、政府干预与企业债务期限结构——来自我国上市公司的经验证据 [J]．经济研究，2005 (5)：52 – 63.

[50] 陶春生．家庭金融学的构建与进展 [J]．管理世界，2017 (11)：176 – 177.

[51] 田毕飞，陈紫若．FDI、制度环境与创业活动：挤入效应与补偿机制 [J]．统计研究，2017 (8)：19 – 31.

[52] 田毕飞，陈紫若．FDI对中国创业的空间外溢效应 [J]．中国工业经济，2016 (8)：40 – 57.

[53] 田新民，夏诗国．中国家庭债务、消费与经济增长的实证研究 [J]．宏观经济研究，2016 (1)：121 – 129.

[54] 王春超，冯大威．中国乡—城移民创业行为的决定机制——基于社会关系网的分析视角 [J]．经济学（季刊），2018 (1)：355 – 382.

[55] 王芳．我国农村金融需求与农村金融制度：一个理论框架 [J]．金融研究，2005 (4)：89 – 98.

[56] 王敏，黄滢．限购和房产税对房价的影响：基于长期动态均衡的分析 [J]．世界经济，2013 (1)：141 – 159.

[57] 王频，侯成琪．预期冲击、房价波动与经济波动 [J]．经济研究，2017 (4)：48 –63.

[58] 王文春，荣昭．房价上涨对工业企业创新的抑制影响研究 [J]．经济学（季刊），2014 (2)：465 –490.

[59] 王霄，张捷．银行信贷配给与中小企业贷款——一个内生化抵押品和企业规模的理论模型 [J]．经济研究，2003 (7)：68 –75.

[60] 魏玮，陈杰．加杠杆是否一定会成为房价上涨的助推器？——来自省际面板门槛模型的证据 [J]．金融研究，2017 (12)：48 –63.

[61] 温忠麟，张雷，侯杰泰，刘红云．中介效应检验程序及其应用 [J]．心理学报，2004，36 (5)：614 –620.

[62] 吴卫星，邵旭方，陶利斌．家庭财富不平等会自我放大吗？——基于家庭财务杠杆的分析 [J]．管理世界，2016 (9)：44 –54.

[63] 吴卫星，吴锟，王琜．金融素养与家庭负债——基于中国居民家庭微观调查数据的分析 [J]．经济研究，2018 (1)：97 –109.

[64] 吴卫星，徐芊，白晓辉．中国居民家庭负债决策的群体差异比较研究 [J]．财经研究，2013 (3)：19 –29.

[65] 吴晓瑜，王敏，李力行．中国的高房价是否阻碍了创业？[J]．经济研究，2014 (9)：121 –134.

[66] 吴一平，王健．制度环境、政治网络与创业：来自转型国家的证据 [J]．经济研究，2015 (8)：45 –57.

[67] 向春，雷家骕．大学生创业态度和倾向的关系及影响因素——以清华大学学生为研究对象 [J]．清华大学教育研究，2011 (5).

[68] 肖作平，廖理．大股东、债权人保护和公司债务期限结构选择——来自中国上市公司的经验证据 [J]．管理世界，2007 (10)：99 –113.

[69] 谢西金．家庭背景对大学生创业影响的实证研究——基于 Logistic 回归模型的分析 [J]．重庆高教研究，2018 (2).

[70] 谢绚丽，沈艳，张皓星，郭峰．数字金融能促进创业吗？——来自中国的证据 [J]．经济学（季刊），2018 (4)：1557 –1580.

[71] 许桂华．家庭债务变动与居民消费的过度敏感性：来自中国的证据 [J]．财经科学，2013 (3)：95 –104.

[72] 颜色，朱国钟．"房奴效应"还是"财富效应"？——房价上涨

对国民消费影响的一个理论分析 [J]. 管理世界，2013（3）：34 – 47.

[73] 杨汝岱，陈斌开，朱诗娥. 基于社会网络视角的农户民间借贷需求行为研究 [J]. 经济研究，2011（11）：116 – 129.

[74] 叶文平，李新春，陈强远. 流动人口对城市创业活跃度的影响：机制与证据 [J]. 经济研究，2018（6）：157 – 170.

[75] 叶文平，李新春，朱沆. 地区差距、社会嵌入与异地创业——"过江龙"企业家现象研究 [J]. 管理世界，2018（1）：139 – 156.

[76] 尹志超，甘犁. 信息不对称、企业异质性与信贷风险 [J]. 经济研究，2011（9）：121 – 132.

[77] 尹志超，公雪，郭沛瑶. 移动支付对创业的影响——来自中国家庭金融调查的微观证据 [J]. 中国工业经济，2019（3）：119 – 137.

[78] 尹志超，宋全云，吴雨，彭嫦燕. 金融知识、创业决策和创业动机 [J]. 管理世界，2015（1）：87 – 98.

[79] 余泳泽，张少辉. 城市房价、限购政策与技术创新 [J]. 中国工业经济，2017（6）：98 – 116.

[80] 张萃. 什么使城市更有利于创业？ [J]. 经济研究，2018（4）：151 – 166.

[81] 张栋浩，尹志超. 金融普惠、风险应对与农村家庭贫困脆弱性 [J]. 中国农村经济，2018（4）：54 – 73.

[82] 张峰，黄玖立，禹航. 体制内关系与创业 [J]. 管理世界，2017（4）：92 – 105.

[83] 张光利，刘小元. 住房价格与居民风险偏好 [J]. 经济研究，2018（1）：110 – 123.

[84] 张杰，杨连星，新夫. 房地产阻碍了中国创新么？——基于金融体系贷款期限结构的解释 [J]. 管理世界，2016（5）：64 – 80.

[85] 张捷. 结构转换期的中小企业金融研究 [M]. 北京：经济科学出版社，2003.

[86] 张捷. 中小企业的关系型借贷与银行组织结构 [J]. 经济研究，2002（6）：32 – 37.

[87] 张军. 中国的信贷增长为什么对经济增长影响不显著 [J]. 学术月刊，2006（7）：69 – 75.

［88］张龙鹏，蒋为，周立群．行政审批对创业的影响研究——基于企业家才能的视角［J］.中国工业经济，2016（4）：57－74.

［89］张龙耀，杨军，张海宁．金融发展、家庭创业与城乡居民收入——基于微观视角的经验分析［J］.中国农村经济，2013（7）：47－57.

［90］张龙耀，张海宁．金融约束与家庭创业——中国的城乡差异［J］.金融研究，2013（9）：123－135.

［91］张品茹．大学生的创业意愿评估——以陕西J高职院校为例［J］.技术经济与管理研究，2017（2）．

［92］张苏，杨筠．金融与创业意愿：来自中国大学生调查数据的经验发现［J］.金融研究，2010（11）：19－33.

［93］张一林，樊纲治．信贷紧缩、企业价值与最优贷款利率［J］.经济研究，2016，51（6）：71－82.

［94］张玉利，谢巍．改革开放、创业与企业家精神［J］.南开管理评论，2018，21（5）：4－9.

［95］张玉利，杨俊，任兵．社会资本、先前经验与创业机会——一个交互效应模型及其启示［J］.管理世界，2008（7）：91－102.

［96］张玉利，杨俊．试论创业研究的学术贡献及其应用［J］.外国经济与管理，2009，31（1）：16－23.

［97］赵思宁．买房：脚步声越来越近——《个人住房贷款管理办法》正式出台［J］.中国经济信息，1998，11（151）：59－59.

［98］赵文哲，刘思嘉，史宇鹏．干得好不如嫁得好？——房价变动与居民婚姻观念研究［J］.金融研究，2019（9）：94－111.

［99］赵向阳，李海，Rauch Andreas，等．创业活动的国家（地区）差异：文化与国家（地区）经济发展水平的交互作用［J］.管理世界，2012（8）：78－90.

［100］郑馨，周先波，张麟．社会规范与创业——基于62个国家创业数据的分析［J］.经济研究，2017（11）：59－73.

［101］郑馨，周先波．社会规范是如何激活创业活动的？——来自中国"全民创业"十年的微观证据［J］.经济学（季刊），2018（1）：189－220.

［102］周广肃，李力行．养老保险是否促进了农村创业［J］.世界经

济, 2016 (11): 172 - 192.

[103] 周广肃, 王雅琦. 住房价格、房屋购买与中国家庭杠杆率 [J]. 金融研究, 2019 (6): 1 - 19。

[104] 周广肃, 谢绚丽, 李力行. 信任对家庭创业决策的影响及机制探讨 [J]. 管理世界, 2015 (12): 121 - 129.

[105] 周京奎, 黄征学. 住房制度改革、流动性约束与"下海"创业选择——理论与中国的经验研究 [J]. 经济研究, 2014 (3): 158 - 170.

[106] 周茂, 陆毅, 杜艳, 姚星. 开发区设立与地区制造业升级 [J]. 中国工业经济, 2018 (3): 62 - 79.

[107] 周洋, 刘雪瑾. 认知能力与家庭创业——基于中国家庭追踪调查 (CFPS) 数据的实证分析 [J]. 经济学动态, 2017 (2): 66 - 75.

[108] 周业安. 金融抑制对中国企业融资能力影响的实证研究 [J]. 经济研究, 1999 (2): 3 - 5.

[109] 朱承亮, 雷家骕. 中国创业研究 70 年: 回顾与展望 [J]. 中国软科学, 2020 (1): 11 - 20.

[110] Abadie A, Drukker D, Herr J L, Imbens G W. Implementing matching estimators for average treatment effects in Stata [J]. The Stata Journal, 2004 (4): 290 - 311.

[111] Acs Z J, Desai S, Hessels J. Entrepreneurship, economic development and institutions [J]. Small Business Economics, 2008, 31 (3): 219 - 234.

[112] Adelino M, Schoar A, Severino F. House prices, collateral, and self-employment [J]. Journal of Financial Economics, 2015, 117 (2): 288 - 306.

[113] Ahn T. Attitudes toward risk and self-employment of young workers [J]. Labour Economics, 2010, 17 (2): 434 - 442.

[114] Allen I E, Langowitz N, Minniti M. Global entrepreneurship monitor - 2006: report on women and entrepreneurship [R]. Babson College and London Business School: Kauffman Foundation, 2007.

[115] Allen W D. Social networks and self-employment [J]. Journal of Socio - Economics, 2000, 29 (5): 487 - 501.

[116] Almeida H, Campello M, Laranjeira B, Weisbenner S. Corporate debt maturity and the real effects of the 2007 credit crisis [J]. Critical Finance Review, 2012, 1 (1): 3 –58.

[117] Alvarez S A, Busenitz L W. The entrepreneurship of resource-based theory [J]. Journal of Management, 2001, 27 (6): 755 – 775.

[118] Alvord S H, Brown L D, Letts C W. Social entrepreneurship and societal transformation [J]. Journal of Applied Behavioral Science, 2004, 40 (3): 260 – 282.

[119] Arenius P, Minniti M. Perceptual variables and nascent entrepreneurship [J]. Small Business Economics, 2005, 24 (3): 233 – 247.

[120] Ayyagari M, Demirgüç – Kunt A, Maksimovic V. Formal versus informal finance: evidence from China [J]. Review of Financial Studies, 2010, 23 (8): 3048 – 3097.

[121] Banerjee A V, Newman A F. Occupational choice and the process of development [J]. Journal of Political Economy, 1993, 101 (2): 274 – 298.

[122] Barba A, Pivetti M. Rising household debt: its causes and macroeconomic implications—a long-period analysis [J]. Cambridge Journal of Economics, 2008, 33 (1): 113 – 137.

[123] Beatriz M, Coffinet J, Nicolas T. Relationship lending and SMEs' funding costs over the cycle: why diversification of borrowing matters [J]. Journal of Banking & Finance, 2018.

[124] Beck T, Demirgüç – Kunt A, Levine R. A new database on the structure and development of the financial sector [J]. World Bank Economic Review, 2000, 14 (3): 597 – 605.

[125] Behr P, Norden L, Noth F. Financial constraints of private firms and bank lending behavior [J]. Journal of Banking & Finance, 2013, 37 (9): 3472 – 3485.

[126] Berger A N, Udell G F. Small business credit availability and relationship lending: the importance of bank organisational structure [J]. The Economic Journal, 2002, 112 (477): F32 – F53.

[127] Berger A N, Udell G F. The economics of small business finance: the

roles of private equity and debt markets in the financial growth cycle [J]. Journal of Banking & Finance, 1998.

[128] Berkowitz D, DeJong D N. Entrepreneurship and post-socialist growth [J]. Oxford Bulletin of Economics and Statistics, 2005, 67 (1): 25 – 46.

[129] Bernanke B, Gertler M. Agency costs, net worth, and business fluctuations [J]. American Economic Review, 1989, 79 (1): 14 – 31.

[130] Besanko D, Thakor A V. Competitive equilibrium in the credit market under asymmetric information [J]. Journal of Economic Theory, 1987, 42 (1): 167 – 182.

[131] Bester H. The role of collateral in credit markets with imperfect information [J]. European Economic Review, 1987, 31 (4): 887 – 899.

[132] Bezemer D, Samarina A, Zhang L. Does mortgage lending impact business credit evidence from a new disaggregated bank credit data set [J]. Journal of Business & Finance, 2020, 113 (4).

[133] Bianchi M. Credit constraints, entrepreneurial talent, and economic development [J]. Small Business Economics, 2010, 34 (1): 93 – 104.

[134] Bianchi M. Financial development, entrepreneurship, and job satisfaction [J]. Review of Economics and Statistics, 2012, 94 (1): 273 – 286.

[135] Birley S. The role of network in the entrepreneurial process [J]. Journal of Business Venturing, 1985, 1: 107 – 117.

[136] Black J, De Meza D, Jeffreys D. House prices, the supply of collateral and the enterprise economy [J]. The Economic Journal, 1996, 106 (434): 60 – 75.

[137] Blanchflower D G. Self-employment in OECD countries [J]. Labour Economics, 2000, 7 (5): 471 – 505.

[138] Blanchflower D G. Self-employment: more may not be better [J]. NBER Working Paper 10286, 2004, 11 (2).

[139] Blanchflower G D, Oswald A J. What makes an entrepreneur? [J]. Journal of Labor Economics, 1998.

[140] Boot A W A. Relationship banking: what do we know? [J]. Journal of Financial Intermediation, 2000, 9 (1): 7 – 25.

［141］Bourdieu P. The forms of capital ［M］//Handbook of Theory and Research for the Sociology of Education. New York: Greenwood, 1986.

［142］Bracke P, Hilber C A L, Silva O. Mortgage debt and entrepreneurship ［J］. Journal of Urban Economics, 2018, 103: 52 – 66.

［143］Bracke P, Hilber C, Silva O. Homeownership and entrepreneurship: the role of mortgage debt and commitment ［J］. CESifo Working Papers, 2014.

［144］Braunerhjelm P, Acs Z J, Carlsson D B A A. The missing link: knowledge diffusion and entrepreneurship in endogenous growth ［J］. Small Business Economics, 2010, 34 （2）: 105 – 125.

［145］Brown S, Dietrich M, Ortiz – Nuñez A, Taylor K. Self-employment and attitudes towards risk: timing and unobserved heterogeneity ［J］. Journal of Economic Psychology, 2011, 32 （3）: 425 – 433.

［146］Bruhn M, Zia B. Stimulating managerial capital in emerging markets: the impact of business and financial literacy for young entrepreneurs ［J］. Policy Research Working Paper Series, 2011, 5 （2）: 232 – 266.

［147］Bruton G D, Ahlstrom D, Li H L. Institutional theory and entrepreneurship: where are we now and where do we need to move in the future? ［J］. Entrepreneurship Theory and Practice, 2010, 34 （3）: 421 – 440.

［148］Buera F J, Kaboski J P, Shin Y. Entrepreneurship and financial frictions: a macrodevelopment perspective ［J］. Annual Review of Economics, 2015, 7 （1）: 409 – 436.

［149］Burt R S. The contingent value of social capital ［J］. Administrative Science Quarterly, 1997, 42: 339 – 365.

［150］Büyükkarabacak B, Valev N T. The role of household and business credit in banking crises ［J］. Journal of Banking & Finance, 2010, 34 （6）: 1247 – 1256.

［151］Bygrave W D, Timmons J A. Venture capital at the crossroads ［M］. Boston: Harvard Business School Press, 1992.

［152］Cagetti M, Nardi M D. Entrepreneurship, frictions, and wealth ［J］. Journal of Political Economy, 2006, 144 （5）: 835 – 870.

［153］Cai D, Song Q, Ma S, Dong Y, Xu Q. The relationship between credit constraints and household entrepreneurship in China [J]. International Review of Economics & Finance, 2018, 58: 246 –258.

[154] Caliendo M, Fossen F M, Kritikos A S. Risk attitudes of nascent entrepreneurs—new evidence from an experimentally validated survey [J]. Small Business Economics, 2009, 32 (2): 153 –167.

[155] Campbell J Y, Cocco J F. Household risk management and optimal mortgage choice [J]. Quarterly Journal of Economics, 2003, 118 (4): 1449 – 1494.

[156] Campbell J Y. Household finance [J]. Journal of Finance, 2006, 61 (4): 1553 –1604.

[157] Carroll C D. A theory of the consumption function, with and without liquidity constraints [J]. The Journal of Economic Perspectives, 2001, 15 (3): 23 –45.

[158] Casolaro L, Gambacorta L, Guiso L. Regulation, formal and informal enforcement, and the development of the household loan market: lessons from Italy [J]. The Economics of Consumer Credit, 2006: 93 –134.

[159] Castagnetti C, Rosti L. Who skims the cream of the Italian graduate crop? wage employment versus self-employment [J]. Small Business Economics, 2011, 36 (2): 223 –234.

[160] Cerutti E, Dagher J. Dell' Ariccia G. Housing finance and real-estate booms: a cross-country perspective [J]. Journal of Housing Economics, 2017, 38: 1 –13.

[161] Chakraborty I, Goldstein I, MacKinlay A. Housing price booms and crowding-out effects in bank lending [J]. Review of Financial Studies, 2018, 31 (7): 2806 –2853.

[162] Chan Y, Kanatas G. Asymmetric valuations and the role of collateral in loan agreements [J]. Journal of Money, Credit and Banking, 1985, 17 (1): 84 –95.

[163] Chan Y, Thakor A V. Collateral and competitive equilibria with moral hazard and private information [J]. The Journal of Finance, 1987, 42 (2): 345 –363.

[164] Chaney T, Sraer D, Thesmar D. The collateral channel: how real estate shocks affect corporate investment [J]. American Economic Review, 2012, 102 (6): 2381 – 2409.

[165] Charles K K, Hurst E. The correlation of wealth across generations [J]. Journal of Political Economy, 2003, 111 (6): 1155 – 1182.

[166] Chava S, Oettl A, Subramanian A, Subramanian K V. Banking deregulation and innovation [J]. Journal of Financial Economics, 2013, 109 (3): 759 – 774.

[167] Chen J, Hu M. What types of homeowners are more likely to be entrepreneurs? the evidence from China [J]. Small Business Economics, 2019, 52 (3): 633 – 649.

[168] Chen M, Chang Y, Lee C. Creative entrepreneurs' guanxi networks and success: information and resource [J]. Journal of Business Research, 2015, 68 (4): 900 – 905.

[169] Chen T, Liu L X, Xiong W, Zhou L. A. The speculation channel and crowding out channel: real estate shocks and corporate investment in China [J]. Working Paper, 2016.

[170] Chetty R, Andor L A O S. The effect of housing on portfolio choice [J]. The Journal of Finance, 2017, 72 (3): 1171 – 1212.

[171] Cole A. Entrepreneur: introductory remarks [J]. American Economic Review, 1968, 58 (2): 60 – 63.

[172] Cole R A. The importance of relationships to the availability of credit [J]. Journal of Banking & Finance, 1998.

[173] Coleman J S. Social capital in the creation of human capital [J]. American Journal of Sociology, 1988, 94: S95 – S120.

[174] Cornaggia J, Mao Y, Tian X, Wolfe B. Does banking competition affect innovation? [J]. Journal of Financial Economics, 2015, 115 (1): 189 – 209.

[175] Corradin S, Popov A. House prices, household leverage, and entrepreneurship [J]. SSRN Electronic Journal, 2012.

[176] Corradin S. , Popov A. House prices, home equity borrowing, and

entrepreneurship [J]. Review of Financial Studies, 2015, 28 (8): 2399 – 2428.

[177] Coulibaly B, Li G. Do homeowners increase consumption after the last mortgage payment an alternative test of the permanent income hypothesis [J]. The Review of Economics and Statistics, 2006, 88 (1): 10 – 19.

[178] Covin J G, Slevin D P. New venture strategic posture, structure, and performance: an industry life cycle analysis [J]. Journal of Business Venturing, 1990, 5 (2): 123 – 135.

[179] Cowling M. Are entrepreneurs different across countries? [J]. Applied Economics Letters, 2000, 7 (12): 785 – 789.

[180] Cramer J S, Hartog J, Jonker N, Van Praag C M. Low risk aversion encourages the choice for entrepreneurship: an empirical test of a truism [J]. Journal of Economic Behavior & Organization, 2002, 48 (1): 29 – 36.

[181] Custódio C, Ferreira M A, Laureano L. Why are US firms using more short-term debt? [J]. Journal of Financial Economics, 2013, 108 (1): 182 – 212.

[182] Cynamon B Z, Fazzari S M. Household debt in the consumer age: source of growth—risk of collapse [J]. Capitalism and Society, 2008, 3 (2): 3.

[183] Datta S, Iskandar – Datta M, Raman K. Managerial stock ownership and the maturity structure of corporate debt [J]. Journal of Finance, 2005, 60 (5): 2333 – 2350.

[184] Dawson C, Henley A, Latreille P. Individual motives for choosing self-employment in the UK: does region matter? [J]. Regional Studies, 2014, 48 (5): 804 – 822.

[185] De Bettignies J, Brander J A. Financing entrepreneurship: bank finance versus venture capital [J]. Journal of Business Venturing, 2007, 22 (6): 808 – 832.

[186] Debelle G. Macroeconomic implications of rising household debt [J]. BIS Working Papers No153, 2004.

[187] Dehejia R. Practical propensity score matching: a reply to Smith and Todd [J]. Journal of Econometrics, 2005, 125 (1): 355 – 364.

[188] Den Haan W J, Sumner S W, Yamashiro G M. Bank loan portfolios and the monetary transmission mechanism [J]. Journal of Monetary Economics, 2007, 54 (3): 904 – 924.

[189] Diamond D W, He Z. A theory of debt maturity: the long and short of debt overhang [J]. Journal of Finance, 2014, 69: 719 – 762.

[190] Disney R, Gathergood J. Housing wealth, liquidity constraints and self-employment [J]. Labour Economics, 2009, 16 (1): 79 – 88.

[191] Djankov S, Qian Y, Roland G, Zhuravskaya E. Who are China's entrepreneurs [J]. American Economic Review, 2006, 96 (2): 348 – 352.

[192] Dohmen T, Falk A, Huffman D, Sunde U. The intergenerational transmission of risk and trust attitudes [J]. The Review of Economic Studies, 2012, 79 (2): 645 – 677.

[193] Donaldson J R, Piacentino G, Thakor A. Household debt overhang and unemployment [J/OL]. Journal of Finance, 2019. https://doi. org/10. 1111/jofi. 12760.

[194] Drexler A, Fischer G, Schoar A. Keeping it simple: financial literacy and rules of thumb [J]. American Economic Journal: Applied Economics, 2014, 6 (2): 1 – 31.

[195] Dutta N, Sobel R. Does corruption ever help entrepreneurship? [J]. Small Business Economics, 2016, 47 (1): 179 – 199.

[196] Dyer W G. The family: the missing variable in organizational research [J]. Entrepreneurship Theory and Practice, 2003, 27 (4): 401 – 416.

[197] Dynan K, Edelberg W. The relationship between leverage and household spending behavior: evidence from the 2007 – 2009 Survey of Consumer Finances [J]. Federal Reserve Bank of St. Louis Review, 2013, 95 (5): 425 – 448.

[198] Dynan K. Is a household debt overhang holding back consumption [J]. Brookings Papers on Economic Activity, 2012.

[199] Eggertsson G B, Krugman P. Debt, deleveraging, and the liquidity trap: a Fisher – Minsky – Koo approach [J]. Quarterly Journal of Economics, 2012, 127 (3): 1469 – 1513.

[200] Evans D S, Jovanovic B. An estimated model of entrepreneurial choice under liquidity constraints [J]. Journal of Political Economy, 1989, 97 (4): 808 –827.

[201] Evans D S, Leighton L S. Some empirical aspects of entrepreneurship [J]. American Economic Review, 1989, 79 (3): 519 –535.

[202] Fairlie R W, Krashinsky H. A. Liquidity constraints, household wealth, and entrepreneurship revisited [J]. Review of Income & Wealth, 2012, 58.

[203] Fairlie R W. The absence of the African – American owned business: an analysis of the dynamics of self-employment [J]. Journal of Labor Economics, 1999, 17 (1): 80 –108.

[204] Fan J P H, Titman S, Twite G. An international comparison of capital structure and debt maturity choices [J]. Journal of Financial and Quantitative Analysis, 2012, 47 (1): 23 –56.

[205] Farrell D. The real new economy [J]. Harvard Business Review, 2003, 81 (10): 104 –112, 138.

[206] Feldman M P. The entrepreneurial event revisited: firm formation in a regional context [J]. Industrial and Corporate Change, 2001 (10): 861 –891.

[207] Ferrara E L, Chong A, Duryea S. Soap operas and fertility: evidence from Brazil [J]. American Economic Journal: Applied Economics, 2012, 4 (4): 1 –31.

[208] Fisher I. The debt-deflation theory of great depressions [J]. Econometrica, 1933, 1 (4): 337 –357.

[209] Flavin M, Yamashita T. Owner-occupied housing: life-cycle implications for the household portfolio [J]. American Economic Review, 2011, 101 (3): 609 –614.

[210] Fossen F M. The private equity premium puzzle revisited-new evidence on the role of heterogeneous risk attitudes [J]. Economica, 2011, 78 (312): 656 –675.

[211] Freel M, Carter S, Tagg S, Mason C. The latent demand for bank debt: characterizing "discouraged borrowers" [J]. Small Business Economics,

2012, 38 (4): 399 –418.

[212] Gartner W B. "Who is an entrepreneur?" is the wrong question [J]. American Journal of Small Business, 1988, 12 (4): 11 –32.

[213] Gentry W M, Hubbard R G. Entrepreneurship and household saving [J]. Advances in Economic Policy and Analysis, 2004, 4 (1).

[214] Gentry W M, Hubbard R G. Tax policy and entrepreneurial entry [J]. American Economic Review, 2000, 90 (2): 283 –287.

[215] Glick R, Lansing K J. Global household leverage, house prices, and consumption [J]. FRBSF Economic Letter, 2010 (11).

[216] Gries T, Naudé W. Entrepreneurship and human development: a capability approach [J]. Journal of Public Economics, 2010, 95 (3): 216 –224.

[217] Grilo I, Irigoyen J. Entrepreneurship in the EU: to wish and not to be [J]. Small Business Economics, 2006, 26 (4): 305 –318.

[218] Guariglia A, Liu X, Song L. Internal finance and growth: micro-econometric evidence on Chinese firms [J]. Journal of Development Economics, 2011, 96 (1): 79 –94.

[219] Guerrieri V, Lorenzoni G. Credit crises, precautionary savings, and the liquidity trap [J]. Quarterly Journal of Economics, 2017, 132 (3): 1427 –1467.

[220] Guiso L, Sapienza P, Zingales L L. Does local financial development matter? [J]. Quarterly Journal of Economics, 2004, 119 (3): 929 –969.

[221] Haltiwanger J, Jarmin R S, Miranda J. Who creates jobs? small versus large versus young [J]. Review of Economics and Statistics, 2013, 95 (2): 347 –361.

[222] Hamilton B H. Does entrepreneurship pay? an empirical analysis of the returns to self-employment [J]. Journal of Political Economy, 2000, 108 (3): 604 –631.

[223] Hannan M T, Freeman J. The ecology of organizational founding: American Labor Unions, 1836 – 19851 [J]. American Journal of Sociology, 1987, 92 (4): 910.

［224］Harhoff D, Körting T. Lending relationships in Germany-empirical evidence from survey data ［J］. Journal of Banking and Finance, 1998, 22 (10): 1317 – 1353.

［225］Heckman J J, Vytlacil E. Policy-relevant treatment effects ［J］. American Economic Review, 2001, 91 (2): 107 – 111.

［226］Henrekson M, Sanandaji T. Small business activity does not measure entrepreneurship ［J］. Proceedings of the National Academy of Sciences of the United States of America, 2014, 111 (5): 1760 – 1765.

［227］Henrekson M. Entrepreneurship: a weak link in the welfare state? ［J］. Industrial and Corporate Change, 2005, 14 (3): 437 – 467.

［228］Hoffmann A, Junge M, Malchow – Møller N. Running in the family: parental role models in entrepreneurship ［J/OL］. Small Business Economics. https://doi. org/10. 1007/s11187 – 014 – 9586 – 0.

［229］Holtz – Eakin D, Joulfaian D, Rosen H S. Entrepreneurial decisions and liquidity constraints ［J］. The Rand Journal of Economics, 1994, 25 (2): 334 – 347.

［230］Hsu P, Tian X, Xu Y. Financial development and innovation: cross-country evidence ［J］. Journal of Financial Economics, 2014, 112 (1): 116 – 135.

［231］Hurst E, Lusardi A. Liquidity constraints, household wealth and entrepreneurship ［J］. Journal of Political Economy, 2004, 112 (2): 319 – 347.

［232］Hvide H K, Oyer P. Dinner table human capital and entrepreneurship ［R］. NBER Working Paper, 2018, 24198.

［233］Hvide H K, Panos G A. Risk tolerance and entrepreneurship ［J］. Journal of Financial Economics, 2014, 111 (1): 200 – 223.

［234］Hwang H, Powell W W. Institutions and entrepreneurship ［M］. Alvarez S et al. Handbook of Entrepreneurship Research Berlin: Springer, 2005: 201 – 232.

［235］IMF. World economic outlook ［R］. International Monetary Fund, 2012.

［236］Jaffee D M, Russell T. Imperfect information, uncertainty, and credit rationing ［J］. Quarterly Journal of Economics, 1976, 90 (4): 651 – 666.

[237] Jappelli T, Pagano M, di Maggio M. Households' indebtedness and financial fragility [J]. Journal of Financial Management, Markets and Institutions, 2013, 1 (1): 23 - 46.

[238] Jappelli T. Who is credit constrained in the US economy? [J]. Quarterly Journal of Economics, 1990, 105 (1): 219 - 234.

[239] Jensen T L, Leth - Petersen S R, Nanda R. Housing collateral, credit constraints and entrepreneurship—evidence from a mortgage reform [R]. NBER Working Paper, 2014.

[240] Kanbur S M. Of risk taking and the personal distribution of income [J]. Journal of Political Economy, 1979, 87 (4): 769 - 797.

[241] Karaivanov A. Financial constraints and occupational choice in Thai villages [J]. Journal of Development Economics, 2012, 97 (2): 201 - 220.

[242] Karlan D, Valdivia M. Teaching entrepreneurship: impact of business training on microfinance clients and institutions [J]. Review of Economics and Statistics, 2011, 93 (2): 510 - 527.

[243] Kerr S P, Kerr W R, Nanda R. House money and entrepreneurship [R]. NBER Working Paper, 2015.

[244] Kihlstrom R E, Laffont J. A general equilibrium entrepreneurial theory of firm formation based on risk aversion [J]. Journal of Political Economy, 1979, 87 (4): 719 - 748.

[245] Kim Y K. Household debt, financialization, and macroeconomic performance in the United States, 1951 - 2009 [J]. Journal of Post Keynesian Economics, 2013, 35 (4): 675 - 694.

[246] King M. Debt deflation: theory and evidence [J]. European Economic Review, 1994, 38 (3): 419 - 445.

[247] King R G, Levine R. Finance, entrepreneurship and growth [J]. Journal of Monetary Economics, 1993, 32 (3): 513 - 542.

[248] Kirchhoff B A. Entrepreneurship and dynamic capitalism: the economics of business firm formation and growth [M]. Westport, CT: Praeger, 1994.

[249] Kirzner I. Competition and entrepreneurship [M]. Chicago, IL: University of Chicago Press, 1973.

[250] Knight F H. Risk, uncertainty and profit [J]. Social Science Electronic Publishing, 1921.

[251] Kochar A. An empirical investigation of rationing constraints in rural credit markets in India [J]. Journal of Development Economics, 1997, 53 (2): 339 – 371.

[252] Koijen R S J, Hemert O V, Nieuwerburgh S V. Mortgage timing [J]. Journal of Financial Economics, 2009, 93 (2): 292 – 324.

[253] Kon Y, Storey D J. A theory of discouraged borrowers [J]. Small Business Economics, 2003, 21 (1): 37 – 49.

[254] Laspita S, Breugst N, Heblich S, Patzelt H. Intergenerational transmission of entrepreneurial intentions [J]. Journal of Business Venturing, 2012, 27 (4): 414 – 435.

[255] Lee S M, Peterson S I. Culture, entrepreneurial orientation, and global competitiveness [J]. Journal of World Business, 2000, 35 (4): 401 – 416.

[256] Lee W, Kim B. Business sustainability of start-ups based on government support: an empirical study of Korean start-ups [J]. Sustainability, 2019, 11 (18): 4851.

[257] Lelarge C, Sraer D, Thesmar D. Entrepreneurship and credit constraints evidence from a French loan guarantee program [R]. NBER Working Paper, 2010.

[258] Lerner M, Brush C, Hisrich R. Israeli women entrepreneurs: an examination of factors affecting performance [J]. Journal of Business Venturing, 1997, 124 (4): 315 – 339.

[259] Lévesque M, Minniti M. Age matters: how demographics influence aggregate entrepreneurship [J]. Strategic Entrepreneurship Journal, 2011, 5 (3): 269 – 284.

[260] Li L, Wu X. Housing price and entrepreneurship in China [J]. Journal of Comparative Economics, 2014, 42 (2): 436 – 449.

[261] Li L, Wu X. Number of siblings, credit constraints, and entrepreneurship in China [J]. The Journal of Development Studies, 2018, 54 (7):

1253 – 1273.

[262] Liang J, Wang H, Lazear E P. Demographics and entrepreneurship [J]. Journal of Political Economy, 2018, 126: 140 – 196.

[263] Lindquist M J, Sol J, Van Praag C M. Why do entrepreneurial parents have entrepreneurial children? [J]. Journal of Labor Economics, 2015, 33 (2): 269 – 296.

[264] Liu Q, Lu Y. Firm investment and exporting: evidence from China's value-added tax reform [J]. Journal of International Economics, 2015, 97 (2): 392 – 403.

[265] Lombardi M, Mohanty M, Shim I. The real effects of household debt in the short and long run [R]. BIS Working Papers, 2017.

[266] Lu J, Tao Z. Determinants of entrepreneurial activities in China [J]. Journal of Business Venturing, 2010, 25 (3): 261 – 273.

[267] Ludvigson S. The channel of monetary transmission to demand: evidence from the market for automobile credit [J]. Journal of Money, Credit and Banking, 1998, 30 (3): 365 – 383.

[268] Lustig H N, Stijn G V N. Housing collateral, consumption insurance, and risk premia: an empirical perspective [J]. Journal of Finance, 2005, 60 (3): 1167 – 1219.

[269] Ma S, Wu X, Gan L. Credit accessibility, institutional deficiency and entrepreneurship in China [J]. China Economic Review, 2019, 54 (C): 160 – 175.

[270] Manove M, Padilla A. J, Pagano M. Collateral vs. project screening: a model of lazy banks [J]. RAND Journal of Economics, 2001, 32 (4): 726 – 744.

[271] Markidou A, Nikolaidou E. The reaction of bank lending to macroeconomic fluctuations of monetary policy transmission in Greece [J]. European Journal of Economics, Finance and Administrative Sciences, 2008, 13 (10): 98 – 115.

[272] McMillan J, Woodruff C. The central role of entrepreneurs in transition economies [J]. The Journal of Economic Perspectives, 2002, 16 (3):

153 – 170.

[273] McMullen J S, Plummer L A, Acs Z J. What is an entrepreneurial opportunity? [J]. Small Business Economics, 2007, 28 (4): 273 – 283.

[274] McMullen J. S, Bagby D R, Palich L E. Economic freedom and the motivation to engage in entrepreneurial action [J]. Entrepreneurial Theory and Practice, 2008, 32 (5): 875 – 895.

[275] Mian A, Sufi A. What explains the 2007 – 2009 drop in employment? [J]. Econometrica, 2014, 82 (6): 2197 – 2223.

[276] Minniti M, Lévesque M. Entrepreneurial types and economic growth [J]. Journal of Business Venturing, 2010, 25 (3): 305 – 314.

[277] Mishkin F S. What depressed the consumer the household balance sheet and the 1973 – 75 recession [J]. Brookings Papers on Economic Activity, 1977, 1: 123 – 164.

[278] Moskowitz T J, Vissing – Jørgensen A. The returns to entrepreneurial investment: a private equity premium puzzle [J]. American Economic Review, 2002.

[279] Myers S C. The capital structure puzzle [J]. Journal of Finance, 1984, 39 (3): 574 – 592.

[280] North D C. Institutional change and economic performance [M]. Cambridge: University Press, 1990.

[281] Ogawa K, Wan J. Household debt and consumption: a quantitative analysis based on household micro data for Japan [J]. Journal of Housing Economics, 2007, 16 (2): 127 – 142.

[282] Oseifuah E K. Financial literacy and youth entrepreneurship in South Africa [J]. African Journal of Economic and Management Studies, 2010, 1 (2): 164 – 182.

[283] Palley D. Aggregate demand, and the business cycle: an analysis in the spirit of Kaldor and Minsky [J]. Journal of Post Keynesian Economics, 1994, 16 (3): 371 – 390.

[284] Parboteeah K P, Walter S G, Block J H. When does Christian religion matter for entrepreneurial activity? the contingent effect of a country's invest-

ments into knowledge [J]. Journal of Business Ethics, 2015, 130 (2): 447 – 465.

[285] Parker S. The Economics of Entrepreneurship [M]. Cambridge: Cambridge University Press, 2009.

[286] Paulson A L, Townsend R. Entrepreneurship and financial constraints in Thailand [J]. Journal of Corporate Finance, 2004, 10 (2): 229 – 262.

[287] Pereira M D C C. The effects of households' and firms' borrowing constraints on economic growth [J]. Portuguese Economic Journal, 2008, 7 (1): 1 – 16.

[288] Petersen M A, Rajan R G. The benefits of lending relationships: evidence from small business data [J]. The Journal of Finance, 1994, 49 (1): 3 – 37.

[289] Poschke M. Who becomes an entrepreneur? labor market prospects and occupational choice [J]. Journal of Economic Dynamics and Control, 2013, 37 (3): 693 – 710.

[290] Prakash K, Smyth R. "The quintessential Chinese dream"? home ownership and the subjective wellbeing of China's next generation [J]. China Economic Review, 2019 (58).

[291] Pugsley B W, Hurst E. What do small businesses do? [J]. Brookings Papers on Economic Activity, 2011, 2011 (3): 73 – 142.

[292] Putnam R D, Leonardi R, Nanetti R Y. Making democracy work: civic traditions in modern Italy [M]. Princeton: Princeton University Press, 1993.

[293] Rajan R G, Zingales L. The great reversals: the politics of financial development in the twentieth century [J]. Journal of Financial Economics, 2003, 69 (1): 5 – 50.

[294] Rajan R G, Zingales L. Which capitalism? lessons from the East Asian crisis [J]. Journal of Applied Corporate Finance, 1998, 11 (3): 40 – 48.

[295] Reynolds P D, Bygrave W D, Autio E, Cox L W, Hay M. Global entrepreneurship monitor: 2002 executive report [R]. Babson College, 2002.

[296] Rocha V, Carneiro A, Varum C A. Serial entrepreneurship, learn-

ing by doing and self-selection [J]. International Journal of Industrial Organization, 2015, 40: 91 – 106.

[297] Rodríguez – Pose A. Do institutions matter for regional development? [J]. Regional Studies, 2013, 47 (7): 1034 – 1047.

[298] Rong Z, Wang W, Gong Q. Housing price appreciation, investment opportunity, and firm innovation: evidence from China [J]. Journal of Housing Economics, 2016, 33: 34 – 58.

[299] Rosenbaum P R, Rubin D B. The central role of the propensity score in observational studies for causal effects [J]. Biometrika, 1983, 70 (1): 41 – 55.

[300] Rosenthal S S, Ross A. Violent crime, entrepreneurship, and cities [J]. Journal of Urban Economics, 2010, 67 (1): 135 – 149.

[301] Saebi T, Foss N J, Linder S. Social entrepreneurship research: past achievements and future promises [J]. Journal of Management, 2018, 45 (1): 70 – 95.

[302] Safaei J, Cameron N E. Credit channel and credit shocks in Canadian macrodynamics—a structural VAR approach [J]. Applied Financial Economics, 2003, 13 (4): 267 – 277.

[303] Sargeson S. Subduing "the rural house-building craze": attitudes towards housing construction and land use controls in four Zhejiang villages [J]. The China Quarterly, 2002, 172 (172): 927 – 955.

[304] Schmalz M C, Sraer D A, Thesmar D. Housing collateral and entrepreneurship [J]. Journal of Finance, 2017, 72 (1): 99 – 132.

[305] Scholnick B. Consumption smoothing after the final mortgage payment testing the magnitude hypothesis [J]. The Review of Economics and Statistics, 2013, 95 (4): 1444 – 1449.

[306] Schularick M, Taylor A. Credit booms gone bust: monetary policy, leverage cycles, and financial crises, 1870 – 2008 [J]. American Economic Review, 2012, 102 (2): 1029 – 1061.

[307] Schumpeter J A. The theory of economic development [M]. Cambridge, MA: Harvard University Press, 1934.

[308] Schwert M. Bank capital and lending relationships [J]. Journal of Finance, 2018, 73 (2): 787 – 830.

[309] Scott R, Pressman S. Household debt and income distribution [J]. Journal of Economic Issues, 2014, 47 (2): 323 – 332.

[310] Sette E, Gobbi G. Relationship lending during a financial crisis [J]. Journal of the European Economic Association, 2015, 13 (3): 453 – 481.

[311] Sexton D L, Bowman – Upton N. Female and male entrepreneurs: psychological characteristics and their role in gender-related discrimination [J]. Journal of Business Venturing, 1990, 5 (1): 29 – 36.

[312] Shane S, Venkataraman S. The promise of entrepreneurship as a field of research [J]. Academy of Management Review, 2000, 25 (1): 217 – 226.

[313] Shane S. Explaining variation in rates of entrepreneurship in the United States: 1899 – 1988 [J]. Journal of Management, 1996, 22 (5): 747 – 781.

[314] Skriabikova O J, Dohmen T, Kriechel B. New evidence on the relationship between risk attitudes and self-employment [J]. Labour Economics, 2014, 30: 176 – 184.

[315] Slater G J R, Spencer D A. Workplace relations, unemployment and finance-dominated capitalism [J]. Review of Keynesian Economics, 2014, 2 (2).

[316] Stam W, Arzlanian S, Elfring T. Social capital of entrepreneurs and small firm performance: a meta-analysis of contextual and methodological moderators [J]. Journal of Business Venturing, 2014, 29 (1): 152 – 173.

[317] Stephens M. The consumption response to predictable changes in discretionary income: evidence from the repayment of vehicle loans [J]. The Review of Economics and Statistics, 2008, 90 (2): 241 – 252.

[318] Stevenson H H, Gumpert D. E. The heart of entrepreneurship [J]. Harvard Business Review, 1985, 63 (2): 85 – 94.

[319] Stiglitz J E, Weiss A. Credit rationing in markets with imperfect information [J]. American Economic Review, 1981, 71 (3): 393 – 410.

[320] Stock J H, Yogo M. Testing for weak instruments in linear IV regression [M]. Identification and inference for econometric models, Cambridge: Cam-

bridge University Press, 2005: 80 – 108.

[321] Stuart T E, Hoang H, Hybels R. C. Interorganizational endorsements and the performance of entrepreneurial ventures [J]. Administrative Science Quarterly, 1999, 44 (2): 315 – 349.

[322] Sutherland D H P M. Debt and macroeconomic stability [R]. OECD Economics Department Working Papers. OECD, 2012.

[323] Tabellini G. Culture and institutions: economic development in the regions of Europe [J]. Journal of the European Economic Association, 2010.

[324] Tan J. Innovation and risk-taking in a transitional economy: a comparative study of Chinese managers and entrepreneurs [J]. Journal of Business Venturing, 2001, 16 (4): 359 – 376.

[325] Tobin J. Wealth, liquidity, and the propensity to consume [R]. Cowles Foundation Discussion Papers 314, Cowles Foundation for Research in Economics, Yale University, 1971.

[326] Troilo M, Zhang J. Guanxi and entrepreneurship in urban China [J]. Journal of the Asia Pacific Economy, 2012, 17 (2): 315 – 331.

[327] Turvey C G, Kong R, Huo X. Borrowing amongst friends: the economics of informal credit in rural China [J]. China Agricultural Economic Review, 2010, 2 (2): 133 – 147.

[328] Valdez M E, Richardson J. Institutional determinants of macro-level entrepreneurship [J]. Entrepreneurship Theory and Practice, 2013, 37 (5): 1149 – 1175.

[329] Van Der Sluis J, Van Praag M, Vijverberg W. Education and entrepreneurship selection and performance: a review of the empirical literature [J]. Journal of Economic Surveys, 2008, 22: 795 – 841.

[330] Van Praag C. M, Cramer J. S. The roots of entrepreneurship and labour demand: individual ability and low risk aversion [J]. Economica, 2001, 68 (269): 45 – 62.

[331] Vladasel T, Lindquist M J, Sol J, Van Praag M. On the origins of entrepreneurship: Evidence from sibling correlations [J]. Journal of Business Venturing, 2020, 106017.

[332] Wang S. Credit constraints, job mobility, and entrepreneurship: evidence from a property reform in China [J]. The Review of Economics and Statistics, 2012, 94 (2): 532 - 551.

[333] Weston J F, Brigham E F. Essentials of Managerial Finance [M]. New York: Holt, Rinehart & Winston Inc. , 1968.

[334] Woodward S. E. The future of the capital markets connecting primary consumer and mortgage credit markets to global capital [R]. Working Paper, 2010.

[335] Xin F, Zhang J, Zheng W. Does credit market impede innovation? based on the banking structure analysis [J]. International Review of Economics & Finance, 2017, 52: 268 - 288.

[336] Yli - Renko H, Autio E, Sapienza H J. Social capital, knowledge acquisition, and knowledge exploitation in young technology-based firms [J]. Strategic Management Journal, 2001, 22 (6 - 7): 587 - 613.

[337] York J G, Lenox M J. Exploring the sociocultural determinants of de novo versus de alio entry in emerging industries [J]. Strategic Management Journal, 2014, 35 (13): 1930 - 1951.

[338] Yueh L. Self-employment in urban China: networking in a transition economy [J]. China Economic Review, 2009, 20 (3): 471 - 484.

[339] Zahra S A, Ireland R D, Hitt M A. International expansion by new venture firms: international diversity, mode of market entry, technological learning, and performance [J]. The Academy of Management Journal, 2000, 43 (5): 925 - 950.

[340] Zahra S A, Rawhouser H N, Bhawe N, Neubaum D O, Hayton J C. Globalization of social entrepreneurship opportunities [J]. Strategic Entrepreneurship Journal, 2008, 2 (2): 117 - 131.

[341] Zeldes S P. Consumption and liquidity constraints: an empirical investigation [J]. Journal of Political Economy, 1989.

[342] Zeldes S P. Optimal consumption with stochastic income: deviations from certainty equivalence [J]. Quarterly Journal of Economics, 1989, 104 (2): 275 - 298.

72